中国法院2025年度案例

国家法官学院 最高人民法院司法案例研究院 / 编

刑事案例二

（危害公共安全罪、破坏社会主义市场经济秩序罪）

中国法治出版社
CHINA LEGAL PUBLISHING HOUSE

《中国法院2025年度案例》通讯编辑名单

刘晓虹　北京市高级人民法院
王　凯　北京市高级人民法院
张　荷　天津市高级人民法院
徐翠翠　河北省高级人民法院
崔铮亮　山西省高级人民法院
杨钰奇　内蒙古自治区高级人民法院
张　健　辽宁省高级人民法院
苏　浩　吉林省高级人民法院
桑　松　黑龙江省高级人民法院
张　蕾　上海市高级人民法院
左一凡　江苏省高级人民法院
冯禹源　江苏省南通市中级人民法院
宋婉龄　江苏省无锡市中级人民法院
李　波　浙江省高级人民法院
刘伟玲　安徽省高级人民法院
林冬颖　福建省高级人民法院
杨云欣　江西省高级人民法院
李璐璐　山东省高级人民法院
卓峻帆　河南省高级人民法院
吴　杨　湖北省高级人民法院
唐　竞　湖南省高级人民法院
邵静红　广东省高级人民法院
邹尚忠　广西壮族自治区高级人民法院
韦丹萍　广西壮族自治区高级人民法院
黄文楠　海南省高级人民法院
吴　小　重庆市高级人民法院
任　梦　四川省高级人民法院
颜　源　贵州省高级人民法院
戚　雷　贵州省贵阳市中级人民法院
李丽玲　云南省高级人民法院
赵鸿章　云南省昆明市中级人民法院
索朗达杰　西藏自治区高级人民法院
郑亚非　陕西省高级人民法院
吴　莹　甘肃省高级人民法院
王　晶　青海省高级人民法院
马博文　宁夏回族自治区高级人民法院
石孝能　新疆维吾尔自治区高级人民法院
李　冰　新疆维吾尔自治区高级人民法院生产建设兵团分院

序

为深入学习贯彻习近平法治思想，落实习近平总书记“一个案例胜过一打文件”的重要指示精神，人民法院始终把完善中国特色案例制度，加强以案释法作为推进全面依法治国、支撑和服务中国式现代化的重要途径。人民法院案例库向社会开放一年多来，最高人民法院始终坚持高标准建设，实现入库案例对常见案由和罪名全覆盖，对于促进法律适用统一，实现严格公正司法发挥了重要作用。

“中国法院年度案例系列”丛书以及时记录人民法院司法审判工作新发展、新成就为己任，通过总结提炼典型案例的裁判规则、裁判方法和裁判理念，发挥案例鲜活生动、针对性强的优势，以案释法，以点带面，有针对性地阐释法律条文和立法精神，促进社会公众通过案例更加方便地学习法律，领悟法治精神，体现司法规范、指导、评价、引领的重要作用，大力弘扬社会主义核心价值观，积极服务人民法院案例库建设，加强对案例库案例的研究，促进统一法律适用，提升审判质效，丰富实践法学研究，增强全民法治意识和法治素养，展现新时代我国法治建设新成就。

“中国法院年度案例系列”丛书自2012年编辑出版以来，已连续出版13年，受到读者广泛好评。为更加全面地反映我国司法审判执行工作的发展进程，顺应审判执行实践需要，响应读者需求，丛书于2014年度新增金融纠纷、行政纠纷、刑事案例3个分册，2015年度将刑事案例调整为刑法总则案例、刑法分则案例2个分册，2016年度新增知识产权纠纷分册，2017年度新增执行案例分册，2018年度将刑事案例扩充为4个分册，2022年度将土地纠纷（含林地纠纷）分册改为土地纠纷（含环境资源纠纷）分册。自2020年起，丛书由国家法官学院与最高人民法院司法案例研究院共同编辑，每年年初定期出版。在全国各级人民法院的大力支持下，丛书编委会现编辑出版《中国法院2025年度案例系列》丛书，共23册。

“中国法院年度案例系列”丛书以开放务实的态度、简洁明快的风格，在编辑过程中坚持以下方法，努力让案例书籍“好读有用”：一是高度提炼案例内容，控制案例篇幅，每个案例字数基本在3000字左右；二是突出争议焦点，力求在有限的篇幅内为读者提供更多有效信息，便于读者快速抓取案例要点；三是注重释法说理，案例由法官撰写“法官后语”，高度提炼、总结案例的指导价值，引发读者思考，为司法审判提供借鉴，为法学研究提供启迪。

“中国法院年度案例系列”丛书编辑工作坚持以下原则：一是以研究案例库案例为首要任务。自2024年起，“中国法院年度案例系列”丛书优先选用人民法院案例库案例作为研究对象，力求对案例库案例裁判要旨的基本内涵、价值导向、法理基础、适用要点等进行深入分析，增强丛书的权威性、参考性。二是广泛选编案例。国家法官学院和最高人民法院司法案例研究院每年通过各高级人民法院从辖区法院汇集上一年度审结的典型案例近万件，使丛书有广泛的精选基础，通过优中选优，可提供给读者新近发生的多种类型的典型、疑难案例。三是方便读者检索。丛书坚持以读者为本，做到分卷细化，每卷案例主要根据案由或罪名分类编排，每个案例用一句话概括裁判要旨或焦点问题作为主标题，让读者一目了然，迅速找到目标案例。

中国法治出版社始终全力支持“中国法院年度案例系列”丛书的出版，给了编者们巨大的鼓励。2025年，丛书将继续提供数据库增值服务。购买本系列丛书，扫描腰封二维码，即可在本年度免费查阅往年同类案例数据库。我们在此谨表谢忱，并希望通过共同努力，逐步完善，做得更好，探索出一条充分挖掘好、宣传好人民法院案例库案例和其他典型案例价值的新路，为广大法律工作者和社会公众提供权威、鲜活、精准的办案参考、研究素材，更好地服务司法审判实践、服务法学教育研究、服务法治中国建设。

“中国法院年度案例系列”丛书既是法官、检察官、律师等法律工作者的办案参考和司法人员培训辅助教材，也是社会大众学法用法的经典案例读本，同时为教学科研机构开展案例研究提供了良好的系列素材。当然，编者们在编写过程中也难以一步到位实现目标愿景，客观上会存在各种不足甚至错误，欢迎读者批评指正。我们诚心听取各方建议，立足提质增效，不断拓宽司法案例研究领域，创新司法案例研究方法，助推实现中国特色司法案例研究事业的高质量发展。

国家法官学院　最高人民法院司法案例研究院

2025 年 3 月

目　　录

Contents

一、危害公共安全罪

二、破坏社会主义市场经济秩序罪

（一）生产、销售伪劣商品罪

（二）走私罪

一、危害公共安全罪

1

在机动车上安装爆炸装置意图报复他人，足以对不特定人的生命、健康及公私财产安全造成危害的，构成爆炸罪[1]

——林某某爆炸案

【案件基本信息】

1. 裁判书字号

广东省阳江市中级人民法院（2023）粤17刑终113号刑事附带民事裁定书

2. 案由：爆炸罪

【基本案情】

被告人林某某是某村村民，因琐事，长期对该村现任村委会主任陈某怀恨在心，遂产生了制造爆炸物炸车来恐吓陈某的想法。

2022年8月7日，林某某购买了两包“特红炮竹王”鞭炮，并于同年9月10日至16日，在其经营的维修补胎店内自制了一个爆炸装置。

2022年9月28日晚23时许，林某某到该村村口陈某停放白色小汽车处，将爆炸装置放进小汽车的右后轮胎旁边车底的凹槽处，并通过缝衣线将爆炸装置与一个装有石块垂落地面的黑色胶袋相连，企图让小汽车在行驶时拉动黑色

---

① 入库案例，参见人民法院案例库2024-05-1-015-001。

胶袋及缝衣线，扯开爆炸物开关造成爆炸。

2022年9月29日下午3点，陈某驾驶上述小汽车去市场买菜后回家。当晚19时33分左右，陈某又驾驶上述小汽车到某楼盘其朋友家经营的日用超市聊天，将车停放在日用超市门口大路边，至20时16分准备开车回家时发现车底有类似线状物垂下，于是俯身检查，从车底拿出爆炸装置，过程中不慎扯线拉动开关造成爆炸，小汽车受损，陈某的右手、腹部等多处身体部位被炸伤，后被送到某医院接受抢救和治疗。

林某某于2022年10月2日被公安机关抓获，后如实供述了其制作爆炸装置并安装于陈某车底的事实。

经鉴定，陈某的小汽车在爆炸中损失价格为3521元，陈某的损伤程度构成重伤二级，陈某右手功能障碍、双耳听力障碍分别构成八级、十级伤残。

【案件焦点】

被告人出于报复恐吓被害人的目的，制造爆炸物放置在被害人日常使用的小汽车车底，并引发爆炸造成被害人重伤及财产损失，是构成爆炸罪，还是构成故意伤害罪。

【法院裁判要旨】①

广东省阳江市江城区人民法院经审理认为：被告人林某某制造爆炸物放置在被害人车底并引发爆炸，造成被害人重伤及财产损失，其行为已构成爆炸罪。林某某自愿如实供述自己的罪行，可从宽处理。因林某某的犯罪行为造成附民事诉讼原告人陈某人身损害及财产损失，应予以赔偿。根据被告人的犯罪事实、性质、情节，判决如下：

一、被告人林某某犯爆炸罪，判处有期徒刑十年六个月，剥夺政治权利二年；

二、被告人林某某限在本判决发生法律效力之日起十日内赔偿经济损失220407.9元给刑事附带民事诉讼原告人陈某；

---

① 本书【法院裁判要旨】适用的法律法规等条文均为案件裁判当时有效，下文不再对此进行提示。

三、扣押被告人林某某的犯罪工具胶衣、胶鞋、剪刀、电钻、铁管、散装电线、电池等物品予以没收，由公安机关依法处理。

一审宣判后，林某某提出上诉。

广东省阳江市中级人民法院经审理认为：原审判决认定的基本事实清楚，证据确实、充分，适用法律正确，定罪准确，量刑适当，附带民事部分处理正确，审判程序合法，应予维持。上诉人林某某及其辩护人提出林某某的行为不构成爆炸罪及原审判决量刑过重等的意见，经查，理据不足，不予采纳。经该院审判委员讨论决定，裁定：

驳回上诉，维持原判。

【法官后语】[①]

本案的争议焦点在于被告人出于报复恐吓被害人的目的，制造爆炸物放置在被害人日常使用的小汽车车底，并引发爆炸造成被害人重伤及财产损失，该行为如何定性。一审、二审法院根据在案证据，对被告人的犯罪事实、性质、情节综合分析评判，认为被告人虽只预谋针对特定的被害人，但其行为方式方法足以对不特定人的生命、健康或者财产安全造成危害，应认定为爆炸罪，而非被告人及其辩护人所辩称的故意伤害罪。

一、林某某的行为客观上危害了公共安全

爆炸罪与放火、决水、投毒等罪行一同规定在《中华人民共和国刑法》第二章“危害公共安全罪”的前两个条文中，表述为“放火、决水、爆炸以及投放毒害性、放射性、传染病病原体等物质或者以其他危险方法危害公共安全”。本罪的客体是公共安全，即不特定人或者多数人的生命、健康或者重大公私财产的安全。[②]客观方面表现为以爆炸的方式危害公共安全，造成或者足以造成不特定或多数人的伤亡或者公私财产的重大损失。这是爆炸罪与侵害特定人生命、健康的故

---

① 本书【法官后语】对此类法律问题涉及的法律法规等内容进行了时效性更新，下文不再对此进行提示。

② 高铭暄、马克昌主编：《刑法学》，北京大学出版社、高等教育出版社2000年版，第353页。

意伤害罪、侵害特定财产的故意毁坏财物罪等其他罪行的关键区别。

具体到本案，林某某有预谋制作爆炸装置，安装在陈某日常使用的小汽车底盘，并设置引爆开关，企图让小汽车在行驶过程中造成爆炸，其危害的对象不仅仅局限于其意图恐吓伤害的陈某及其小汽车，已足以对其他不特定人的生命、健康和财产造成威胁或损害，危害公共安全，表现为：首先，爆炸可能伤害的汽车使用人不特定。被安装爆炸装置的小汽车系陈某日常使用，陈某的亲人好友一人或多人使用、乘坐该小汽车亦属正常，伤害对象无法精准做到只针对陈某本人。其次，爆炸造成危害程度不特定。爆炸装置安装在汽车底盘，位置离汽油箱较近，除其本身的爆炸威力造成损害外，还具有引起油箱燃爆扩大危害的风险，不仅可能对汽车及使用人造成伤害，也可能对汽车周边不特定人、财物造成损害。最后，爆炸的危害范围不特定。在案证据显示，在安装完成后林某某对爆炸装置何时何地何种情形下发生爆炸已失去控制，小汽车行驶的过程中爆炸极有可能造成车辆失控，如在人流、车流密集的公共道路上发生，将造成难以意料或难以控制的严重后果。事实上，陈某在爆炸前已经驾车先后去往过人流较多的菜市场及超市，所幸发生爆炸时已是晚间20时之后，超市门口恰巧无其他行人，才避免误伤他人的后果。

二、林某某主观方面是间接故意

林某某提出，其目的只是恐吓陈某，主观上没有危害公共安全的目的，客观上也仅造成陈某一人的人身伤害，没有造成对其他人或公共安全的损害，应认定为故意伤害罪。如前所述，林某某的作案动机虽是伤害恐吓特定的被害人，但其将爆炸装置安装小汽车这种经常行驶在公共道路、区域的日常出行工具上，发生爆炸的时间地点、危害对象、危害程度、危害范围均不可控、不特定，足以危害公共安全。林某某犯罪动机是报复恐吓他人，虽不积极追求，但对危害公共安全后果的发生亦持放任态度，属于间接故意，符合爆炸罪的构成要件。至于该犯罪行为同时触犯故意伤害罪，则系犯罪方法、手段行为与目的行为的牵连，应从一重罪处断，不实行数罪并罚。

编写人：广东省高级人民法院　江兴景

广东省阳江市中级人民法院　庞泳洪

2

酒后驾驶机动车冲卡，构成以危险方法危害公共安全罪

——林某以危险方法危害公共安全案

【案件基本信息】

1. 裁判书字号

广西壮族自治区百色市中级人民法院（2023）桂10刑终12号刑事裁定书

2. 案由：以危险方法危害公共安全罪

【基本案情】

2022年7月3日晚9时许，被告人林某酒后驾驶一辆轻型普通货车，沿某路由城东往城西方向行驶。当行驶至某路段交警设卡查酒驾执勤点时，因害怕被查出酒驾，在执勤民警示意停车接受检查时，为逃避检查不顾执勤民警、路上车辆和行人安危，突然加速冲卡并碰撞到前方同向由梁某驾驶的无号牌二轮电动自行车，造成梁某当场死亡、二轮电动自行车损坏。肇事后，林某仍继续驾车超速逃离现场，当逃至某小区路段时被查获。梁某因左胸部受到车辆碰撞，造成心脏破裂与主动脉弓断裂，引起急性大出血导致死亡。林某血液酒精（乙醇）含量为37.66毫克/100毫升。林某驾驶的轻型普通货车事故发生时的行驶速度约为28千米/小时。事发碰撞后通过视频画面参考线时的行驶速度约为42千米/小时。梁某驾驶的无号牌二轮电动自行车损坏价值100元。林某到案后如实供述自己的罪行，赔偿被害人经济损失共计54.5万元，并取得被害方的谅解。

【案件焦点】

林某是否有危害不特定多数人生命、健康或者重大公私财产安全的客观行为及主观故意，亦即是否构成以危险方法危害公共安全罪。

【法院裁判要旨】

广西壮族自治区百色市田阳区人民法院经审理认为：被告人林某酒后驾驶车辆，在公安交警检查车辆时，为逃避检查，不顾道路上车辆和人员安危，驾车加速强行冲卡，严重危害公共安全，造成一人被撞死亡的严重后果，其行为已构成以危险方法危害公共安全罪。林某到案后如实供述罪行，是坦白，依法予以从轻处罚；其案发后积极赔偿被害人全部经济损失并得到被害人亲属的谅解，酌情予以从轻处罚。据此，以危险方法危害公共安全罪，判处林某有期徒刑十年三个月。

一审宣判后，林某提出上诉，认为林某不构成以危险方法危害公共安全罪，应认定为交通肇事罪。

广西壮族自治区百色市中级人民法院经审理认为：林某在执勤民警口头拦停的情形下，拒不停车，不顾民警警告强行冲卡，而当时现场人流较多，加上在前面拦车的民警，实际上林某已经置这些不特定人员的人身安全及财产安全于不顾，且由于酒后驾车加上抗拒执法的紧张心态，更使得其行为具有现实危险性；其刚一冲卡即撞上了被害人。因此，不能仅凭其撞人时的车速来判断其行为的危险性。林某当时的行为客观上确实对不特定多数人的人身安全具有现实的危害性；主观上其作为一个具有刑事责任能力人，对酒后驾车的危害显然是明知的，尤其是强行冲卡可能产生的后果更应该清楚；只是其出于逃避检查心理而放任可能产生的后果，显然属间接故意。综上所述，林某酒后驾车冲卡的行为已经构成以危险方法危害公共安全罪。据此，裁定：

驳回上诉，维持原判。

【法官后语】

本案的争议焦点在林某是否有危害不特定多数人生命、健康或者重大公私财产安全的客观行为及主观故意，亦即是否构成以危险方法危害公共安全罪。

《中华人民共和国刑法》规定，以危险方法危害公共安全罪是指故意以放火、决水、爆炸、投放危险物质以外的并与之相当的危险方法，足以危害公共安全的行为。在构成本罪的要件上，首先，该罪侵犯的客体是社会公共安全，即不特定多数人的生命、健康或者重大公私财产的安全。本案中，证人证言、自述材料、视频资料等证据证实，交警查车执勤点路段道路狭窄，道路的车流量大，路面上不仅有执勤的交警人员，还有骑车的人员，人流量很多。林某酒后驾驶车辆，并且不服从检查指挥驾驶，其驾车行为对途经路段的不特定人员，包括车辆、骑车人员、行人、交警和公私财产安全存在高度的危险性，会构成很大的现实威胁，故其行为侵犯了社会公共安全。其次，该罪在客观方面表现为以其他危险方法危害公共安全的行为，即指放火、决水、爆炸、投放危险物质以外的，但与上述危险方法相当的危害公共安全的犯罪方法。汽车是危险性较大的交通工具，为降低这种危险性，驾驶者必须严格遵守交通法规，做到谨慎驾驶，在道路上违章驾驶或不服从指挥驾驶会增加这种危险转化为现实危害结果的可能性。本案中，林某酒后驾车，驾驶能力受到酒精影响，本身就是高度危险的驾驶行为，而且其实施了驾车加速冲卡、撞人、继续在几条街道上加速逃离的严重违章行为，并造成被撞人死亡的严重后果，其行为的危险性已达到与放火、决水、爆炸、投放危险物质相当的程度。再次，该罪在主观方面表现为犯罪的故意，即行为人明知其实施的危险方法会危害公共安全，会发生危及不特定多数人的生命、健康或公私财产安全的严重后果，并且希望或者放任这种结果发生。本案中，证人证言、自述材料、被告人供述等证据，特别是视频资料证实，林某驾车前饮酒，在看到有交警检查过往车辆时，欲掉头躲避，但因车流量大只能继续往检查点驶来。在交警对其进行检查及叫喊停车时，其为了逃避检查，明知道路上有较多车辆和人员流动，且前方有人骑电动车行驶，有可能会碰撞到他们，但其不顾他们的安全，加大油门驾车往前冲，在碰撞到前方骑车人员后，也没有停车下来查看情况，而是驾车加速逃离并继续行驶在街道上，直至被另一个查车执勤点查获。林某的行为足以表明其对自己驾驶行为所可能导致的危害后果在意志上持放任态度，属于间接故意罪过形式。最后，该罪的犯罪主体为一般主体，即达到法定刑事责任年龄、具有刑事责任能力的自然人。本案中，林某在犯罪时年满24周岁，具有刑事责任能力。综上，林某在道路上高度危险驾车，对公共安全造成严重危害，致一人死亡，其行为符合刑法关于以危险方法危害公共安全罪的四个构成要件，应认定其构成了以危险方法危害公共安全罪。林某及其辩护人提出构成交通肇事罪的意见不予采纳。

编写人：广西壮族自治区百色市田阳区人民法院　罗英杰

3

失火罪与重大责任事故罪的界限

——张某某失火案

【案件基本信息】

1. 裁判书字号

云南省昆明市中级人民法院（2023）云01刑终692号刑事裁定书

2. 案由：失火罪

【基本案情】

2023年4月19日至21日，挂靠在光伏公司名下的某建材经营部组织施工人员在某村架设光伏板，4月21日10时许，被告人张某某在使用电焊焊接光伏板支架时，焊渣掉在地上点燃枯草引发森林火灾，火灾发生后，相关部门人员赶赴现场，经过处置将明火扑灭。经司法鉴定中心鉴定：某村森林火灾过火面积428.8377公顷（6432.615亩），其中：有林地135.7116公顷（2035.699亩）；灌木林地51.1665公顷（767.499亩）；宜林地33.677公顷（505.156亩）；未成林地134.5534公顷（2018.318亩）；非林地73.7292公顷（1105.943亩）。某村森林火灾过火范围内林木合计 162993 株/丛（云南松 66282 株；华山松 20062 株；栋类 5769 株；杨树 623 株；桉树 459 株；合欢 4950 株；桤木 295 株；柏木 29119 株；核桃 1913 株；灌木 33521 丛），原有立木蓄积 2897.2662 立方米（材积 1809.2696 立方米）。经认定：森林火灾过火范围内的林木经济损失价值 1120426 元。

另查明，2023 年 4 月 21 日公安机关到案发地调查起火原因，在起火点附近发现几名男子，经询问被告人张某某向公安机关如实供述了山火是其在施工过程中不慎引燃的。

【案件焦点】

被告人张某某作为企业人员，在从事生产、作业过程中违规操作，以致引发森林火灾，其行为是否构成重大责任事故罪。

【法院裁判要旨】

云南省昆明市东川区人民法院经审理认为：被告人张某某因过失引起森林火灾，造成森林火灾过火有林地面积达 135.7116 公顷、灌木林地 51.1665 公顷、未成林地 134.5534 公顷，森林火灾过火范围内的林木经济损失价值 1120426 元，其行为已构成失火罪。被告人张某某犯罪以后自动投案，并向公安机关如实供述犯罪事实，系自首，且自愿认罪认罚，依法对其从轻处罚、从宽处理。

云南省昆明市东川区人民法院依照《中华人民共和国刑法》第一百一十五条第二款、第六十七条第一款、第四十七条、第六十四条，《中华人民共和国刑事诉讼法》第十五条、第二百零一条之规定，作出如下判决：

一、被告人张某某犯失火罪，判处有期徒刑三年；

二、扣押在案的发电机 1 台、电焊机 1 台、焊枪 1 把、焊条 15 根，依法没收。

一审宣判后，被告人张某某提出上诉。

云南省昆明市中级人民法院经审理认为：上诉人张某某因过失引发森林火灾，造成森林火灾过火面积 428.8377 公顷（包括有林地面积 135.7116 公顷），森林火灾过火范围内的林木经济损失价值 1120426 元，其行为已构成失火罪。

上诉人张某某的行为触犯了失火罪与重大责任事故罪两个犯罪构成，应择一重罪，以失火罪定罪处罚。上诉人张某某自动投案，并如实供述其所犯罪行，系自首，依法予以从轻处罚；其自愿认罪认罚，依法予以从宽处理。上诉人虽取得被害单位的谅解，但本案过火有林地面积过大，且上诉人未进行赔偿，原审法院结合本案犯罪的事实、情节及危害后果，采纳原公诉机关量刑建议，所作刑罚裁量并无不当，故裁定：

驳回上诉，维持原判。

【法官后语】

根据《中华人民共和国刑法》的规定，重大责任事故罪，是指在生产、作业中违反有关安全管理的规定，或者强令他人违章冒险作业，因而发生重大伤亡事故或者造成其他严重后果的行为。失火罪，是指由于行为人的过失引起火灾，造成严重后果，危害公共安全的行为。两者的相同之处是主观罪过形式都是过失，包括疏忽大意的过失和过于自信的过失。二者的区别主要在于：(1) 犯罪主体不同。重大责任事故罪的犯罪主体是特殊主体，即必须是工厂、矿山、林场或其他企业、事业单位的职工；失火罪的犯罪主体是一般主体，只要达到刑事责任年龄、具备刑事责任能力即可。(2) 客观方面不同。重大责任事故罪必须是发生在生产、作业过程中，由于不服管理、违反规章制度，或者强令工人违章冒险作业，因而发生严重伤亡事故或者其他严重后果。而失火罪一般是疏忽大意用火不慎而引起火灾。(3) 侵犯的客体不同。重大责任事故罪侵犯的客体为生产工作当中的公共安全；失火罪侵犯的客体为公共安全，范围更广泛。除此之外，应当注意的是重大责任事故罪的行为人较失火罪的行为人需要更高程度的注意义务，主要是因为行为人需要遵守生产作业过程中的规章制度，而失火罪对主体只要求有一般程度的注意义务。(4) 刑罚标准不同。失火罪的立案追诉标准是“造成直接经济损失五十万元以上”，重大责任事故罪是“造成直接经济损失一百万元以上”。失火罪的刑罚是先规定一般的刑罚，即处三年以上七年以下有期徒刑，再规定情节较轻的，处三年以下有期徒刑或者拘役。重大责任事故罪是先规定一般的刑罚，即处三年以下有期徒刑或者拘役，再规定情节特别恶劣的，处三年以上七年以下有期徒刑。从立案追诉标准和刑罚规定的立案精神看，对失火罪的处罚要重于重大责任事故罪的处罚。

本案中，被告人作为企业的雇员，在生产、作业过程中，在无电焊操作资质且未采取有效安全防护措施的情况下施工，在施工过程中因使用电焊疏忽大意，引发森林火灾，造成森林火灾过火面积428.8377公顷（包括有林地面积135.7116公顷），森林火灾过火范围内的林木经济损失价值1120426元。被告人的行为同时触犯了失火罪与重大责任事故罪的犯罪构成，属想象竞合犯，应择一重罪处罚，以失火罪定罪处罚。同时还应考虑到，本案中，被告人作为企业的临时雇员，与企业职工所必须遵守的严格规章制度，所需注意的高度注意义务有所区别，企业对其管理也相对松散。被告人因疏忽大意不慎引发火灾，更多涉及的是个人行为，也更符合失火罪的犯罪构成。从罪责刑相适应角度看，本案造成的损失应认定为特别重大案件，以失火罪定罪量刑能达到罪责刑相适应的效果。综上，本案应按失火罪定罪处罚更为适宜。

编写人：云南省昆明市中级人民法院　金思含

4

将危险化学品液体装入未标注明确标识标签的容器，后随意丢弃造成他人死亡的，构成过失投放危险物质罪

——王某某过失投放危险物质案

【案件基本信息】

1. 裁判书字号

北京市海淀区人民法院（2023）京0108刑初690号刑事判决书

2. 案由：过失投放危险物质罪

【基本案情】

2023 年 2 月 22 日，被告人王某某在某大学水利系实验室装修结束后，将剩余装在塑料瓶（印有“小米枸杞酒”标牌）的含有危险化学品的透明液体违规抛至某大学校园一垃圾桶内，被清洁工赵某误认为是白酒而捡拾带回宿舍。被害人周某（男，殁年 64 岁）系赵某室友，当日将上述透明液体误当白酒饮用后出现呕吐等症状，随后被害人周某被送至医院抢救无效后死亡。经鉴定，透明液体中检出甲醇、三氯甲烷、乙酸乙酯等危险化学品，被害人周某符合有机溶剂中毒死亡。

2023 年 2 月 22 日，被告人王某某接到某大学保卫部门电话，返回某大学向公安机关投案，到案后如实供述了上述案发过程。在本案审理过程中，被告人王某某在亲属的协助下赔偿被害方人民币 10 万元，并取得被害方的谅解。

【案件焦点】

1. 被告人王某某的行为与被害人周某的死亡之间是否具有刑法上的因果关系；2. 过失投放危险物质罪中“过失”应当如何认定。

【法院裁判要旨】

北京市海淀区人民法院经审理认为：被告人王某某过失投放危险物质，致人死亡，其行为已构成过失投放危险物质罪，应予惩处。北京市海淀区人民检察院指控被告人王某某犯有过失投放危险物质罪的事实清楚，证据确实、充分，指控罪名成立。鉴于被告人王某某犯罪以后自动投案，到案后及在庭审过程中能如实供述所犯罪行，系自首，并在亲属协助下赔偿了被害方的经济损失，取得了被害方谅解，故本院对其依法减轻处罚。辩护人的相关辩护意见，本院酌予采纳。综上，本院依照《中华人民共和国刑法》第一百一十五条第二款、第六十七条第一款、第六十四条之规定，判决如下：

一、被告人王某某犯过失投放危险物质罪，判处有期徒刑一年；

二、扣押于公安机关的稀料一桶，依法予以没收。

案件宣判后，判决已生效。

【法官后语】

一、被告人王某某的行为与被害人周某的死亡之间具有刑法上的因果关系

刑法上的因果关系是指危害行为与危害结果之间引起与被引起的合乎规律的联系。如何认定刑法上的因果关系，理论上存在条件说、原因说、相当因果关系说、双层次原因学说等学说。一般认为，在因果关系发展进程中，如果介入了第三者的行为、被害人的行为或者特殊自然事实等其他因素，在认定因果关系时，要根据具体情况综合判断行为人的行为与结果之间的关系。具体应当考察四个方面的因素：一是行为人的行为导致结果发生作用的大小；二是介入因素的异常性大小；三是介入因素对结果发生作用的大小；四是介入因素是否属于行为人的管辖范围。[①] 简言之，即当被告人的行为介入其他因素导致结果的发生，应当判断介入医素是否具有通常性。

本案整个过程是：被告人王某某丢弃的行为→清洁工赵某捡拾→被害人周某误饮后死亡，被告人王某某的行为与被害人周某的死亡结果之间介入了清洁工赵某的捡拾行为。被告人王某某应当预见到公共场所的垃圾桶可能有人捡拾，根据一般的社会经验，在日常生活中存在有人捡拾甚至食用公共垃圾桶内物品的情况。本案被告人王某某将稀料装入印有“小米枸杞酒”标牌的塑料瓶内，后随意丢弃至垃圾桶，置于不特定人可以接触的场所之中，后被清洁工赵某捡拾，该介入因素具有通常性，符合一般的社会经验。换言之，即赵某捡拾的行为是由被告人王某某先前的丢弃行为引起的通常行为，并非异常的介入因素，并不影响被告人王某某的行为与被害人周某的死亡结果之间刑法上因果关系的认定。

二、被告人王某某构成疏忽大意的过失

过失投放危险物质罪是指行为人因为疏忽大意的过失或者过于自信的过失心态而投放了具有毒害性、放射性、传染病原体等物质，严重危害公共安全，并造成严重后果的行为。根据《中华人民共和国刑法》第一百一十五条第二款

---

① 最高人民法院刑事审判第一、二、三、四、五庭主办：《刑事审判参考（总第105集）》，第1117号案例：杨某某、杜某某放火案，法律出版社2016年版。

的规定，只有发生法定严重后果，即致人重伤、死亡或者使公私财产遭受重大损失，才能构成本罪。未发生中毒后果，或者造成的后果尚未达到法定的严重程度，不构成本罪。

构成本罪要求主观上行为人必须是出于疏忽大意或者过于自信的过失心态。换言之，即行为人违反了法定或者生活、行业等的预见义务，因为疏忽大意而没有预见或者已经预见但轻信其可以通过客观条件采取相应预防措施能够避免严重后果的发生。该预见义务的来源主要包括以下两个方面：一是以法律、法令、法规、制度等形式所明示确定的预见义务。二是一般的社会经验所要求的行为人在实施特定行为时所应履行的预见义务，其中包括了根据一定职业和业务的要求对行为人所提出的特殊的预见义务以及日常生活准则所确立的预见义务等。反之，如果发生了严重危害结果，但是行为人没有预见义务也没有预见能力，即推定行为人主观上没有故意，也没有过失心态，属于无罪过的意外事件。

该罪侵犯的客体指向的是国家对有毒有害物质的管理秩序及他人的人身和财产安全。稀料正式名称叫作稀释剂或溶剂油，通常为无色透明液体，易挥发，有花香气味，俗称香蕉水，属于易燃危险品。吸入、接触、口服均可导致中毒。稀料的使用需要遵循严格的规定和标准。根据《危险化学品安全管理条例》等相关规定，在危险化学品包装（包括外包装件）上粘贴或者拴挂与包装内危险化学品相符的化学品安全标签；需要进行分装时，分装后的容器应加贴安全标签；废弃的危险性化学品应按照相关法规进行分类、标识、储存和处置。本案中被告人王某某作为专业的装修工人，应当熟知稀料的危险性，并且具有预见危害结果发生的实际能力，无论是根据相关法律、法规的规定，还是其作为专业装修工人的身份所要求的特殊的注意义务，其都有高度的注意义务，然而其却将稀料装入标有“小米枸杞酒”标牌的塑料瓶内，该分装的行为显然增加了他人误饮的风险，后随意丢弃至垃圾桶，其主观上应当预见该行为可能造成他人伤亡的严重后果，但因为疏忽大意而没有预见，最终造成被害人周某误认为是白酒而饮用致死的严重后果发生，侵犯了国家对有毒有害物质的管理秩序，同时也侵犯了他人的人身安全。

因此，被告人王某某主观上有预见义务和预见能力，客观上有相应行为，并造成法定的严重危害结果，并非无罪过的意外事件，故其行为符合过失投放危险物质罪的构成要件，应以该罪论处。

编写人：北京市海淀区人民法院　张鹏　周宇蕾

5

买卖运输爆炸物行为出现非法经营罪与非法买卖运输爆炸罪的竞合时应按重罪定罪处罚

——陈某非法买卖爆炸物案

【案件基本信息】

1. 裁判书字号

广西壮族自治区贵港市中级人民法院（2023）桂08刑终208号刑事裁定书

2. 案由：非法买卖爆炸物罪

【基本案情】

2022年2月开始，陈某与蔡某（另案处理）经联系后，陈某将通过非法手段获得的爆炸物（“雷王烟花”）出售给蔡某，并将“雷王烟花”从广西桂平市运送到广西平南县三环路交给蔡某，从中获利11000元。蔡某购得“雷王烟花”后存放于某村。2022年6月28日，蔡某存放爆炸物的铁皮棚发生火灾并爆炸，后公安机关在火灾现场排查工作时在铁皮棚旁蔡某朝居住的民宅查获蔡某存放的“雷王烟花”299枚。经鉴定，从查获的“雷王烟花”中提取的样品均含高氯酸钾、硫磺和铝粉，均为烟火药，克南试验结果为“+”，均具备爆炸性。依照公安机关提取的样品中最少的药量计算，现场查获的爆炸物中烟火药含量为42.99千克（按平均量计算为47.92千克）。

【案件焦点】

被告人陈某买卖、运输“雷王烟花”的行为如何定性。

【法院裁判要旨】

广西壮族自治区贵港市平南县人民法院经审理认为：被告人陈某非法出售、运输爆炸物，其行为已触犯了刑律，构成非法买卖、运输爆炸物罪，且情节严重，依法应处十年以上有期徒刑。被告人陈某到案后如实供述犯罪事实，自愿认罪，依法可以从轻处罚。被告人陈某主动退出违法所得，可以酌情从轻处罚。被告人陈某主观上明知蔡某所需要的物品为有别于正常燃放的烟花的爆炸物，客观上也通过非法途径获取了相应的爆炸物出售、运输给蔡某，符合非法买卖、运输爆炸物的构成要件，依法构成非法买卖运输爆炸物罪。相关事实有鉴定意见、现场勘验笔录、现场图及照片、微信转账记录、交易明细证明，证人蔡某朝、施某某的证言、同案人蔡某的供述等证据与被告人陈某的供述相互印证，足以认定。对辩护人提出的被告人陈某有如实供述犯罪事实的情节，请求从轻处罚的辩护意见，予以采纳。根据被告人陈某犯罪的事实、犯罪的性质、情节以及对于社会的危害程度，以非法买卖、运输爆炸物罪判处被告人陈某有期徒刑十年六个月，退出的违法所得人民币 11000 元，没收上缴国库，由公安机关依法处理。

一审宣判后，被告人陈某提出上诉。

广西壮族自治区贵港市中级人民法院经审理认为：上诉人陈某的行为已构成非法买卖、运输爆炸物罪。经查，没有充分证据证实陈某出售、运输给蔡某的爆炸物系用于合法的生产经营活动，而蔡某将从陈某处购得的爆炸物储存在居民区时，引起火灾、爆炸等严重后果，且本案查获的爆炸物中烟火药含量已逾 40 千克，依法应当认定为情节严重。陈某到案后如实供述犯罪事实，自愿认罪，依法可以从轻处罚。陈某主动退出违法所得，可以酌情从轻处罚。原判根据陈某犯罪的事实、犯罪的性质、情节以及对于社会的危害程度，所判处的刑罚适当。综上，原判认定事实清楚，证据确实、充分，定罪准确，量刑适当，审判程序合法，依法应予以维持。陈某的上诉理由不成立，依法应予驳回。依照

《中华人民共和国刑事诉讼法》第二百三十六条第一款第一项的规定，裁定：

驳回上诉，维持原判。

【法官后语】

实践中，由于烟花爆竹与爆炸物的成分存在相同情形，以及烟花爆竹是否属于专营专卖、限制买卖物品的裁判观点不一。本案中，被告人行为在定性环节出现了应该定性为非法经营罪，还是定性为非法买卖运输爆炸罪的分歧。

一、关于案涉“雷王烟花”是否属于爆炸物的判断

《中华人民共和国刑法》并未明确规定爆炸物的范围。《民用爆炸物品安全管理条例》第二条第二款规定，民用爆炸物品，是指用于非军事目的、列入民用爆炸物品品名表的各类火药、炸药及其制品和雷管、导火索等点火、起爆器材。《民用爆炸物品品名表》中明确规定，黑火药属于民用爆炸物，但“用于生产烟花爆竹的黑火药除外”。根据此规定，刑法意义上的爆炸物应包括炸药、发射药黑火药、烟火药和雷管、导火索、导爆索等物品。《烟花爆竹安全管理条例》第二条规定：“……本条例所称烟花爆竹，是指烟花爆竹制品和用于生产烟花爆竹的民用黑火药、烟火药、引火线等物品。”可见，烟花爆竹包括成品意义上的烟花爆竹制品和用于生产烟花爆竹制品的民用黑火药、烟火药、引火线等原料。本案中，“雷王烟花”中提取的样品均含高氯酸钾、硫磺和铝粉，均为烟火药，不是黑火药，克南试验结果为“+”，均具备爆炸性，因此，案涉“雷王烟花”属于刑法意义上的爆炸物。

二、关于非法买卖烟花爆竹行为情形的判断

非法经营罪中的“经营”是指根据国家有关规定从事某种需要获得许可的资质资格，或者遵守某些特定规则等特殊要求的业务。若没有资质而从事该业务，或违反相关程序规则的，则构成非法经营罪。那么，买卖运输烟花爆竹是否属于非法经营行为呢？关于非法经营行为，《中华人民共和国刑法》第二百二十五条第一项规定，未经许可经营法律、行政法规规定的专营专卖物品或者其他限制买卖的物品的，属于非法经营行为。买卖运输烟花爆竹行为是否属于两种情形之一。

（一）买卖运输烟花爆竹行为不属于专营专卖情形

专营专卖作为一种制度，是指国家以法律的形式明确规定某种商品的生产、买卖由国家设立或指定的机构运用统一的管理体系实行独占经营，从而形成一种特殊的行政管理手段。我国依法存在的专营专卖制度主要包括食盐专营、烟草专卖，具有国家垄断经营的性质。根据《食盐专营办法》第八条规定，国家实行食盐定点生产制度、定点批发制度，非食盐定点生产企业不得生产食盐，非食盐定点批发企业不得经营食盐批发业务。否则，就属于《中华人民共和国刑法》第二百二十五条第一项规定的“未经许可经营法律、行政法规规定的专营专卖物品”情形。但是，《中华人民共和国刑法》第二百二十五条第一项所规定的“未经许可”之许可并不是《中华人民共和国行政许可法》所规定的许可，而是指未经法律授权，是违反国家法律的禁止性规定，具有违法性。然而，《中华人民共和国行政许可法》规定的许可，无论是特许还是一般许可，都是对本来就有权实施的行为设定一定的条件，因此违反这种行政许可，还不能认定为是违反国家法律的禁止性规定。由此可见，违反行政许可与违反专营专卖的许可，两者的性质并不相同，在法律上不能等同视之。因此，买卖运输烟花爆竹行为不属于专营专卖情形。

（二）烟花爆竹不属于限制“买卖”物品

所谓限制“买卖”物品，是指国家在一定时期实行限制性经营的物品。《民用爆炸物管理条例》第三条规定，国家对民用爆炸物品的生产、销售、购买、运输和爆破作业实行许可证制度。未经许可，任何单位或者个人不得生产、销售、购买、运输民用爆炸物品。该条例对购买爆炸物行为进行了限制，因此，民用爆炸物属于典型的限制买卖物品。《烟花爆竹安全管理条例》第三条规定，我国对烟花爆竹的生产、经营、运输和举办焰火晚会以及其他大型焰火燃放活动，实行许可证制度。未经许可，任何单位或者个人不得生产、经营、运输烟花爆竹。与《民用爆炸物管理条例》限制买卖爆炸物行为不同，《烟花爆竹安全管理条例》对买卖烟花爆竹的行为没有限制。从这可看出，烟花爆竹和烟花爆竹制品不属于限制买卖物品，如果不是以经营为目的，烟花爆竹可以自由买卖。因此，不能依据《中华人民共和国刑法》第二百二十五条第一项认定未经许可经营烟花爆竹制品的行为属于限制买卖的非法经营行为。

三、关于买卖烟花爆竹行为的定罪判断

（一）本案被告人行为符合非法经营罪情形

以经营为目的买卖烟花爆竹行为是否符合非法经营行为？根据上述分析，本案被告人行为不符合《中华人民共和国刑法》第二百二十五条第一项规定的情形，那么，是否符合《中华人民共和国刑法》第二百二十五条第四项“其他严重扰乱市场秩序的非法经营行为”的情形？此情形规定要求个人经营数额在5万元或者违法所得数额在1万元以上。本案中，被告人陈某通过非法途径获取了“雷王烟花”，出售、运输给蔡某，从中获利11000元，从数额上看，符合非法经营罪的构成要件。

（二）本案被告人行为符合非法买卖爆炸物罪情形

如前述关于爆炸物的分析可知，本案被告人买卖的“雷王烟花”属于爆炸物，符合非法买卖运输爆炸物基本犯情形。同时，根据《中华人民共和国刑法》第一百二十五条规定，非法制造、买卖、运输、邮寄、储存枪支、弹药、爆炸物的，处三年以上十年以下有期徒刑；情节严重的，处十年以上有期徒刑、无期徒刑或者死刑。根据《最高人民法院关于审理非法制造、买卖、运输枪支、弹药、爆炸物等刑事案件具体应用法律若干问题的解释》第二条第一项规定，买卖爆炸物“情节严重”情形要求非法制造、买卖、运输、邮寄、储存炸药、发射药、黑火药1000克以上或者烟火药3000克以上。本案中，在现场查获的被告人买卖运输的“雷王烟花”中烟火药含量为42.99千克（按平均量计算为47.92千克），满足“情节严重”情形。

本案中，蔡某将从陈某处购得的爆炸物储存在居民区时，引起了火灾、爆炸等严重后果，查获的爆炸物中烟火药含量已逾40千克，依法应当认定为情节严重。因此，本案被告人的行为符合非法买卖爆炸物罪的加重情形。

（三）想象竞合犯择一重罪处罚

本案中，被告人行为既符合非法经营罪也符合非法买卖爆炸物罪，该如何处理？根据想象竞合原则，一行为触犯两罪时，应择一重罪处罚。本案中，被告人的行为构成非法买卖爆炸物罪的加重情形，从此角度应判处非法买卖爆炸物罪有期徒刑十年以上刑罚。此外，根据《关于依法加强对涉嫌犯罪的非法生产经营烟花爆竹行为刑事责任追究的通知》的规定，非法生产、经营烟花爆竹及相关行为涉及非法制造、买卖、运输、邮寄、储存黑火药、烟火药，构成非法制造、买卖、运输、邮寄储存爆炸物罪的，应当依照《中华人民共和国刑法》第一百二十五条的规定定罪处罚……非法生产、经营烟花爆竹及相关行为构成非法经营罪的，应当依照《中华人民共和国刑法》第二百二十五条的规定定罪处罚。从此规定来看，本案被告人的行为也应依照《中华人民共和国刑法》第一百二十五条的规定定罪处罚，即判处非法买卖爆炸物罪。

编写人：广西壮族自治区平南县人民法院　黎灿运　陈厚福

6

行为人违反国家规定，非法买卖、储存危险物质，但情节较轻、社会危害性较小的可免除刑事处罚

——孙某某非法买卖、储存危险物质案

【案件基本信息】

1. 裁判书字号

黑龙江省龙江县人民法院（2020）黑0221刑初44号刑事判决书

2. 案由：非法买卖、储存危险物质罪

【基本案情】

被告人孙某某在某农贸市场胡同内摆摊出售鼠药。2018年，孙某某在罗某处，通过物流三次购进“××2”40余瓶，在其经营摊位出售。同时出售的还有

“某霸王”等鼠药。同年7月、8月，被告人孙某某在其摊位出售给某村村民赵某两瓶100毫升左右的“××2”鼠药。赵某的父亲赵某乙用该鼠药将本村村民郑某家羊毒死98只，价值人民币12.75万元。案发后，公安机关从孙某某经营的摊位上扣押“××2”鼠药制剂1244克、250毫升，“某霸王”鼠药制剂15克。经鉴定，两种鼠药检出氟乙酸根离子，属含有氟乙酰胺类鼠药。氟乙酰胺类鼠药是国家明令禁止生产、销售、储存的剧毒危险物质。

【案件焦点】

1. 孙某某是否存在认识错误，能否阻却储存、买卖危险物质的故意，进而能否认定其构成犯罪；2. 对被告人应该如何量刑，能否在法定刑以下量刑。

【法院裁判要旨】

黑龙江省龙江县人民法院经审理认为：被告人孙某某系从事鼠药销售的经营者，应对其出售产品的成分有明确的认知，对国家禁止的药品监管制度更应知晓，孙某某明知出售含有国家明令禁止的鼠药，未经许可，非法买卖、储存物质，危害公共安全情节严重，其行为构成非法买卖、储存危险物质罪。被告人孙某某自愿认罪，如实供述犯罪事实，酌定对其从轻处罚。认定孙某某犯非法买卖、储存危险物质罪，判处有期徒刑三年，缓刑五年；扣押在公安机关的“××2号”“某霸王”鼠药，由公安机关予以没收。

宣判后被告人未提起上诉，检察机关未抗诉，黑龙江省龙江县人民法院将全案依照在法定刑以下判处刑罚核准程序报核，黑龙江省齐齐哈尔市中级人民法院认为，原判决认定部分事实不清，证据不足，发回龙江县人民法院重新审判。黑龙江省龙江县人民法院经重新审理，认定被告人孙某某犯非法买卖、储存危险物质罪，判处有期徒刑三年，缓刑五年。并再次将全案报核。黑龙江省齐齐哈尔市中级人民法院认为原判事实清楚，证据确实、充分，审判程序合法，量刑适当，同意龙江县人民法院意见，核准在法定刑以下判处刑罚。并报黑龙江省高级人民法院审查。黑龙江省高级人民法院认为，一审判决认定的部分事实不清，裁定撤销黑龙江省龙江县人民法院（2020）黑0221刑初44号以被告人孙某某犯非法买卖、储存危险物质罪，在法定刑以下判处有期徒刑三年，缓刑五年的刑事判决；发回黑龙江省龙江县人民法院重新审判。

黑龙江省龙江县人民法院经审理认为：被告人孙某某明知违反法律规定，非法买卖、储存危险物质，危害公共安全，情节严重，其行为构成非法买卖、储存危险物质罪。经查被告人孙某某子承父业，以贩卖鼠药为生，在经营过程中未受到行政处罚，购买鼠药的人是为了药老鼠，而买药人的父亲拿去投毒，危害后果超出了孙某某贩卖鼠药的故意。根据被告人的犯罪事实、犯罪的性质、情节和对于社会的危害程度，认定孙某某犯非法买卖、储存危险物质罪，免予刑事处罚；扣押在公安机关的“××2”“某霸王”鼠药，依法由公安机关予以没收。

案件宣判后，判决已生效。

【法官后语】

本案的争议焦点一是孙某某是否存在储存、买卖危险物质的故意，进而能否认定其构成犯罪；二是应当如何对其量刑，能否在法定刑以下量刑。

一、孙某某的行为构成非法买卖、储存危险物质罪

本案中，孙某某对其所售卖的物品为鼠药有明确认识，也知道其所出售的鼠药没有合法来源、没有相关资质，是“三无产品”，并且具有毒害性。孙某某的认识错误他并不知道这是国家禁止流通的危险物质，根源在于他对国家禁止买卖、储存毒鼠强等含有剧毒化学成分的危险物质存在规范性认识错误，误认为自己的行为在法律上是允许的，所以被告人孙某某的认识错误应当是违法性认识错误。而关于违法性认识错误对罪责的影响，主流观点是违法性认识可能性说，认为违法性认识并非故意的要素，而是责任要素，完全不具有违法性认识的可能性也并不阻却故意的成立，但是可以阻却行为人的责任，具有违法性认识可能性的，可以减轻行为人的责任。同时违法性认识以知法推定为主，应当由被告人举证证明其欠缺违法性认识，且不具有违法性认识的可能性，对于违法性的认识也不要求达到明确、具体的程度，应当知道其所实施的行为不合法也应认定存在违法性认识。具体到本案中，孙某某作为贩卖鼠药的经营者，

长期从事鼠药经营活动，应当对相关规定有所了解，且行为人对其售卖的鼠药没有任何资质也明知，应当对其存在危险性的可能有认识，故孙某某存在违法性认识的可能，其应当构成非法、储存买卖危险物质罪，但可以减轻责任。

二、行为人违反国家规定，非法买卖、储存危险物质，但情节较轻、社会危害性较小的可免除刑事处罚

犯罪的本质特征即在于行为的社会危害性，在定罪量刑时必须在具体案件中综合主客观事实，综合判断社会危害性程度的高低，以决定刑罚的轻重，实现罪责刑相适应。非法买卖、储存危险物质罪保护的客体是公共安全。因此在裁量本罪刑罚时，不仅要考虑行为人买卖、储存危险物质的数量，还要充分考虑其买卖、储存物质的用途，行为人的主观认知、动机目的、一贯表现、违法所得，是否造成严重后果等情节，综合评价其行为的社会危害性。本案中，被告人孙某某的父母就在市场内摆摊售卖鼠药，一家经营鼠药已经三十余年，售卖价格为 2 元至 10 元不等，并没有从中牟取暴利。可见孙某某非法买卖、储存危险物质的目的是从事经营，仅仅将售卖鼠药作为谋生手段，主观恶性较小。且自孙某某贩卖鼠药开始至今，从未受过行政处罚，其对于自己行为违法性认识不足，依法应予从轻、减轻或免除处罚。针对本案所造成的 12.5 万元财产损失，损失的造成存在介入因素，从孙某某处购买鼠药的人是为了药老鼠，而买药人的父亲拿去投毒，其所造成的危害后果超出了孙某某贩卖鼠药的故意，介入因素异常中断因果链条，不应将财产损失归责于孙某某，因此孙某某虽非法买卖、储存危险物质，但并未造成严重社会危害。综上所述，孙某某虽未经法律允许，非法买卖、储存危险物质，但其主观恶性较小，能够自愿认罪悔罪，再犯可能性小，综合评价其社会危害性较小，对孙某某定罪免处符合罪刑法定原则和罪、责、刑相适应原则的要求。

编写人：黑龙江省高级人民法院　刘志加　计书籴

7

交通肇事后自动投案但否认逃逸加重情节的不构成自首

——赖某某交通肇事案

【案件基本信息】

1. 裁判书字号

广西壮族自治区南宁市中级人民法院（2023）桂 01 刑终 564 号刑事裁定书

2. 案由：交通肇事罪

【基本案情】

2022 年 5 月 7 日 5 时许，被告人赖某某驾驶小型轿车从某停车场出发，往某小区方向行驶。当被告人赖某某沿友谊路西侧辅道行驶至某小区门口路段时，适有被害人潘某某驾驶二轮电动车在前方道路右侧同向行驶。因被告人赖某某未按规范操作驾驶，导致二车发生碰撞，后二轮电动车又与被害人肖某停放在路边的小型轿车发生碰撞，造成三车不同程度损坏及被害人潘某某经送医院抢救无效死亡的道路交通事故。事故发生后，被告人赖某某将被害人潘某某带至森林假日小区，并与其朋友黄某某互换衣物后由黄智航驾驶肇事车辆将被害人潘某某送去医院抢救。经交警部门认定，赖某某承担此次事故的全部责任。经鉴定，被害人潘某某符合交通事故致头部损伤而死亡。2022 年 8 月 3 日，赖某某经公安机关电话通知到案并如实陈述发生交通事故的事实，但称其在案发后的一系列行为均是为了尽快救治被害人而不是逃逸。

案发后赖某某、赖某某亲属及保险公司向被害人亲属进行经济赔偿、支付赔付款，被害人亲属于 2022 年 11 月 30 日对赖某某出具谅解书。

【案件焦点】

1. 本案交通肇事逃逸情节的认定；2. 在未被采取强制措施的情况下，被告人自动投案并如实陈述发生交通事故的事实但否认逃逸部分加重情节的事实，其行为是否构成自首。

【法院裁判要旨】

广西壮族自治区南宁市江南区人民法院经审理认为：被告人赖某某违反交通运输管理法规，因而发生重大事故，致一人死亡并负事故全部责任，其行为已触犯《中华人民共和国刑法》第一百三十三条之规定，构成交通肇事罪。在发生交通事故后，赖某某为逃避法律追究而逃跑，是交通运输肇事后逃逸。鉴于被告人赖某某赔偿被害人亲属经济损失并获得谅解，对其酌情从轻处罚。据此，江南区人民法院以交通肇事罪判处被告人赖某某有期徒刑三年。

一审宣判后，被告人提出上诉。

广西壮族自治区南宁市中级人民法院经审理认为：原审判决认定事实清楚，证据确实、充分，适用法律正确，量刑适当，审判程序合法，裁定：

驳回上诉，维持原判。

【法官后语】

本案争议焦点在于被告人赖某某交通肇事逃逸情节的认定以及赖某某自动投案并如实供述发生交通事故的事实但否认逃逸部分加重情节的事实是否构成自首。

一、综合全案证据，能够认定被告人具有逃逸情节

本案中被告人赖某某虽称其在案发后的一系列行为均是为了尽快救治被害人而不是逃逸，但在案证据中的三段视频和通话清单证实被告人赖某某发生交通事故后精神、意识、行为仍处于可控状态，赖某某在第一事故现场自己没有报警、也没有寻求路人帮助报警或拨打急救电话，将被害人带离案发现场回到小区车库后其在有正常拨打电话行为的情况下也未报警；公安机关出具的情况说明证实在黄某某被警方发现为顶替人员后，警方已要求黄某某尽快联系赖某

某到案配合调查，赖某某仍未及时、主动向公安机关表明自己是事故肇事司机；而通话清单显示在案发当日17时许赖某某联系交警前与包括黄某某在内的多个号码有大量通话记录与赖某某辩解称其回到公司睡至下午醒来才发现交警未接电话明显不符；赖某某在自己能够驾驶车辆回到小区的情况下，自己不开车而委托他人将被害人送往医院且不随车同行，有掩饰自己是肇事司机身份行为；赖某某不去医院即可自行回家换下淋湿的衣服，没有换给还要外出去医院的黄某某穿着的必要，且从视频反映是赖某某主动示意黄某某互换衣服和鞋子，二人在车库交接的全过程并没有着急送医的表现，反而是在不停交谈、拨打电话、更换衣物，其间约15分钟。黄某某在医院也主动向民警表明自己是肇事司机使赖某某不被民警及时查处。综上，前述赖某某的行为反映出赖某某意图使公安机关在对其进行控制前无法对其身份信息、案发前后活动轨迹、案发时身体状况等进行查明，也无法对其交通肇事时的情节、性质以及所起的作用进行全面评价，从而达到影响对其准确划分事故责任的目的。因此，赖某某驾车离开现场不报警行为属于逃避法律追究的行为，应当认定为逃逸。

二、被告人赖某某主动到案并如实供述发生交通事故的事实但否认逃逸部分加重情节的事实是否构成自首

本案在审理过程中对被告人是否构成自首有两种不同意见：第一种意见认为，被告人自动投案并如实供述交通肇事罪的基本犯罪罪状即可成立如实供述，对被告人应认定为自首。第二种意见认为，对逃逸事实的否认影响整个案件的主要事实认定，不应认定为如实供述，故被告人虽自动投案但不构成自首。

笔者同意第二种意见，主要理由如下。

《中华人民共和国刑法》规定交通肇事罪基本犯的法定刑在三年以下有期徒刑，交通运输肇事后逃逸的处三年以上七年以下有期徒刑。从刑罚稳定性与平衡性来说，故意犯罪的主观恶性大于过失犯罪，因而对于逃逸行为规定了较肇事行为更重的法定刑符合法律逻辑。逃逸行为作为交通肇事的加重情节，对交通肇事罪有特殊意义和相对独立价值，是对基本犯罪构成的修正，或作为构成要件之外“情状”的补充，亦属于对量刑有重大影响的事实、情节，而主要

犯罪事实既包括定罪事实，也包括量刑事实。因此，否认逃逸加重情节等于否认了交通肇事犯罪构成要件事实即主要事实。此外，对逃逸事实的否认也反映出被告人避重就轻和悔罪态度不端正的主观心态，

具体到本案而言，根据本案查明事实，被告人有自动投案情节，但其到案后仅供述发生事故部分事实，对发生事故后逃逸事实拒不如实供述。而根据全案证据足以认定被告人具有逃逸情节，被告人的辩解没有合理依据。而交通肇事逃逸对于交通肇事罪的构成及处罚具有特殊意义及相对独立价值，是交通肇事罪构成要件、要素的修正、加重情节，该部分事实、情节亦对定罪和量刑有重要影响。对交通肇事逃逸的否认意味着对案件主要事实的回避。因此，在根据全部在案事实、证据足以认定逃逸加重情节的存在而被告人予以否认的，可以认定被告人归案后未如实供述主要犯罪事实，不构成自首。

编写人：广西壮族自治区南宁市江南区人民法院　陶君婵

8

交通肇事案件中，已作为入罪要件的逃逸行为，不能再作为对被告人加重处罚的量刑情节予以评价

——麦某交通肇事案

【案件基本信息】

1. 裁判书字号

广东省阳江市中级人民法院（2023）粤 17 刑终 158 号刑事判决书

2. 案由：交通肇事罪

【基本案情】

2021 年 10 月 13 日 23 时许，被告人麦某驾驶小型越野客车行驶至某路段

时，与行人李某发生碰撞，李某被撞倒在地。麦某停车后打电话给其朋友曾某，之后曾某让其亲属阮某到达现场，麦某以头晕为由让阮某帮其处理现场，没等交警过来处理便自行离开了现场。阮某在麦某离开现场后，向民警冒充是肇事车辆驾驶员。2021 年 10 月 15 日，被害人李某经医院抢救无效死亡。2021 年 10 月 21 日，阮某因害怕担当责任，主动到交警大队投案自首，交代了冒充驾驶员的事实。麦某也于 2021 年 11 月 5 日主动到交警大队投案自首。经阳春市公安局交警大队认定，麦某承担此事故的主要责任，李某承担此事故的次要责任；如麦某在此次事故中无遗弃车辆逃离交通事故现场行为，亦无其他违法行为的情况，那么双方应分别承担此事故的同等责任。

【案件焦点】

麦某弃车逃逸的行为是其构成交通肇事罪的入罪要件还是其交通肇事罪的加重处罚情节。

【法院裁判要旨】

广东省阳江市江城区人民法院经审理认为：被告人麦某违反交通运输管理法规，发生重大交通事故，致一人死亡，负事故的主要责任，其行为已构成交通肇事罪。交通肇事后，被告人麦某在没有其他非即时离开现场不可的紧急情况下离开事故现场，且为其进行现场处理的阮某在其离开现场后，向办案民警冒充自己驾驶肇事车辆，致使交警部门未能及时查清肇事责任方。因此，应认定被告人是为逃避法律追究而弃车逃跑，属于交通肇事后逃逸。判决：

被告人麦某犯交通肇事罪，判处有期徒刑三年。

一审宣判后，麦某提出上诉。

广东省阳江市中级人民法院经审理认为：被告人麦某违章驾驶，造成一人死亡的重大交通事故，且在事故发生后弃车离开现场，承担事故的主要责任，其行为已构成交通肇事罪，依法应予惩处。被告人麦某交通肇事后，其逃逸行为已作为交通肇事罪的定罪要件，不能再作为法定加重情节在量刑时重复评价，因此，对被告人麦某的量刑应在三年以下有期徒刑或者拘役这一量刑幅度内进行，同时，由于被告人麦某具有自首情节，且事后进行了经济赔偿，得到被害人家属的谅解，并认罪认罚，依法可从轻处罚，因此，一审判决量刑偏重。据此，判决如下：

一、维持广东省阳江市江城区人民法院（2023）粤1702刑初284号刑事判决定罪部分；

二、撤销广东省阳江市江城区人民法院（2023）粤1702刑初284号刑事判决量刑部分；

三、被告人麦某犯交通肇事罪，判处有期徒刑一年六个月。

【法官后语】

本案的争议焦点在麦某弃车逃逸的行为是其构成交通肇事罪的入罪要件还是其交通肇事罪的加重处罚情节。

一、法律关于交通肇事后“逃逸”的规定与理解

《最高人民法院关于审理交通肇事刑事案件具体应用法律若干问题的解释》（以下简称《解释》）第三条规定，交通运输肇事后逃逸，是指在发生交通事故后，为逃避法律追究而逃跑的行为。即只有在交通肇事后为了逃避法律追究而逃跑的行为才能认定为逃逸。因此，“逃逸行为”的认定应综合考虑主观和客观两个方面因素。主观上，行为人有逃避法律追究的心理。即行为人对交通事故的发生是有认知能力的，在知道或应当知道发生交通事故的前提下不履行保护现场、抢救伤员、报告交警部门等法定义务。客观上，行为人表现为逃脱、躲避，有离开事故现场的行为。

二、关于“逃逸”的法律后果：既可以作为定罪情节，也可以作为加重处罚情节

《解释》第二条第二款第六项规定，交通肇事致一人以上重伤，负事故全部或者主要责任，为逃避法律追究逃离事故现场的，以交通肇事罪定罪处罚。第三条规定，“交通运输肇事后逃逸”，是指行为人具有本解释第二条第一款规定和第二款第一项至第五项规定的情形之一，在发生交通事故后，为逃避法律追究而逃跑的行为。

从《解释》第二条第二款第六项，以及第三条可看出，当行为人交通肇事

致一人以上重伤，负事故全部或者主要责任，并在没有第二条第二款第一项至第五项规定的酒驾、毒驾、无证驾驶、严重超载等情况下，此时的逃逸行为是作为基本犯的定罪情节，在三年以下有期徒刑或者拘役内量刑。

显然，构成“交通肇事后逃逸”加重情节，应当同时具备以下三个条件：交通肇事罪的基本犯罪成立为前提、行为人主观上有“逃避法律追究”的目的、客观上有逃离行为。此时的逃逸行为作为量刑加重处罚情节，依法升档，在三年以上七年以下有期徒刑的量刑幅度内量刑。

综上，交通肇事逃逸行为既可以单独适用，成为定罪情节，也可以与其他情节结合适用，成为加重处罚情节。

三、关于本案的认定

（一）被告人的行为构成“逃逸”

本案中，被告人驾驶机动车行至交叉路口疏于观察、未减速慢行，发生交通事故后，没有主动及时报警，在交警到达现场前提前离开，并由他人冒充顶替肇事车辆驾驶员，伤者被送往医院救治后，也未主动回到医院查看情况，且没有证据显示被告人存在其他非即时离开现场不可的紧急情况而离开事故现场。上述行为足以表明其有“逃避法律追究”的主观心理，属于交通肇事后逃逸。

（二）被告人的逃逸行为构成交通肇事罪

本案经交警部门认定，被告人驾驶机动车没有按照操作规范安全驾驶、驾驶机动车行经人行横道时没有减速行驶，违反了《中华人民共和国道路交通安全法》第二十二条第一款、第四十七条第一款之规定，是导致此事故发生的一方面过错；被害人横过道路没有走人行横道，违反了《中华人民共和国道路交通安全法》第六十二条之规定，是导致此事故发生的另外过错。被告人发生交通事故后遗弃车辆逃离交通事故现场，但是有证据证明被害人也有过错，根据《中华人民共和国道路交通安全法实施条例》第九十二条第一款的规定，被告人承担此事故的主要责任，被害人承担此事故的次要责任。并认为如果被告人在此次事故中无遗弃车辆逃离交通事故现场行为，亦无其他违法行为的情况，那么双方应分别承担此事故的同等责任。

可见，交警部门是根据被告人发生交通事故后逃逸认定其负此事故主要责任。也就是说抛开逃逸因素，被告人不负主要责任，顶多是同等责任，那么进而也就不构成交通肇事罪。在这里，被告人的逃逸行为在作为交通肇事罪入罪标准时已经首先进行了评价。

（三）被告人的“逃逸”行为在量刑上再次被评价，违背禁止重复评价原则

禁止重复评价原则，是指在定罪和量刑时禁止对同一犯罪构成事实予以两次以上的法律评价。由上述可知，本案被告人的“逃逸”行为是其构成交通肇事罪的定罪情节，属于《解释》第二条第二款第六项规定的“为逃避法律追究逃离事故现场的”情形，而非入罪后的加重情节。

编写人：广东省阳江市中级人民法院　符丽云

9

交通肇事逃逸后自动投案行为的认定

——周某某交通肇事案

【案件基本信息】

1. 裁判书字号

河南省郏县人民法院（2023）豫0425刑初120号刑事判决书

2. 案由：交通肇事罪

【基本案情】

2022年11月13日15时许，被告人周某某在朋友李某某家饮酒，18时7分许，周某某驾驶小型轿车从李某某家离开后，由南向北行驶至某省道与某镇某路交叉路口南100米路段时，将由东向西步行的行人张某某和刘某某当场撞死，致小型轿车损坏。

事故发生后，被告人周某某与李某某电话联系称，其发生交通事故，伤者受伤严重，让李某某找司机顶替。李某某赶到现场，周某某看到他人报警，警车和救护车相继到达现场，其弃车离开现场。

公安局交通警察大队民警赶到现场后，于18时40分开始对现场进行勘查，确定肇事车辆系小型轿车，现场的石某报警称是该车的驾驶人。在中心现场南侧机动车道内有液体洒落物，起点距道东沿3.68米，终点为小型轿车，全长43.84米。小型轿车头部有明显撞击痕迹，车头引擎盖凹陷，车前、后挡风玻璃破裂。石某叙述的事故经过，与现场情况不符。

当晚11时30分许，李某某陪同周某某到公安局交通警察大队投案，周某某如实供述其犯罪事实。当晚11时52分，周某某经呼气式酒精检测，显示酒精含量为90毫克/100毫升，次日0时15分抽取周某某体内静脉血并留存。

经某司法鉴定中心鉴定，周某某血液中乙醇含量为90.86毫克/100毫升；张某某符合交通事故致胸部严重损伤，导致中枢性呼吸、循环衰竭死亡；刘某某符合交通事故致重度颅脑损伤死亡。经某司法鉴定中心鉴定，事故发生时，小型轿车的行驶速度为92.4千米/小时。

经公安局交通警察大队认定，周某某醉酒后驾驶机动车上道路超速行驶，且发生事故后弃车逃逸，负该道路交通事故的全部责任；张某某、刘某某无责任。

【案件焦点】

1. 被告人在发生交通肇事后找人顶替自己，是否属于肇事逃逸；2. 被告人离开事故现场后，又自动投案，如实供述自己的罪行，是否认定为自首。

【法院裁判要旨】

河南省郏县人民法院经审理认为：被告人周某某违反交通运输管理法规，醉酒后驾驶机动车在公共道路上超速行驶，发生重大事故，致二人死亡，并负事故全部责任，情节特别恶劣，扰乱了交通运输的正常秩序和安全，其行为已构成交通肇事罪。周某某交通运输肇事致二人死亡，依法应对其在三年以上七年以下有期徒刑的法定刑幅度内处罚。鉴于周某某醉酒后超速行驶，据此应对其酌情从重处罚；其在案发后自动投案，如实供述其犯罪事实，属自首，并在其家属的配合下积极赔偿被害人亲属的经济损失，取得被害人家属的谅解，据此可对其从轻或减轻处罚。综合以上量刑情节，法院决定对周某某从轻处罚。周某某辩护人所提应对其减轻处罚并适用缓刑的理由及相关意见，均缺乏事实及法律依据，法院均不予采纳。据此，以交通肇事罪判处被告人周某某有期徒刑三年。

案件宣判后，判决已生效。

【法官后语】

一、交通肇事逃逸的认定

交通肇事逃逸是指发生交通事故后，对被害人或者被损害财物未做必要的抢救、处理或者未按规定向公安机关报警，擅自逃离现场，致使交通事故所造成的民事、行政、刑事责任不能确定和追究的行为。从《中华人民共和国刑法》第一百三十三条，《最高人民法院关于审理交通肇事刑事案件具体应用法律若干问题的解释》第三条的规定可以看出，交通肇事后逃逸的行为往往造成被害人不能得到及时救治，经济损失无法得到赔偿，同时严重影响警察对案件的查处，因此具有很大的社会危害性。

根据上述规定，构成交通肇事后“逃逸”应同时满足以下三个条件：一是该行为必须具备交通事故犯罪的基本要件，这是认定“交通事故后逃逸”的基本条件。二是主观上有“逃避法律追究”之目的，这是认定“交通肇事后逃逸”的主观条件。逃避法律追究，包括逃避刑事责任、民事责任和行政责任追究。在司法实践中，行为人没有正当理由离开事故现场的，应当认定行为人具有逃避法律追究的主观目的。三是客观上存在逃离现场行为，且逃离行为可能影响对受害者的救助、导致事故损失的扩大、阻碍警方对事故的调查和侦查。

本案中，周某某作为富有驾驶经验的司机，在饮酒后超速驾车，明知发生事故撞人却弃车离开现场，并找人顶替自己作为肇事司机，给公安机关的侦查取证造成障碍，其行为构成交通肇事逃逸。

二、交通肇事逃逸后自动投案的认定

一般而言，交通肇事后又自动投案，如实供述自己罪行的情况，符合刑法中关于自首的规定，认定为自首没有什么异议。争论的焦点就在于交通肇事逃逸后又投案的认定。

关于交通肇事逃逸后又自动投案是否构成自首，“肯定说”认为交通肇事逃逸后自动投案，如实供述自己罪行的，应认定为自首；“否定说”认为，在交通肇事罪中没有自首制度适用的空间。笔者支持“肯定说”观点。

在司法实践中，交通肇事逃逸者的目的是逃避法律责任或是救助义务，而若肇事者在其逃逸的过程和持续状态中，其能够自己主动投案，如实供述，协助警方处理案件，自觉履行法律义务，也是对其先前逃逸行为的补救，不管行为人是出于对法律的畏惧还是良心发现，其行为都应当作为自首的情节予以承认。

那么，交通事故发生后，行为人逃离现场后，又主动到公安机关自首，能否推翻其逃逸行为的认定呢？笔者认为，交通肇事逃逸后又自首，并不妨碍对其“逃逸”行为的认定。判断“逃逸”行为的标准是肇事者没有履行救助义务，就应该按照《中华人民共和国刑法》第一百三十三条第二款的规定处罚。立法加重处罚逃逸行为旨在催促肇事者积极履行自己的义务，自觉承担法律责任，否则将引起严重的处罚。而逃逸后又自首，实则是肇事者逃跑后没有履行救助义务，但又害怕面对法律制裁而自动投案的行为，该自首完全是和“逃逸”行为独立开来的行为，该行为构成自首，并不影响前面“逃逸”的评价。

因此，即便行为人在其逃逸后又自动投案，构成自首的，仍应依法以较重法定刑为基准，视情决定对其是否从宽处罚以及从宽处罚的幅度。

编写人：河南省平顶山市郏县人民法院　魏少鹏　蔡文利　马唷清

10

交通肇事后冒用他人身份的能否认定为逃逸

——丁某某交通肇事案

【案件基本信息】

1. 裁判书字号

江苏省南通市中级人民法院（2023）苏06刑终273号刑事裁定书

2. 案由：交通肇事罪

【基本案情】

2022年11月11日18时32分40秒前后，被告人丁某某无驾驶证驾驶苏H×××××号小型轿车，由西向东行驶至某县某路段，与步行的被害人郑某发生碰撞，致郑某摔倒。当日18时33分26秒，许某驾驶苏FQ××××号小型轿车由南向北行驶至交叉路口右转弯往东，对倒在路面上的郑某二次碾轧。事故造成郑某严重颅脑损伤，经抢救无效死亡。丁某某留在现场等候处置，参与抢救被害人，但接受讯问时冒用其孪生哥哥丁某1的姓名、身份证、驾驶证。后因丁某1反对丁某某冒用其身份，丁某某遂于同年11月21日主动向公安机关供述其真实姓名为丁某某而非丁某1，且系无证驾驶，如实供述相关犯罪事实。公安机关同日对该案刑事立案侦查，2022年12月16日作出事故认定，认定丁某某无证驾驶，对路面观察疏忽，承担事故的主要责任；许某、郑某承担事故的次要责任。

【案件焦点】

交通肇事后冒用孪生哥哥身份的，能否认定为逃逸。

【法院裁判要旨】

江苏省如东县人民法院经审理认为：被告人丁某某违反交通运输管理法规，发生重大交通事故，致一人死亡，负事故的主要责任，其行为已经构成交通肇事罪。丁某某冒用他人身份，隐瞒自己无证驾驶的事实，具有逃避法律追究的故意，应认定为交通肇事逃逸。丁某某主动投案，在司法机关掌握其主要犯罪事实之前主动向公安机关交代其真实身份，如实供述相关犯罪事实，应认定为自首，可以从轻处罚。丁某某自愿认罪认罚，依法可以从宽处理。依照《中华人民共和国刑法》第一百三十三条、第六十七条第一款，《最高人民法院关于审理交通肇事刑事案件具体应用法律若干问题的解释》第三条，《最高人民法院关于处理自首和立功若干具体问题的意见》第二条第三款，《中华人民共和国刑事诉讼法》第十五条之规定，作出如下判决：

被告人丁某某犯交通肇事罪，判处有期徒刑三年三个月。

江苏省如东县人民检察院提出抗诉，认为一审判决认定原审被告人丁某某交通肇事后逃逸不当，适用法律错误、量刑畸重。江苏省南通市人民检察院支持抗诉意见，建议二审法院依法改判。

原审被告人丁某某对其交通肇事、冒用他人身份的事实无异议，辩解其行为不是逃逸。

江苏省南通市中级人民法院经审理认为：首先，原审被告人丁某某肇事后冒用孪生哥哥丁某 1 的身份，是为了掩饰无证驾驶，在后续的事故责任划分乃至是否进入刑事追责程序上得以逃避。其次，丁某某冒用他人身份，欺骗现场公安人员才得以离开现场，其离开现场的行为不具有合法性与正当性，亦属逃离现场。最后，丁某某与其冒用身份的丁某 1 系孪生兄弟，常人一般无法识别，已使公安机关错将丁某 1 认定为肇事者展开侦查，其行为性质、后果与肇事后找他人“顶包”的逃逸无异，并非简单的不如实供述真实姓名。原判决认定事实清楚，证据确实、充分，定罪准确，量刑适当，审判程序合法，应予维持。依照《中华人民共和国刑事诉讼法》第二百三十六条第一款第一项之规定，裁定：

驳回抗诉，维持原判。

【法官后语】

本案中，被告人丁某某交通肇事的事实清楚，证据确实、充分，主要争议焦点是丁某某冒用其孪生哥哥丁某1身份的行为能否认定为逃逸，存在两种意见。

第一种意见认为，丁某某案发后留在现场，积极救助被害人，在民警到来后承认自己驾车撞人，并提供真实联系方式，冒用他人身份的目的只是隐瞒自己无证驾驶的事实，没有让他人“顶包”的故意，不符合逃逸的法律规定。

第二种意见认为，丁某某冒用他人身份虽系为了隐瞒无证驾驶的事实，但会影响事故责任的认定，进而影响民事赔偿责任的承担以及是否追究刑事责任，实质上符合逃避法律追究的本质特征。

《最高人民法院关于审理交通肇事刑事案件具体应用法律若干问题的解释》第三条规定，交通运输肇事后逃逸，是指在发生交通事故后，为逃避法律追究而逃跑的行为。本案被告人丁某某冒用他人身份的行为符合上述规定，构成交通肇事后逃逸，主要理由如下。

第一，丁某某冒用他人身份是为了逃避法律追究。逃避法律追究不仅包括逃避刑事责任，也包括逃避行政责任、民事责任。根据丁某某的供述，其之所以冒用丁某1姓名，并不是想让丁某1“顶包”，代其接受处罚，主要原因是其没有驾驶证，无证驾驶发生事故可能影响责任认定以及保险公司理赔，担心自己承担高额赔偿责任。其主要目的是逃避民事赔偿责任，同样属于逃避法律追究。且其意图影响责任认定，也可能影响罪与非罪、罚与不罚、重罚与轻罚，造成一人死亡，负同等责任以下的，一般不构成犯罪；负主要责任且与被害人一方达成刑事和解的，检察机关可能不起诉，提起公诉的，法院也可能宣告缓刑。

第二，丁某某有实质上的逃跑行为。对逃跑行为不能仅理解为形式上的逃离现场，采取欺骗手段离开现场的，实质上也属于逃跑。肇事后虽然留在现场但让他人“顶包”，或者编造虚假身份，欺骗处警民警，妨害查处事故，即便最后获准离开，亦应认定为逃跑行为。丁某某虽留在现场，承认驾车肇事事实，但没有如实供述自己的真实身份，民警因被欺骗才同意其离开，未掌握其真实身份信息，后续处理事故时会存在一定障碍。丁某某离开现场不具有正当性和合法性，冒用身份离开的性质、后果与肇事后立即逃跑的性质、后果具有相当性，都会妨害公安机关查处事故，同样属于逃跑。

第三，丁某某的行为可能会造成严重后果。首先，其规避无证驾驶，可能会将本应由其承担的民事赔偿责任转嫁给保险公司。其次，因其与丁某 1 系孪生兄弟，如其未自首，司法机关很难识别。即使最后实际上是其接受处罚，但形式上特别是法律文书上会显示丁某 1 被司法机关追究刑事责任，会造成错案，也会导致丁某 1 承担犯罪带来的社会负面评价等附随后果。如果对这种行为不认定为逃逸，不足以彰显法律的惩戒和教育功能，可能会引发并鼓励他人效仿。

综上，丁某某肇事后冒用孪生哥哥身份，意图逃避法律追究的行为，应当认定为交通肇事后逃逸，进行升格量刑。

编写人：江苏省南通市中级人民法院　胡元吉

11

对连环碾轧后交通肇事逃逸及因逃逸致人死亡的认定

——高某、王某交通肇事案

【案件基本信息】

1. 裁判书字号

吉林省榆树市人民法院（2023）吉 0182 刑初 550 号刑事判决书

2. 案由：交通肇事罪

【基本案情】

2023 年 8 月 5 日 20 时 50 分许，被告人高某驾驶吉 AN××××号小型货车（已报废）沿某乡道由南向北行驶至 78 千米处，从卧躺在道路上的齐某身上碾轧后，距案发地点300米处停车并回到事故现场，与在场人樊某、李某共同阻止相向而来的被告人王某驾驶的吉A6××××号小型轿车再次对齐某身体碾轧，但未能阻止成功，王某从齐某身体上碾轧后逃逸。一分钟后，民警到达现场，被告人高某没有向警察如实供述自己为肇事者的事实逃离现场。

经查，被告人高某第一次从齐某身体上碾轧后，齐某尚有生命体征，几分钟后，被告人王某再次碾轧致齐某当场死亡。经尸体检验，齐某系胸腹联合伤，重度开放性颅脑损伤而死亡。道路交通事故认定书认定，高某与王某二人共同承担此起道路交通事故的全部责任，齐某无责任。

案发后，被告人高某于2023年10月13日主动到公安机关投案。

【案件焦点】

1. 如何认定两个被告人与被害人死亡之间的因果关系；2. 如何判断二被告人对自己发生交通肇事后的主观明知，认定二被告人是否适用“肇事后逃逸”；3. 认定被告人高某适用“肇事后逃逸”而非“因逃逸致人死亡”的法定刑升格。

【法院裁判要旨】

吉林省榆树市人民法院经审理认为：被告人高某、王某驾驶机动车辆在道路上行驶，违反交通运输管理法规，发生交通事故，致一人死亡，二人共同负事故的全部责任，其行为已构成交通肇事罪，对公诉机关的指控予以支持。被告人高某自动投案，如实供述，系自首；被告人王某到案后如实供述，系坦白；二被告人均认罪认罚，依法可减轻从轻处罚；案发后，二被告人赔偿被害人家属的损失，获得被害人家属的谅解，酌情可从轻处罚。经社区调查评估，对高某、王某可适用缓刑。

吉林省榆树市人民法院判决如下：

一、被告人高某犯交通肇事罪，判处有期徒刑三年，缓刑四年；

二、被告人王某犯交通肇事罪，判处有期徒刑三年，缓刑四年。

案件宣判后，判决已生效。

【法官后语】

交通肇事连环碾轧案，二名被告人的肇事行为致被害人死亡的损害结果具有一定的复杂性，厘清案件法律关系，界定被告人责任，从案情出发，依据法律规定，探索符合司法实践需求的裁判规则。本案从被害人死亡与二被告人交通肇事行为的因果关系、先行行为与介入被害人死亡结果的客观归责原理以及被告人交通肇事后主观是否明知、对交通肇事罪的法定刑升格的认定进行分析和论证。

1. 如何认定两个被告人与被害人死亡之间的因果关系。本案交通事故责任认定，被告人高某、王某共同承担事故全部责任。但行政法认定的责任不能等同刑法意义上的刑事责任。被告人应否承担刑事责任，主要是看被告人的危害行为与被害人的死亡之间是否存在因果关系。被告人高某的第一次碾轧行为是先行行为，使被害人生命安全面临紧迫的危险，其间介入了王某的第二次碾轧行为，我们称之为介入因素。介入因素是指在先行行为引发危害结果的过程中，介入第三人行为、被害人行为、行为人的第二次行为或者自然事件，从而引起因果关系可能发生异常变化的情况。介入因素能否阻断先行行为的因果关系，主要从以下几个方面考虑：(1) 介入因素的出现是否异常。如果介入因素的出现不异常，表明先前行为与介入因素具有引发关系。因此先前行为应对介入因素的出现负责。(2) 先前行为与介入因素对结果的发生所起的作用大小。二者作用都大，属于二因一果。也即先行行为与介入因素与损害后果之间存在因果关系。本案中，王某第二次碾轧横卧马路的被害人的行为并不异常，是第一次碾轧行为引发和其过失行为共同所致，没有阻断第一次碾轧行为给被害人造成的危险，二次碾轧共同造成了被害人的死亡结果，属于二因一果，被告人高某和王某的行为与被害人齐某的死亡都具有刑法意义上的因果关系，二人均构成交通肇事罪。

2. 如何判断二被告人对自己发生交通肇事后的主观明知，认定二被告人是否适用“肇事后逃逸”。“肇事后逃逸”是指行为人为逃避法律追究而逃跑的行为。被告人主观必须明知其已发生交通事故，否则不构成“肇事后逃逸”。主观明知属于意识范畴，判定被告人的主观意识，除被告人供述外，还需结合案发时间、地点、路况、天气情况、事故现场的勘验情况及被告人的事后行为综合判断。本案中，二被告人均提出对发生交通事故主观不明知的辩解，根据二被告人的认知能力和既往经历，运用逻辑和经验法则，法院认定被告人的主观明知，从而对二被告人适用“肇事后逃逸”的法定升格刑。

3. 如何认定被告人高某适用“肇事后逃逸”而非“因逃逸致人死亡”的法定刑升格。本案中，被告人高某在发生第一次碾轧后立即返回，并在现场挥手阻止王某的再次碾轧，王某后续的碾轧行为不是高某逃离现场没有及时阻止所致，而是在高某与樊某、李某共同阻止下依然发生的，说明被害人不是因为高某的逃逸行为导致没有得到及时救助死亡，而是高某和王某的共同肇事行为所致。对高某在发生交通事故后立即返回现场的行为不能评价为“逃逸行为”。

因逃逸致人死亡是指行为人在交通肇事后为逃避法律追究而逃跑，致使被害人因得不到救助而死亡的情形。首先，刑法考量“因逃逸致人死亡”是“被害人因行为人的逃逸得不到救助而死亡”。王某发生第二次碾轧行为后，樊某行车记录仪显示，仅 1 分钟后，民警到达案发现场，此时被害人已死亡，高某是否采取救助措施均无法避免结果的发生，救助行为已不具有与被害人死亡的必然因果关系。高某未向警察如实供述犯罪事实，而隐匿身份逃离现场，其主观是为了逃避法律追究而逃跑，可以评价为“逃逸行为”。其次，能认定“因逃逸致人死亡”应限于行为人逃逸前的交通肇事行为已构成交通肇事罪的情形，被害人的死亡结果已为交通肇事罪的一般情形所考量，再认定高某“因逃逸致人死亡”，存在重复评价。故，本案应当认定高某、王某系交通肇事后逃逸，但高某不构成因逃逸致人死亡更加符合社会的认知，也罪责刑相适应原则的体现。

尽管交通肇事类犯罪属于过失犯罪，但其犯罪结果给被害人及其亲属带来的身心痛苦难以用金钱赔偿和对被告人的刑罚抚平。在审理中，既要在案件事实、证据认定和法律适用准确把握，又要平衡罪刑法定原则与个人情感的接受度，维护司法裁判的合法性及正当性。所以，当事人肇事后情节的准确认定对被告人刑罚的评价具有重大影响，既不能遗漏评价、也不能重复评价，做到罪责刑相适应。

编写人：吉林省榆树市人民法院　刘晓红

12

二次碾轧介入因素存在的情况下如何认定交通肇事逃逸致人死亡

——张某某交通肇事案

【案件基本信息】

1. 裁判书字号

江苏省泰州市中级人民法院（2023）苏12刑终158号刑事裁定书

2. 案由：交通肇事罪

【基本案情】

2022年6月17日22时11分许，被告人张某某驾驶电动自行车沿某线路由南向北行驶至17公里750米处，与前方同向步行的王某发生交通事故，致王某倒地，被告人张某某驾车逃逸。22时20分左右，黄某（另案处理）驾驶四轮电动车沿该线路由南向北行驶至上述地点，与倒地的王某再次发生交通事故，致王某死亡。

经鉴定，被害人王某符合交通事故撞击、抛跌所致颅脑损伤后机动车碾轧所致胸腹部损伤致其创伤性、失血性休克死亡。其直接死因为机动车碾轧所致。公安局交通警察大队于2022年9月19日作出道路交通事故认定书，认定：张某某、黄某的违法行为及过错是导致事故发生的直接原因，张某某、黄某共同负事故的全部责任，王某无责任。

归案后，被告人张某某如实供述了上述犯罪事实。被告人张某某与被害人近亲属已经达成协议，张某某赔偿被害人家属人民币 22 万元（已支付 16 万元），被害人近亲属对于被告人张某某的行为表示谅解。

【案件焦点】

存在二次碾轧介入因素时如何把握和认定张某某的前在行为与被害人死亡间是否存在因果关系，是否属于交通肇事逃逸致人死亡及量刑的把握认定。

【法院裁判要旨】

江苏省泰兴市人民法院经审理认为：被告人张某某在发生重大交通事故后逃逸致被害人死亡，其行为已构成交通肇事罪。被告人张某某归案后，如实供述自己的罪行，依法可以从轻处罚。被告人张某某自愿认罪认罚，可以依法从宽处理。被告人张某某具有劣迹，酌定从重处罚。被告人张某某部分赔偿并取得被害人近亲属的谅解，酌定从轻处罚。据此，依照《中华人民共和国刑法》第一百三十三条、第六十七条第三款和《中华人民共和国刑事诉讼法》第十五条、第二百零一条第一款之规定，认定被告人张某某犯交通肇事罪，判处有期徒刑七年。

一审宣判后，被告人张某某提出上诉。上诉人张某某认为不应认定其交通肇事逃逸致人死亡且原判量刑过重。

江苏省泰州市中级人民法院经审理认为：上诉人张某某在公共交通道路上驾驶车辆，违反交通运输管理法规，发生交通事故后逃逸并致他人死亡，且负事故的全部责任，其行为已构成交通肇事罪。上诉人张某某归案后，如实供述自己的罪行，依法可以从轻处罚。上诉人张某某自愿如实供述自己的罪行，承认指控的犯罪事实，愿意接受处罚，可以依法从宽处理。上诉人张某某具有劣迹，酌定从重处罚。上诉人张某某部分赔偿并取得被害人近亲属的谅解，酌定从轻处罚。上诉人张某某的肇事逃逸行为将被害人王某置于高度危险的环境之下，随后王某被后续车辆碾轧，王某的死亡结果在其所处情境下是高概率事件，张某某的先行行为创设了危险；张某某明知发生交通事故，为逃避抢救义务及法律追究而驾车逃逸，被害人王某得不到救助、被后续车辆碾轧致死，其肇事逃逸行为与死亡结果具有刑法上的因果关系，构成交通肇事罪，且符合因逃逸致人死亡的情形，并无减轻处罚情节，依法应判处七年以上有期徒刑，故原判对其量刑适当。上诉人及辩护人提出的上诉理由及辩护意见，均不予采纳。原审判决认定事实清楚，证据确实、充分，定性准确，审判程序合法，量刑适当，依法应予维持。因此，江苏省泰州市中级人民法院依据《中华人民共和国刑事诉讼法》第二百三十六条第一款第一项的规定，裁定：

驳回上诉，维持原判。

【法官后语】

本案的争议焦点是存在二次碾轧介入因素时如何把握和认定张某某的前在行为是否与被害人死亡存在因果关系，是否属于交通肇事逃逸致人死亡及量刑的把握认定。

一、黄某的过失二次碾轧并未切断张某某的前在行为与被害人死亡的因果关系

结合被告人归案后的供述和辩解、证人证言及在卷司法鉴定意见书、道路交通事故认定书、现场监控录像等证据，能够证实被告人张某某驾驶电动自行车与被害人王某发生交通事故，致王某倒地，其为逃避法律追究并未施救即驾车逃逸，其前在行为创设了法律所禁止的风险，将王某置于危险状态，张某的死亡直接原因虽系黄某的二次碾轧导致，但是该介入行为并未断裂张某某的前在行为与张某死亡结果间的因果关系，虽然在黄某碾轧之前有数辆机动车经过王某倒地处绕行，但未予救助并不能苛责他人亦不能归责于被害人本身。

事发路段车流量大，且案发时间为夜间，视线不佳，被害人王某被张某某撞倒后，前在行为导致其意识障碍、活动受限，无法展开自救或转移至安全区域，该危险境地发生二次碾轧系高概率事件，属于非异常介入因素，并不能中断张某某逃逸行为与被害人张某死亡之间的因果关系，张某某对被害人死亡结果应当承担刑事责任。

二、本案所具有的特殊性并不能转移或减免张某某的刑事责任，对其量刑仍应当适用交通肇事后逃逸致人死亡的规定，在有期徒刑七年以上量刑

应当注意到本案特殊性之一在于二次碾轧作为直接致死王某的原因，黄某同样在事后逃逸，未予施救，在交通事故认定书中认定黄某为共同全部责任，交警部门评定该事故责任依据应为黄某逃逸，但该事故责任确认并非介入因素造成因果关系中断的刑事责任承担的依据，黄某过失二次碾轧行为及逃逸行为亦非现实危险的创设者，不应将张某某应当承担的刑事责任向其发生转移或减免。

本案的特殊性之二在于鉴定意见能够明确查清王某的死亡原因，张某某的前在实行行为在没有二次碾轧介入因素时，并不足以导致王某的死亡，而张某某辩称并不能预见其行为会造成被害人死亡的结果，量刑过重。根据交通法规和日常生活经验，其造成被害人被撞击倒地应当停车并救助，而其为逃避抢救义务及法律追究未予停车观察迅速逃离现场，对于被害人倒地后意识障碍活动受阻的物理性危险状态的造成，应当属于其能够预见的范围；其对介入因素同样具有预见可能性，被害人死亡的危险首先来自张某某的实行行为，导致了被害人意识昏迷倒在车来车往的夜间路段，无任何自主表达与活动能力，且不易被路过的人发觉，二次碾轧死亡结果的发生具有极高概率。若以其辩解不具有预见可能性直接否定其对导致结果发生的整体因果流程所具有的支配性，既不符合日常经验认知，也不利于实现充分法益保障。

综上，本案中被告人张某某在逃逸前具有肇事行为，该肇事行为虽未直接造成被害人死亡，但其为逃避法律追究而逃跑，被害人因其逃逸得不到救助而被二次碾轧死亡，张某某的行为符合“因逃逸致人死亡”的构成要件，应当在七年以上有期徒刑的法定刑范围内量刑。

编写人：江苏省泰州市中级人民法院　蔡萍

江苏省泰兴市人民法院　许婷

13

“指使”型交通肇事罪的认定

——苏某某交通肇事案

【案件基本信息】

1. 裁判书字号

北京市第三中级人民法院（2022）京03刑终312号刑事裁定书

2. 案由：交通肇事罪

【基本案情】

2020年5月14日晚，被告人苏某某与同事李某（已判决）等人一起在某烧烤店就餐，苏某某、李某均饮酒。当日23时许，苏某某酒后驾车载李某至某村东侧的面馆继续吃饭、饮酒。次日1时许，被告人苏某某指使李某酒后驾车，李某酒后无证驾驶小型汽车载苏某某由北向南行驶至某劳务公司门前路段，适有被害人廉某、谢某由北向南行走，小轿车右前部与廉某、谢某身体相撞，造成二人受伤。事故发生后李某以查看事故现场为由下车，苏某某明知发生交通事故仍驾驶肇事车辆逃离事故现场，李某亦逃离事故现场。后廉某、谢某经抢救无效死亡。经认定，李某负事故全部责任。

【案件焦点】

苏某某是否构成《最高人民法院关于审理交通肇事刑事案件具体应用法律若干问题的解释》（以下简称《解释》）第七条①中规定的“指使”型交通肇事罪。

---

①《最高人民法院关于审理交通肇事刑事案件具体应用法律若干问题的解释》第七条规定，单位主管人员、机动车辆所有人或者机动车辆承包人指使、强令他人违章驾驶造成重大交通事故，具有本解释第二条规定情形之一的，以交通肇事罪定罪处罚。

【法院裁判要旨】

北京市顺义区人民法院经审理认为：(1) 苏某某构成交通肇事罪。现有证据能够认定苏某某指使李某酒后驾车；苏某某指使李某开车的行为与事故后果具有因果关系，且存在过失；事故造成二人死亡，苏某某与李某应共同承担事故责任。(2) 苏某某系肇事后逃逸。(3) 苏某某不构成自首。综上，判决如下：

苏某某犯交通肇事罪，判处有期徒刑三年。

一审判决后，被告人苏某某提出上诉。

北京市第三中级人民法院经审理认为：第一，在案证据能够证实苏某某将车辆钥匙交予李某。第二，苏某某是机动车所有人，对车辆使用有决定权，具有防止他人违规驾驶的注意义务。第三，第二次饮酒后苏某某虽属于醉酒状态但仍具有一定的认知和行动能力，其坚持回家并将车钥匙交给李某、认可由李某违章驾驶其机动车的行为已构成指使。第四，苏某某作为车主及同乘人员未尽法律法规要求的监督管理和注意义务，其主观上的过失和客观上的指使行为与事故发生具有刑法上的因果关系。综上，一审法院根据苏某某犯罪的事实，犯罪的性质及对于社会的危害程度所作出的判决，定罪及适用法律正确，量刑适当，审判程序合法，应予维持。据此，裁定：

驳回上诉，维持原判。

【法官后语】

本案系机动车辆所有人指使他人违章驾驶造成交通事故构成交通肇事罪，实践中一直存在朋友关系之间能否认定，如何认定“指使”型交通肇事罪的问题。笔者认为，认定“指使”型交通肇事罪的核心在于“指使”行为的界定，对此需要注意以下三个方面的问题。

一、“指使”不需要具有与“强令”同等程度的强制力

从体系解释角度来看，相关法律规定中“指使”与其他强制类词语存在区分。除《解释》外，《中华人民共和国道路交通安全法》（以下简称《道路交

通安全法》）第二十二条第三款规定，任何人不得强迫、指使、纵容驾驶人驾驶违反道路交通安全法律、法规和机动车安全驾驶要求驾驶机动车。在《道路交通安全法》语境中，“强迫”“指使”“纵容”三词代表行为人与驾驶人之间三种不同强制程度的交互行为，在程度上由重至轻递减，且“指使”不具备“强迫”违背他人意愿这一要求。交通肇事罪作为行政犯，应保证相应法律之间解释的统一，故对《解释》中“强令”“指使”的理解应当结合《道路交通安全法》对“强迫”“指使”的含义进行理解，不应将二词作同类解释，二词具有不同的强制力程度。此外，“指使”在主观心态和行为模式上也与“纵容”有截然不同的特点。本案中，苏某某明知李某酒后却依然将钥匙交给李某并于车辆副驾驶就坐，李某持钥匙自主驾驶，难以认定苏某某具有强制行为，同样也不属于不闻不问消极放任李某酒后驾驶。

二、“指使”不以行为人之间具备特定关系为必要条件

在认定“指使”时，除依靠行为当场的语言内容及外在行为模式判断外，身份关系往往是判断二人间交互行为性质的重要参考。《解释》第七条出台的目的在于惩戒单位主管人员、机动车辆所有人、机动车辆承包人指使或者强令属下、雇工疲劳驾驶、严重超载等进而引发重大恶性交通事故的行为。但这并不意味着认定“指使”“强令”以行为人之间具有雇佣、上下级等身份关系为必要条件。《解释》虽明确了部分指使者、强令者的身份资格要求如单位主管人员、机动车辆承包人，但未对机动车辆所有人与被指使人、被强令人之间身份关系作出限制规定，行为人之间的关系只是认定行为是否构成“指使”“强令”的重要因素。从保证法律适用性的角度，将机动车辆所有人与被指使人、被强令人之间可以存在多样身份关系纳入本条解释范围内，可更好应对当今社会中多发的机动车辆所有人指使、强令朋友、亲属违章驾驶的刑事责任认定问题。结合“指使”本身的含义，《解释》立法时所考虑的特定身份关系更多体现在“强令”的判断上，而非要求“指使”也必须具备同样条件。具体到本案中，被告人苏某某系机动车辆所有人，其与被指使人李某虽为朋友关系，但并未超出《解释》第七条规定内容范畴，存在认定“指使”的空间。

三、朋友关系间“指使”应重点判断指使人是否处于主导或优势地位

对于朋友关系之间“指使”的具体认定，应当重点判断指使者在被指使者违章驾驶行为中是否处于主导或优势地位。不同于被强令时受强制被迫实施违规驾驶行为，在朋友关系中，被指使人客观上在是否按照指使人所说内容行事上具有自我选择的余地，只有指使人在被指使人违章驾驶整体行为过程中处于主导或者优势地位，才可进一步排除不是“纵容”或单方面的提议。而判断是否处于主导或优势地位，可重点从违章驾驶行为意图的引起、行为具体过程上考虑。

具体到本案，在违章驾驶意图的产生上，苏某某处于主导地位。李某酒后多次劝阻苏某某就近住宿，对自己和苏某某酒后不适合驾车有清醒认识，苏某某却在当晚已经酒驾过一次的情况下，坚持要回家并拒绝就近住宿。苏某某当时虽已大量饮酒，但从其事故后驾车逃逸、可准确说出事故地点并联系他人来接的行为可以看出，其没有失去行为能力及判断能力，苏某某将其掌握的车钥匙交付给李某并于副驾驶就坐，客观上主动推动了李某后续开车违规驾驶，而其法律意识淡薄，对酒驾毫无顾忌地主动追求更是后续李某产生违规驾驶意图的主要诱因。此外，作为机动车所有人，苏某某在车辆使用上处于优势地位，对是否开车、谁来开车、开车到目的地等决断相较李某更具有话语权，该情况也客观上为苏某某创造了指使李某的能力与条件。综上，苏某某构成“指使”型交通肇事罪。

编写人：北京市顺义区人民法院　朱郡臣　李贞

14

酒后驾驶超标电动自行车的，不构成危险驾驶罪

——陈某危险驾驶、放火案

【案件基本信息】

1. 裁判书字号

福建省厦门市集美区人民法院（2022）闽0211刑初178号刑事判决书

2. 案由：危险驾驶罪、放火罪

【基本案情】

2021年9月11日7时许，被告人陈某饮酒后无驾驶资格驾驶曹某（另案处理）的无号牌电动三轮车，搭载曹某，行驶至某路××号楼下院内，碰撞到魏某停放在该处的二轮摩托车，导致二轮摩托车部分汽油泄漏在水泥地上。被告人陈某将二轮摩托车扶起并移至附近停靠后，为隐瞒事故和清理油渍，萌生用火将水泥地上的汽油烧掉的念头后，随即将点燃的纸巾扔在地上的汽油，起火后引燃移开的二轮摩托车。被告人陈某见状，立即和其他人联手将火扑灭。火势导致魏某的二轮摩托车及被告人陈某的烧烤车部分烧损。

经司法鉴定，案发时被告人陈某血液中酒精含量为160.62毫克/100毫升。经公安交警部门认定，被告人陈某无证、醉酒驾驶机动车且所驾驶的车辆安全设施不全，致车辆发生侧翻碰撞，应负事故全部责任。

2021年2月16日，被告人陈某主动到公安机关接受调查。归案后，被告人陈某在侦查阶段即如实供述了上述犯罪事实。

另查明，事故发生后，被告人陈某赔偿被害人魏某的全部经济损失，被害

人魏某出具谅解书，对被告人陈某的行为表示谅解，请求对其从轻处罚，免予追究刑事责任。

【案件焦点】

酒后驾驶超标电动自行车是否构成危险驾驶罪。

【法院裁判要旨】

福建省厦门市集美区人民法院经审理认为：第一，购买该电动三轮车的增值税普通发票上明确标明“交通运输设备＊电动自行车”，能够证明至少在购买时卖家和买家对该车辆的认识能够统一于电动自行车，特别是熟悉车辆各种参数的卖家，同样是将该车定位于电动自行车。第二，该电动自行车既无纳入道路机动车辆生产企业及产品公告名册，亦无依法取得公安机关交通管理部门发放的机动车牌号码，故并无纳入公安机关交通管理部门对机动车的管理范围当中。第三，经鉴定，该无号牌三轮车车身虽未安装脚踏及链条装置，但最大车速仅为 30 千米/小时，案发时的车速为 21.9 千米/小时，蓄电池标称电压为 60 伏，超出了电动自行车的基本参数指标（最高车速不超过 25 千米/小时，蓄电池标称电压小于或者等于 48 伏），应认定为社会上俗称的“超标电动车”。相关行政法规没有明文规定超标电动车是否属于机动车，司法实践中不应随意扩大解释，地方交通管理部门或者鉴定机构认定该两轮车属于机动车，超出了其权限范围。故，鉴定公司出具的结论为该无号牌三轮车属于电动三轮轻便摩托车类的鉴定意见系超出其权限范围，该鉴定意见不予采纳。综上，本案中无充分证据能够证明涉案电动三轮车属于机动车，故，被告人陈某酒后驾驶该电动三轮车的行为不宜认定为危险驾驶罪。

另外，现场监控截图显示，漏油车辆靠近墙体，且旁边尚有包含煤气罐、烧烤车等其他物品，存在点火后无法控制火势，造成危害公共安全的可能性。虽然被告人陈某点火的主观目的是燃尽汽油，以免被人发现摩托车曾被推倒过，同时认为汽油味道难闻，想要燃尽油渍，但被告人陈某亦明确表示其若在平常清醒时，在相同情况下，不会实施点火行为，仅因案发时其处于醉酒状态，有点意识不够清醒。法院认为，醉酒状态不是不构成刑事犯罪的理由，被告人陈某在能够预见到危害结果可能性的情况下，仍然放任自己实施了放火行为，并实质性地造成了损害后果。故被告人陈某的放火行为符合放火罪的构成要件，该辩护意见理由不充分，不予采纳，但被告人陈某放火的直接目的和事后的救火行为可以作为量刑从轻的考虑因素。

法院认为，被告人陈某故意实施放火行为，危害公共安全，尚未造成严重后果，其行为已经构成了放火罪。被告人陈某案发后留在现场等候民警处理，归案后如实供述罪行，系自首。同时综合考虑被告人陈某放火地点为房屋楼下的空场地，其点火的直接目的仅是消除地面油渍，并在起火后第一时间予以灭火，并无放任火势蔓延，同时积极赔偿其造成的财产损失，取得被害人谅解等因素，被告人陈某的放火行为情节轻微，可免予刑事处罚。据此，经法院审判委员会讨论决定，依照《中华人民共和国刑法》第一百一十四条、第三十七条、第六十七条第一款之规定，判决如下：

被告人陈某犯放火罪，免予刑事处罚。

【法官后语】

本案的争议焦点之一是涉案超标电动自行车是否属于机动车。

根据《最高人民法院、最高人民检察院、公安部、司法部关于办理醉酒危险驾驶刑事案件的意见》的规定，危险驾驶罪中的“道路”“机动车”，适用《中华人民共和国道路交通安全法》的规定。而依据《中华人民共和国道路交通安全法》第一百一十九条之规定，非机动车是指以人力或者畜力驱动，上道路行驶的交通工具，以及虽有动力装置驱动但设计最高时速、空车质量、外形尺寸符合有关国家标准的残疾人机动轮椅车、电动自行车等交通工具。关于电动自行车的国家标准，相关部门曾先后出台多个文件。《电动自行车安全技术规范》（GB17761-2018），规定电动自行车须具有脚踏骑行能力、最高设计车速不超过25千米/小时、整车质量（含电池）不超过55千克、电机功率不超过400瓦、蓄电池标称电压不超过48伏。

实践中，对于有动力驱动装置且设计的最高时速、空车质量、外形尺寸接近或等同于机动车的电动自行车等交通工具可否认定为机动车，存在争议。有观点认为，危险驾驶罪属于行政犯，如果没有特别需要扩张解释或者限制解释的理由，对概念性法律术语的规定应与其依附的行政法规保持一致。当前不具备将超标电动车认定为机动车的现实条件，公众也普遍认为超标电动车不属于机动车，将醉酒驾驶超标电动车等行为以危险驾驶罪定罪处罚，打击面过大，社会效果也不好。也有观点认为，超标电动车符合机动车类别中摩托车的技术条件，实践中大部分电动自行车最高车速大于20千米/小时，整车质量也超过40千克，为保障道路交通安全和人民群众生命财产安全，对醉酒驾驶超标电动车的行为应作犯罪处理。引起上述争议的主要原因是行政管理规章制度暂时滞后于现实生活，导致超标电动车尚无明确的对应产品标准，不能将其准确地划入机动车或非机动车范围。尽管上述国家标准明确了电动自行车在设计最高时速、空车质量、外形尺寸等方面应具备的基本条件，但由于《中华人民共和国道路交通安全法》对于超过有关国家标准的残疾人机动轮椅车、电动自行车等交通工具是否属于非机动车，并未作出明确规定，因而并不能直接推断出超标电动自行车属于机动车的结论。

一、本案中被告人不具有危险驾驶罪的违法性认识

要成立危险驾驶罪的犯罪故意，要求被告人至少对涉案电动自行车属于机动车范畴的事实具有明确认知。而判断行为人是否认识到其驾驶的车辆属于刑法意义上的机动车，则需要根据一般人的生活经验、认识水平和理解能力进行综合评价。本案中，购买该电动三轮车的厦门增值税普通发票上明确标明“交通运输设备*电动自行车”，能够证明至少购买时卖家和买家对该车辆的认识能够统一于电动自行车，特别是熟悉车辆各种参数的卖家，同样是将该车定位于电动自行车。鉴于我国对电动自行车生产标准的规定相对复杂，客观上被告人既缺乏了解有关电动自行车国家标准相关规定的机会与可能性，也很难对其所购买的电动自行车进行专业鉴定。在司法实践中，被告人对法律因素的错误认识，将直接影响其对自身行为的社会意义及法益侵害性的评价，即由于将超标电动车认定为机动车超出了普通公众的认知范畴，因而行为人难以认识到自

身行为具有违法性，其行为也就相应地不具有刑法意义上的可谴责性。

二、对于醉驾超标电动自行车是否入刑应进行刑法意义上的独立判断

刑法的独立性决定了刑法自身的目的才是对犯罪行为评价的基本出发点，这就要求刑事违法的判断必须以刑法自身为核心，相对地独立于其他部门法的违法判断。特别是对于犯罪的构成要件要素，必须根据刑法的特有目的进行解释与判断，而不能直接援用行政机关的解释与判断。即使在刑法条文明示或者暗示某种犯罪的成立以违反行政法规为前提时，对于相关构成要件要素的判断，也需要在行政法规的基础上按照刑法条文的目的作出进一步的实质判断。本案中，虽然涉案电动车经鉴定不符合国家标准，国家标准在制定程序、编排体例、内容效力等方面区别于部门规章，只能视为行政规范性文件，作为对电动自行车生产、销售进行管理的依据，但对于人民法院审理刑事案件仅具有参考价值，不能独立作为是否属于刑法意义上的机动车的判断准则。本案中，案涉电动自行车既无纳入道路机动车辆生产企业及产品公告名册，亦无依法取得公安机关交通管理部门发放的机动车牌号码，故并无纳入公安机关交通管理部门对机动车的管理范围当中。经鉴定，该无号牌三轮车车身虽未安装脚踏及链条装置，但最大车速仅为30千米/小时，案发时的车速为21.9千米/小时，蓄电池标称电压为60伏，超出了电动自行车的基本参数指标（最高车速不超过25千米/小时，蓄电池标称电压小于或者等于48伏），应认定为社会上俗称的“超标电动车”。相关行政法规没有明文规定超标电动车是否属于机动车，司法实践中不能随意扩大解释，地方交通管理部门或者鉴定机构认定该两轮车属于机动车，超出了其权限范围。故，鉴定公司出具的结论为该无号牌三轮车属于电动正三轮轻便摩托车类的鉴定意见系超出其权限范围，故该鉴定意见不予采纳。因此，只有当行政法规或者部门规章明确规定超标电动自行车属于机动车，法院才能据此认定超标电动自行车属于机动车范畴。

编写人：福建省厦门市集美区人民法院　张亚芬

15

“隔夜”醉酒驾驶载客营运机动车应如何量刑

——孙某某危险驾驶案

【案件基本信息】

1. 裁判书字号

北京市东城区人民法院（2023）京 0101 刑初 709 号刑事判决书

2. 案由：危险驾驶罪

【基本案情】

2023 年 11 月 21 日 23 时许，被告人孙某某于家中饮酒。次日睡醒后出门接单。8 时许，被告人孙某某酒后驾驶载有乘客的小型普通客车，行驶至某大街路口处，被民警查获。经抽血检验，孙某某血液酒精含量为 193.9 毫克/100 毫升。

【案件焦点】

“隔夜”醉酒驾驶运营机动车，量刑时如何裁量。

【法院裁判要旨】

北京市东城区人民法院经审理认为：被告人孙某某作为网约车司机，对其醉酒后驾驶机动车的危害性心知肚明，在其先行行为的驱使下，从事客运活动且搭载一名乘客，被查获时其已经在网约车平台完成两个订单，另其血液中酒精含量为 193.9 毫克/100 毫升，已远超入罪标准，并满足《最高人民法院、最高人民检察院、公安部、司法部关于办理醉酒危险驾驶刑事案件的意见》规定的从重处罚情节，同时考虑到被告人孙某某归案后如实供述犯罪事实，认罪认罚，根据本案犯罪的事实、性质、情节及对于社会的危害程度，对被告人孙某某依照《中华人民共和国刑法》第一百三十三条之一、第六十七条第三款、第五十二条、第五十三条，判决如下：

被告人孙某某犯危险驾驶罪，判处拘役一个月零十五天，并处罚金人民币5000元。

案件宣判后，判决已生效。

【法官后语】

危险驾驶罪的设立有效弥补了我国刑事立法之前规定的以危险方法危害公共安全罪及交通肇事罪之间缺乏衔接和缓冲的弊端，保证了刑法对交通事故处罚的严密性和衔接性。但近年来，危险驾驶罪不仅案件数量剧增，而且在刑罚适用过程中存在醉驾一律入刑、缺乏出罪空间，刑罚附随后果偏重等问题。伴随着我国司法理念向轻刑化趋势的逐步转变，醉驾入刑应更为慎重，如何对符合危险驾驶罪形式构成要件的行为进行甄别，进而分离出微罪不予刑罚处罚是当前亟须解决的难题。2023年12月18日，《最高人民法院、最高人民检察院、公安部、司法部关于办理醉酒危险驾驶刑事案件的意见》，为进一步统一执法司法标准，严格规范、依法办理醉驾案件，提供了有效的法律依据。但实践中对隔夜醉驾等行为的认定仍存在一定争议。

笔者认为，隔夜醉驾的主观状态是间接故意。虽然饮酒人已经休息一夜，但是大量饮酒会导致长时间处于醉酒状态是生活常识，饮酒人虽然对具体血液酒精含量并不知情，但是对自己可能具备的醉酒状态明知的，却放任危害后果的发生、执意实施驾驶行为。实践中，能否将“隔夜醉驾”作为法定不起诉或者判决无罪的情形，不仅涉及酒精对人体的影响时长及效果的科学性认定问题（包括白天和夜晚对身体作用不同），还直接涉及侦查取证力度及最终认定问题，如喝酒完毕时间点的确定、酒精含量检测时间点的实际确定等，极易引起争议。故，对“隔夜醉驾”的具体认定，笔者认为应采取“定性”+“定量”的模式确定适用门槛，准确把握“情节轻微”“不需要判处刑罚”的实质要素，并从形式上统一设置酒精含量幅度，规范起诉裁量权，有效发挥“但书”出罪功能，坚持“醉驾不必一律入刑”的立场，依照“但书”条款对醉驾行为的危害程度进行判断，对情节显著轻微、危害不大的微罪行为不作为犯罪处理。

根据我国驾驶人员生理特点、驾驶能力受酒精影响程度，作为我国强制标准的《车辆驾驶人员血液、呼气酒精含量阈值与检验》（GB 19522-2024）将80毫克/100毫升作为醉酒标准。每个驾驶人员因体质差异、酒精代谢能力不同，隔夜后体内血液酒精含量相差迥异，驾驶机动车能力亦显受影响，故对行为人隔夜、隔时醉驾，且达到醉驾入罪标准的，也应依法处理。考虑到行为人饮酒后毕竟休息了数小时才驾驶机动车，与饮酒后不久即驾驶机动车的行为人主观恶性上有所区别，原则上应体现从宽处理。但对具有《最高人民法院、最高人民检察院、公安部、司法部关于办理醉酒危险驾驶刑事案件的意见》第十条规定的从重处理情形的，不能因为是隔夜、隔时醉驾，就不从重处理，应当结合具体案情，确定宽严尺度。

本案中，被告人孙某某作为网约车司机，对其醉酒后驾驶机动车的危害性心知肚明，在其先行行为的驱使下，从事客运活动且搭载乘客，行驶路段在市区，人流众多，具有危害公众生命财产安全的危险性。另其血液中酒精含量为193.9毫克/100毫升，远超入罪标准，并满足《最高人民法院、最高人民检察院、公安部、司法部关于办理醉酒危险驾驶刑事案件的意见》规定的从重处罚情节，故应判处实刑。

编写人：北京市东城区人民法院　石魏　黄冰

北京市高级人民法院　李超

16

生产经营活动中具有决定性、关键性职责的管理人，故意或过失违反安全管理规定，造成重大安全事故构成犯罪的，其行为对结果发生的原因力相对较大，应负事故主要责任

——刘某甲等重大责任事故案

【案件基本信息】

1. 裁判书字号

重庆市永川区人民法院（2021）渝 0118 刑初 457 号刑事判决书

2. 案由：重大责任事故罪

【基本案情】

2020 年 10 月 20 日，煤业公司全面停工停产，并申请关闭煤矿。同年 11 月，三名股东即被告人刘某甲、赵某某、刘某乙决定将煤矿设备以回撤外包的方式整体出售，并与不具备任何安全生产资质和条件的资源回收公司达成收购协议，双方约定井下设备由资源回收公司自行拆除，煤业公司安排管理人员即被告人雷某某、蒋某某、黄某某等带班下井监督、配合。之后，煤业公司在未经行政主管部门批准的情况下，即要求资源回收公司方的被告人陈某、邓某某、唐某某安排人员下井回撤设备，煤业公司未组织人员对煤矿井下进行全面安全检查，未落实入井检身等安全管理制度，且雷某某等管理人员在向陈某索要 5 万元“好处费”后，对资源回收公司方井下违规动火作业等违反安全管理制度的行为不予制止。2020 年 12 月 4 日 16 时许，资源回收公司安排的回撤作业人

员在水泵硐室内违规使用氧气/液化石油气切割水泵吸水管时，掉落的高温熔渣引燃了水仓吸水井内沉积的油垢，油垢和岩层渗出油燃烧产生大量有毒有害烟气，在火风压作用下蔓延至进风巷，造成人员伤亡。事故造成23人死亡、1人重伤，直接经济损失2632万元。

【案件焦点】

各被告人的刑事责任认定问题。

【法院裁判要旨】

重庆市永川区人民法院经审理认为：首先，本次事故发生在煤矿已经停止采煤，准备关闭前的阶段，因回撤期间涉及对作为外来人员的被告人陈某等人员的监管问题，对这些不具备安全作业资质的外来人员的监管，三名股东被告人刘某甲、赵某某、刘某乙作为回撤工作的发包方，应当尽到更大的审慎监管义务，特别是在行政主管部门提出了新的监管要求的情况下，更应当尽责履职、落实整改。但刘某甲、赵某某、刘某乙在回撤开始前，就将回撤工作发包给不具备井下安全作业资质的某回收公司，其审查失职；且在明知回撤工作“不准外包、不准动火”之后，故意向行政主管部门隐瞒回撤工作已外包的事实，并且未按照行政主管部门的要求组织整改落实；在明知井下长期出油的情况下，未组织人员排除该安全隐患；未安排检身员等，为事故埋下安全隐患；故刘某甲、赵某某、刘某乙均应承担主要责任，其中，刘某甲作为安全管理首要责任人，应对设备回撤期间安全作业管理混乱承担首要责任。其次，被告人陈某、邓某某长期从事收购关闭煤矿井下设备的生意，应有一定井下安全作业经验和意识，并知晓井下作业有较为严格的程序和条件，但其作为回撤作业的承包人、现场管理人，在其自己及某回收公司无任何井下作业资质和条件的情况下，既未建立相关的安全作业机制，又将回撤作业转包给毫无井下作业资质和条件的施工队，并且疏于对回撤工人作业的监管，直接造成了事故发生，应承担主要责任。最后，矿级领导被告人雷某某、黄某某、蒋某某、刘某丙作为既有安全生产职责，又有安全生产经验的直接管理人，失职渎职，并收受陈某的现金，应当承担主要责任。

被告人唐某某作为回撤承包方合伙人，在组织、管理某煤矿井下设备回撤作业过程中，本人不具备井下安全作业资质，且明知某回收公司不具备安全生产条件，仍同陈某一起与某煤矿股东商定承包回撤井下设备；其在与陈某合伙经营收购煤矿井下设备生意过程中，了解井下回撤工作在安全管理方面要求严格，限制较多，其知道陈某将井下回撤作业又发包给不具备安全生产条件的吕某某施工队而未制止；其作为回撤方合伙人未履行安全管理责任；其不作为行为与事故发生具有刑法上的因果关系，构成重大责任事故罪，应承担刑事责任。但唐某某的责任与未被安排下井参与监督工作的袁某某责任相对较小，应负事故次要责任。

因此，各被告人的行为均已构成重大责任事故罪，均应负刑事责任。被告人赵某某、黄某某、蒋某某、刘某丙负事故主要责任，属于“情节特别恶劣”的情形。

重庆市永川区人民法院依照《中华人民共和国刑法》第一百三十四条第一款，第六十七条第一款、第三款，第三十七条之一，第四十七条，《中华人民共和国刑事诉讼法》第十五条，《最高人民法院、最高人民检察院关于办理危害生产安全刑事案件适用法律若干问题的解释》第一条、第七条、第十三条、第十六条之规定，作出如下判决：

一、被告人刘某甲犯重大责任事故罪，判处有期徒刑六年六个月；

二、被告人赵某某犯重大责任事故罪，判处有期徒刑六年；

三、被告人陈某犯重大责任事故罪，判处有期徒刑六年；

四、被告人刘某乙犯重大责任事故罪，判处有期徒刑五年六个月；

五、被告人雷某某犯重大责任事故罪，判处有期徒刑五年；

六、被告人蒋某某犯重大责任事故罪，判处有期徒刑四年六个月；

七、被告人刘某丙犯重大责任事故罪，判处有期徒刑四年六个月；

八、被告人黄某某犯重大责任事故罪，判处有期徒刑四年六个月；

九、被告人邓某某犯重大责任事故罪，判处有期徒刑四年；

十、被告人袁某某犯重大责任事故罪，判处有期徒刑二年六个月；

十一、被告人唐某某犯重大责任事故罪，判处有期徒刑一年六个月；

十二、禁止各被告人自刑罚执行完毕或假释之日起三年内从事与安全生产相关的职业。

案件宣判后，判决已生效。

【法官后语】

在多个原因行为造成生产安全事故时，判断行为人是否应承担刑事责任，要坚持主客观统一原则，主体须为具有安全生产职责且从事生产经营活动的人员，行为必须违反相关安全管理法规，主观罪过系过失，才符合该罪的构成要件。在罪责划分中，尤其是管理人的罪责划分，也应当坚持主客观相一致原则，要以行为人职责为基础，通过其主观罪过程度，综合判断其行为在引发事故的过程中所起的原因力大小，从而准确划分主次责任。

一、多个原因行为造成生产安全事故时，刑事责任的界定问题

1. 主体构成的“二要素”。在多个原因行为造成生产安全事故时，要首先明确哪些人符合该罪的主体要件，是确定刑事责任的前提。《最高人民法院、最高人民检察院关于办理危害生产安全刑事案件适用法律若干问题的解释》（以下简称司法解释）明确了重大责任事故罪的主体包括对生产、作业负有组织、指挥或者管理职责的负责人、管理人员、实际控制人、投资人等人员，以及直接从事生产、作业的人员。对于主体的判断，需要具备以下两个要素：第一个要素是行为人是否属于《中华人民共和国安全生产法》所规定的“从事生产经营活动的单位”中的人员；第二个要素是行为人在生产经营单位中是否有安全生产、作业职责。对于第一要素的判断，由于《中华人民共和国安全生产法》并未限定从事生产经营活动的单位的具体性质，则该规定的“单位”既包括工厂、矿山、林场、建筑企业或其法人企业、事业单位，也包括集体组织、合伙企业、个人合伙、个体经营户，甚至还包括违法经营、无照经营的相关组织或个人等。本案中，某煤矿当然属于从事生产经营活动的企业；而作为外来的不具备任何井下作业资质的陈某、邓某某、唐某某一方，合伙承包井下设备

回收项目，属于生产经营活动，实际系个人合伙，仍然属于《中华人民共和国安全生产法》所规定的“从事生产经营活动的单位”，因此，唐某某作为该“单位”的人员，符合该要素。

关于第二要素的职责，主要有法律规定、内部规章制度确定、约定或者先行行为引发三个方面来源，如某煤矿的董事长刘某甲，是某煤矿的主要负责人，也是该单位法定的安全生产第一责任人，对本单位的安全生产工作全面负责即为法定职责；如矿长雷某某、副矿长黄某某、蒋某某、刘某丙、袁某某，其内部规章制度明确了其安全生产职责的范围和边界；如陈某、邓某某、唐某某一方约定由陈某、邓某某负责现场作业的直接组织、管理，而唐某某作为从事收购煤矿井下设备生意的人，明知井下回撤工作在安全管理方面有要求严格，却依然违规操作，该先行行为使得具体从事生产、作业的工作人员限于危险境地，唐某某有义务对安全生产、作业进行有效组织、管理，具有组织、管理职责。

2. 行为的“违规性”。行为人必须是违反有关安全管理的规定。“相关的安全管理规定”有行政法律、法规等规范予以明确，本文不展开讨论。但“违规”行为有不同表现形式，既有积极主动的作为，也有消极的不作为，还可能是作为和不作为相混合的行为。例如，股东刘某甲、赵某某、刘某乙，将井下设备回撤违规发包给无任何安全资质的陈某一方，矿级领导雷某某等人收受陈某一方送的好处，故意放松安全监管，均属于违规滥作为；而陈某、邓某某、唐某某一方，无任何安全生产资质、未建立相关的安全作业机制，还安排他人违规在井下动火，其消极不作为和违规作为并存。

3. 主观罪过系过失。这种过失，仅指对造成重大人身伤亡或者其他严重后果的过失，而并非对违反安全管理规定的过失。行为人对于危害结果由于疏忽大意而没有预见，或者虽然预见但轻信可以避免而未采取相应的保障措施，系该罪主观过失的表现。而行为人对违反安全管理规定，则既可以是故意，也可以是过失。例如，雷某某、黄某某等矿级领导收受陈某金钱后放松井下作业的安全监管，系故意违反安全管理规定，但对于危害结果，则是完全有经验、有能力预见，但轻信可以避免的心态；对于唐某某等一方，因不了解而未取得相应的井下安全作业资质，对违反安全管理规定系过失，对危害结果，基于唐某某等人的安全从业资质、时间、接受安全生产教育培训的情况等，其对安全生产、作业疏于学习，了解程度相对较少，属于因疏忽大意而没有预见危害结果的过失心态。

二、多个原因行为造成生产安全事故时，管理人内部的罪责划分问题

重大责任事故罪的两个量刑档中，尤其是第二个量刑档，《中华人民共和国刑法》规定属于“情节特别恶劣的”，在有期徒刑三年以上七年以下量刑，司法解释规定“情节特别恶劣的”，要符合“造成死亡三人以上或者重伤十人以上，负事故主要责任；或者造成直接经济损失五百万元以上，负事故主要责任”等，在事故结果同等责任的情况下，确定负事故的主次责任，直接关系到行为人的量刑。司法解释也规定：在多个原因行为导致生产安全事故发生的……一般情形下，对生产、作业负有组织、指挥或者管理职责的负责人、管理人员、实际控制人、投资人，违反有关安全生产管理规定，对重大生产安全事故的发生起决定性、关键性作用的，应当承担主要责任。因这类人员均具有一定管理职责，故本文将这类人员统称为“管理人”。而在多个原因行为造成生产安全事故时，实际上管理人中，各行为人的行为对引发事故结果所起的原因力也是不完全相同的，管理人中，也应当存在主次责任的划分，不能因其属于管理人，就一概认定其应当对事故发生负主要责任，而是应当坚持主客观相统一原则，以行为人职责为基础，通过其主观罪过程度，综合判断其行为在引发事故的过程中所起的原因力大小，从而准确划分主次责任。

（一）判断行为人职责的重要程度

判断行为人责任大小，首先要以行为人的职责为基础，职责越是具有决定性、关键性，其失职渎职后引发的后果就越严重。多个原因行为造成的生产安全事故，实际上是因整个生产、作业活动管理混乱，致使多行为人失职渎职，合力造成事故发生。因此，管理人员中，对生产、作业活动管理职责越重要的管理人，其责任就越大。本案中，股东刘某甲、赵某某、刘某乙是某煤矿的所有权人，决定着井下设备撤出的方式，对回撤承包方的资质审查、对安全机制

的督促落实、对安全隐患的排查等，其职责重大，因此，三名股东在事故中的安全生产责任重大。而矿级领导雷某某、蒋某某、黄某某、刘某丙，对于回撤工作是否能外包、井下是否能动火、井下安全隐患排查工作的安排等重大事项，实际仅具有提出建议的权力，无最终的决策权，但是其被安排下井对安全作业进行监督，其职责相较股东一方更具体，对安全作业起到极为重要的监督作用，其安全生产的监督责任也较为重大。另外，相对于雷某某等矿级领导，未被安排下井监督，仅被安排配合安全作业的袁某某，以及未实际下井的唐某某的职责相对较小。

（二）判断行为人的罪过程度

如前所述，重大责任事故罪的主观罪过虽然系过失，但对该罪名主观罪过程度的评价中，“过于自信的过失”相对“疏忽大意”的过失，其罪过程度更严重，更具有可责性。本案中，负有监管职责的雷某某等矿级领导，具有丰富的井下作业经验和安全生产资质，其预见了井下动火可能造成的风险隐患，但仍然轻信可以避免，相对无资质、经验少，因疏忽大意而未意识到风险的唐某某，其罪过程度要更严重，其就应当承担相对更重的责任。另外，对于违反安全管理规定是基于故意还是过失，也是判断责任的重要因素之一。本案中，股东故意向行政主管部门隐瞒回撤工作已外包且已经动火的情况的行为，雷某某等人收受陈某等人金钱并放松监管的行为，均是故意为之，相较于邓某某、唐某某因对安全生产认知不足而违反安全管理规定的过失形态，其主观罪过更重，责任也相对更大。

（三）判断行为对结果的原因力大小

如上所述，对主次责任的划分，必须要确定原因力大小，而对原因力大小的判断，并非简单以行为系导致事故发生的直接原因或者间接原因来认定，而是应当坚持主客观相一致原则，要以行为人职责为基础，通过其主观罪过程度，综合判断其行为在引发事故的过程中所起的原因力大小。具有决定性、关键性职责的管理人，其故意违反安全管理规定，则其行为对结果的原因力相对就较大，应承担的责任也相对较大；过失违反安全管理规定的，相对原因力较小，但均应承担事故主要责任。而对不具有决定性、关键性职责的管理人，其过失违反安全管理规定，则其行为对结果的原因力较小，应承担事故次要责任。

本案中，股东刘某甲、赵某某、刘某乙有审核承包方资质的职责但审查失职；有排查安全隐患的职责，但未落实安全责任，未组织人员排查安全隐患；有落实行政主管部门监管要求的义务，但却故意向行政主管部门隐瞒回撤工作已外包的事实，并且未按要求组织整改落实；三股东的行为对事故发生的原因力较大，均应承担主要责任；并且，刘某甲作为安全管理首要责任人，应对设备回撤期间安全作业管理混乱承担首要责任。矿级领导雷某某、黄某某、蒋某某、刘某丙作为既有安全生产职责，又有安全生产经验的直接管理人，未正常履行其规定的安全管理职责，且收受陈某一方的金钱后故意放松监管，严重失职渎职，其行为对事故发生的原因力较大，也应承担主要责任。被告人陈某、邓某某具有井下安全作业经验和意识，在无任何井下作业资质和条件的情况下，既未建立相关的安全作业机制，又将回撤作业转包给毫无井下作业资质和条件的施工队，还疏于对回撤工人作业的监管，直接造成了事故发生，其行为也具有较大的原因力，也应负主要责任，但陈某作为现场的组织、指挥、管理人，其作用相对大于邓某某，因此陈某负主要责任的同时，应承担更大的责任。对于机电副矿长袁某某，因其未被安排下井监督安全作业，仅被安排配合运输井下物品，其本无多大的安全生产责任，但其收受了陈某的“好处费”，从而对发现的陈某一方工人违规动火、未携带自救器入井等行为未制止、未上报，其行为对结果发生具有一定原因力，但相对雷某某等人较小，应承担次要责任。被告人唐某某本具有完善安全作业条件，落实现场安全管理等职责，但其疏忽大意而未履职，其行为的原因力相对于其他被告人最小，应承担次要责任。

编写人：重庆市永川区人民法院　郭庆龙　魏肖峰　雷秋雨

17

重大劳动安全事故罪犯罪主体中“直接负责的主管人员”的范围与界定

——李某重大劳动安全事故案

【案件基本信息】

1. 裁判书字号

北京市第三中级人民法院（2023）京03刑终451号刑事判决书

2. 案由：重大劳动安全事故罪

【基本案情】

2020年，城建公司将某村的治理工程（防水项目）分包给工程公司，被告人李某系城建公司该工程项目的负责人。后因设计方案改动等原因，该工程的除臭池未按国家规定在孔洞周围安装护栏、盖板、防坠网等安全生产设施，经工程公司该防水项目施工负责人李某某（已判刑）、城建公司该防水项目安全员兼工地安全负责人杨某（已判刑）等人商定，在被告人李某同意的情况下，采用以安全带系挂防坠绳的方式保证工人施工安全。2021年5月14日10时许，被害人冀某某在除臭池顶部做防水工作时，未将安全带系挂在防坠绳上，坠落于除臭池内，后经抢救无效死亡。经司法鉴定中心鉴定，冀某某符合高坠致创伤失血性休克死亡。案发后，涉案公司已赔偿被害人家属的相关经济损失，被害人家属表示谅解。2022年6月22日，被告人李某经民警电话通知后主动到公安机关接受讯问，并如实供述了上述主要事实。

【案件焦点】

1. 重大劳动安全事故罪犯罪主体中“直接负责的主管人员”的范围与界定，“直接负责的主管人员”是否包括项目工程的总包方管理人员；2. 对被告人李某的量刑是否适当。

【法院裁判要旨】

北京市平谷区人民法院经审理认为：被告人李某作为涉案项目的负责人，系对施工现场安全措施落实监督、检查工作负领导责任的人员，但其未确保安全生产条件符合国家规定，因而发生一人死亡的重大事故，其行为已构成重大劳动安全事故罪，依法应予以惩处。本案中，被告人李某对涉案项目施工的安全防护措施落实负监督、检查的领导责任，即便由于施工原因，需要替换安全防护措施，但其未能及时监督、检查涉案项目的安全生产工作，亦未及时发现并消除生产安全隐患；被害人冀某某的行为是否违规不影响涉案施工项目安全防护措施监督不到位与冀某某死亡之间因果关系的成立，更不能排除被告人李某应承担对安全生产条件监督、检查的领导责任。被告人李某系经电话通知后主动到公安机关接受讯问，并如实供述了案件的主要事实，应认定为具有自首情节，且被害人家属的经济损失已得到赔偿，故可对其依法从轻处罚。据此，以重大劳动安全事故罪判处被告人李某有期徒刑八个月。

一审宣判后，李某提出上诉。

北京市第三中级人民法院经审理认为：李某系涉案工程项目负责人，其对施工现场的安全生产设施和安全生产条件负有监督、检查责任，案发前李某同意在涉案项目中替换安全防护措施，但未能及时监督、检查涉案项目的安全生产工作，亦未能及时发现并消除生产安全隐患以确保施工安全，最终造成施工人员冀某某死亡，李某对该起安全生产事故的发生存在责任，应当以重大劳动安全事故罪追究其刑事责任。鉴于上诉人李某在二审期间自愿认罪认罚，确有悔罪表现，并考虑李某具有自首等情节及本案具体情况，依法对李某适用缓刑。据此判决：

撤销北京市平谷区人民法院（2023）京 0117 刑初 194 号刑事判决，即

"被告人李某犯重大劳动安全事故罪，判处有期徒刑八个月"；上诉人（原审被告人）李某犯重大劳动安全事故罪，判处有期徒刑八个月，缓刑一年。

【法官后语】

《中华人民共和国刑法》第一百三十五条规定重大劳动安全事故罪，即"安全生产设施或者安全生产条件不符合国家规定，因而发生重大伤亡事故或者造成其他严重后果的，对直接负责的主管人员和其他直接责任人员，处三年以下有期徒刑或者拘役；情节特别恶劣的，处三年以上七年以下有期徒刑"。通常来说，重大劳动安全事故罪是指工厂、矿山、林场、建筑企业或者其他企业、事业单位的劳动安全设施或安全生产条件不符合国家的规定，经有关部门或者单位职工提出后，对事故隐患仍不采取措施，因而发生重大伤亡事故或者其他严重后果的行为。

该款罪将追究刑事责任的人员范围限定于"直接负责的主管人员和其他直接责任人员"，二者都要求对安全事故的发生负有直接责任。实践中关于安全生产刑事案件，涉案人员较多，既有一线的直接责任人员，也有管理层的实际控制人，甚至可能还有负责审批监管的国家工作人员。"直接负责的主管人员"文字解释上并没有排除项目工程的总包负责人，导致实践中对项目工程主管人员中应当承担刑事责任的范围延伸至何种层级提出疑问。实践中造成安全生产事故的因素也是综合复杂的，既有因直接一线人员的行为因素，也存在上级的管理因素，管理人员承担责任的范围是实践中的难点。笔者认为，重大劳动安全事故罪项下的"直接负责的主管人员"是否包括项目工程的总包方管理人员应当在个案中具体分析，具体包括行为人在项目工程中具体的管理职责、法律等规范性文件对涉案相关安全生产设施或安全生产条件的具体规定、导致安全生产设施或安全生产条件不符合国家法律规定的原因力、安全事故发生的具体因果关系等。

一、行为人在项目工程中具体的管理职责

《最高人民法院、最高人民检察院关于办理危害生产安全刑事案件适用法律若干问题的解释》第三条规定，《中华人民共和国刑法》第一百三十五条规定的“直接负责的主管人员和其他直接责任人员”，是指对安全生产设施或者安全生产条件不符合国家规定负有直接责任的生产经营单位负责人、管理人员、实际控制人、投资人，以及其他对安全生产设施或者安全生产条件负有管理、维护职责的人员。虽上述规定对“直接负责的主管人员和其他直接责任人员”进行了概括定义，但其重点在于囊括更多可能负有直接责任的人员，而非对项目工程的管理人员应当追究刑事责任的层级范围作出规定。

分包单位与总承包单位均能够成为本罪的犯罪主体，管理人员是否应当承担刑事责任，或者说管理人员是否对安全事故的发生负有直接管理责任，其在该项目工程中具体的管理职责具有关键性因素，而其具体管理职责的认定应充分结合在案项目工程合同、管理人员任职合同、招投标公告等相关书证材料中记载的对该管理人员职责的具体规定，以及现场部门负责人、监理人员、施工工人等证言中所提现实施工中的具体情况综合认定。

本案中，李某系涉案工程的总包方项目经理，且系具体的防水项目经理，根据在案书证材料，其对施工现场的安全生产设施和安全生产条件具有直接的管理、维护职责，书证记载与现场证人证言中所提李某的具体职责亦能够相互印证，故能够认定李某在涉案项目工程中对生产的安全具有直接的管理、维护责任。

二、法律等规范性文件对涉案安全生产设施或安全生产条件的具体规定

重大劳动安全事故罪项下的“安全生产设施”主要是指用于安全生产的各种设施和设备，主要包括安全牢固的生产用房设施、符合安全标准的各种机器设备及隔离栏、防护网、危险标志、用于逃生的安全通道等，“安全生产条件”主要是指劳动生产者在进行劳动生产时所处的环境条件及用于保护劳动者安全生产作业必不可少的安全防护用品和措施，特别是从事某种特殊或者危险工作的劳动生产，“不符合国家规定”主要是指用于劳动生产的安全生产设施或者安全生产条件，不符合国家的有关安全标准或者有关安全的要求的规定。具体安全生产设施或安全生产条件是否符合规定，一看项目工程的合同约定，二看国家层面出台的权威行业规范性文件的规定，三看总包方单位的内部规定。

具体到本案中，首先，项目工程的合同约定上，建设工程施工专业分包合

同对承包方和分包方在安全生产管理方面的职责进行了明确约定。根据该约定，在施工场地涉及危险地区或需要安全防护措施施工时，分包人应提出必要的安全防护措施或方案，经承包人批准后实施，发生的相应费用由分包人承担；分包人应当严格按照国家安全标准制定安全操作规程，配备必要的安全生产和劳动保护设施，加强对施工人员的安全教育，并发放安全工作手册和劳动保护用具；《安全技术交底表》亦证明防水作业人员需通过培训考试合格后方可持证上岗，高处作业必须有安全可靠的脚手架，并铺满脚手板绑扎牢固，作业人员必须系好安全带。其次，国家层面出台的权威行业规范性文件的规定上，《建筑施工高处作业安全技术规范》明确规定“临边作业坠落高度基准面2米及以上进行临边作业时，应在临空一侧设置防护栏杆，并应采用密目式安全立网或工具式栏板封闭；在洞口作业时，当垂直洞口短边边长小于500毫米时，应采取封堵措施；当垂直洞口短边边长大于或等于500毫米时，应在临空一侧设置高度不小于1.2米的防护栏杆，并应采取密目式安全立网或工具式栏板封闭，设置挡脚板”。再次，总包方单位的内部规定上，根据城建公司施工现场安全管理规定，水平洞口短边或者直径大于300毫米小于1500毫米时，必须预留不大于150毫米×150毫米的钢筋网片。经现场勘验，本案被害人坠落的洞口直径1.25米，高度5.2米，根据上述规定，应当设置防护栏，并采取密目式安全立网或工具式栏板封闭，设置挡脚板，但根据安全事故调查报告，案发当时施工现场顶部作业区周边未做临边防护（洞边和房顶边距1.515米），顶部预留洞口未设置固定盖板等防护措施，仅配备不符合要求的防坠绳、安全带、安全帽。李某作为该防水项目的项目经理，明知应当对施工现场的安全管理负责。此外，案发当天监理发现施工现场存在安全事故隐患，下发停工联系单，要求进行停工整改，亦能证明涉案工程的防水项目在施工作业中为施工工人提供的安全生产设施不符合国家规定。

三、导致安全生产设施或安全生产条件不符合国家法律规定的原因力

导致安全生产设施或安全生产条件不符合国家法律规定的原因从实践角度来说是复杂综合的，可能是基于经济效益角度的考虑，可能基于施工进度的总

控，亦有可能是单纯的工作疏忽，个人的判断失误，亦有可能是集体决策不当，在任何一个具体案件中，均需对导致安全生产设施或安全生产条件发生根本性变化的起因与过程有清晰的分析，进而判断管理人员对原因力大小的作用。

本案中，除臭池项目的顶部孔洞最开始有盖板等保护性措施，后因施工不便，分包方的具体施工人员要求总包方拆除，后总包方李某在例会上同意安全绳挂大绳的替代性措施。李某选择不符合国家规定的替代方案，亦未设置相应的配套安全防护措施以确保施工工人安全。作为高级工程师，李某对建筑行业的安全生产规范熟知于心，有相关的从业经历和认知能力，对于采用安全带挂大绳的替代方案无法充分保障施工人员的临边作业安全具有预见性，但李某仍然同意了该替代方案，且未尽到安全管理职责，主观上存在一定的过失。

四、安全事故发生的具体因果关系

首先，管理人员是否履行安全生产监督管理职责。本案中，被害人冀某某在年龄上不符合应聘条件，第一次被退回，第二次私自进场，仍说明李某作为现场管理人员没有对进场人员管理到位，未及时发现并消除施工现场存在的工人违章作业、临边防护不到位等生产安全事故隐患，使不符合应聘条件的人员进场施工。此外，李某作为管理人员不仅没有对施工方私自施工行为进行有效监管，也没有设置安全巡视员督促施工人员佩戴安全带。其监管不力对安全事故的发生具有因果关系。

其次，被害人死亡的具体原因与安全生产设施或安全生产条件不符合国家规定是否具有因果关系。经鉴定，本案被害人冀某某死亡原因为高坠致创伤失血性休克死亡，可见被害人在建筑施工中未配备符合国家规定的防护设施与其死亡有直接的因果关系。虽然李某辩解撤销防护网并非事故发生的直接原因，被害人冀某某未安全使用总发包方下发的安全带是导致其坠亡的直接原因，但冀某某未将安全带挂扣防坠绳的行为不是本案的违法阻却事由。虽然冀某某坠落时没有佩戴安全带，与未提供符合国家标准的安全防护用品和设施共同造成了冀某某的死亡结果，但综合全案看，防坠绳、安全带不符合国家标准，本身不足以保障施工人员的人身安全，如若配备上述安全防护用品和设施，在施工工人坠落的时候能够避免工人高坠死亡，李某等人不作为的行为与危害后果之间的因果关系没有中断，可以确定李某等人的行为在冀某某死亡后果中的作用较大。

综上，李某作为涉案防水项目的项目经理，对整个项目具有管理职责，在明知施工防护措施不仅不符合国家安全规定、亦不符合所在企业的强制性要求，仍然在安全生产例会上同意撤除防护网，以房顶固定防坠绳、工人系安全带并挂扣在防坠绳上的方式确保工人施工安全的替代方案，造成了被害人冀某某的死亡，其行为已构成重大劳动安全事故罪。

李某系总包方的项目负责人，管理层级较高，在一般性的重大劳动安全事故罪中，在不存在违法分包的情况下，实践中通常仅追究到分包负责人的刑事责任，轻易扩大追究刑事责任的范围不利于生产作业的发展，应当慎重，故对于“直接负责的主管人员”的认定应当根据前文所述进行全面的分析判断。即便在应当定罪的情况下，也需认识到本案系过失犯罪，应当做到罪责刑一致，原判对原因力更大的其他直接责任人员均适用缓刑，对李某判以实刑，考虑李某二审期间确已认罪认罚以及本案的具体情节，二审法院对其适用缓刑能够体现罪责刑一致的基本原则。

编写人：北京市第三中级人民法院　袁冰　程序

二、破坏社会主义市场经济秩序罪

（一）生产、销售伪劣商品罪

18

“真假混卖”的产品销售行为属于刑法及司法解释中“以假充真”的范围

——黄某等销售伪劣产品案

【案件基本信息】

1. 裁判书字号

四川省广元市中级人民法院（2023）川 08 刑终 90 号刑事裁定书

2. 案由：销售伪劣产品罪

【基本案情】

2021 年 3 月，被告人黄某邀约郑某某、张某某做假牛肉生意，黄某提供某厂房储存猪肉，郑某某带其妻周某从某食品公司等地购买猪肉、牛蹄、牛骨等运回某厂，通过伪造动物检疫合格证，将猪肉、牛蹄、牛骨等分发给销售人员，销售人员在黄某处进购猪肉冒充牛肉、牛腩，并与牛蹄、牛骨混合销售，从中赚取差价。张某某负责组织销售人员，销售后张某某将货款通过微信转账给郑某某。

2021年10月3日，因被告人黄某不信任郑某某，记账、收款人变为陈某，郑某某按销售金额2元/斤赚取提成利润。黄某、郑某某组建杨某某、倪某销售团队，由杨某某、倪某带队进行流动销售，主要采用小喇叭播放“卖牛肉，卖黄牛肉”的方式，将购买的猪肉冒充牛肉、牛腩销往苍溪县、剑阁县、江油市、德阳市、崇州市等地乡镇，各销售人员将货款转给杨某某，再由杨某某转给黄某、郑某某等人。至2022年1月初案发时，销售团队人员达17人，根据各被告人的销售环节确定其销售金额为180余万元至8万余元不等。被告人黄某、郑某某的违法所得分别为11万余元、9万余元。

【案件焦点】

在经营活动中用猪肉冒充牛肉，混合牛蹄、牛骨等真实牛肉制品，对外以“牛肉”进行销售，是否属于刑法以及司法解释中的“以假充真”范围，销售产品是否应认定为伪劣产品范围。

【法院裁判要旨】

四川省剑阁县人民法院经审理认为：在经营活动中用猪肉冒充牛肉，混合牛蹄、牛骨等真实牛肉制品，对外以“牛肉”进行销售，属于刑法以及司法解释中的“以假充真”范围，销售产品属于伪劣产品范围，虽售卖产品对人身健康的危害性较小，行为仍然构成销售伪劣产品罪。据此，依照《中华人民共和国刑法》第一百四十条、第二十五条、第二十六条、第二十七条、第六十七条第一款及第三款、第五十二条、第五十三条、第六十八条、第七十二条第一款、第七十三条、第六十四条，《最高人民法院关于处理自首和立功具体应用法律若干问题的解释》第五条，《最高人民法院、最高人民检察院关于办理生产、销售伪劣商品刑事案件具体应用法律若干问题的解释》第一条、第二条，《中华人民共和国行政处罚法》第三十五条第二款，《中华人民共和国刑事诉讼法》第十五条之规定，经审判委员会讨论决定，判决如下：

一、被告人黄某犯销售伪劣产品罪，判处有期徒刑九年六个月，并处罚金人民币93万元；

二、被告人郑某某犯销售伪劣产品罪，判处有期徒刑八年六个月，并处罚金人民币 93 万元；

三、被告人张某某犯销售伪劣产品罪，判处有期徒刑五年六个月，并处罚金人民币 30 万元；

四、被告人倪某犯销售伪劣产品罪，判处有期徒刑四年六个月，并处罚金人民币 20 万元；

五、被告人杨某某犯销售伪劣产品罪，判处有期徒刑三年六个月，并处罚金人民币 15 万元；

六、被告人陈某犯销售伪劣产品罪，判处有期徒刑三年，宣告缓刑三年，并处罚金人民币 10 万元；

……

一审宣判后，郑某某、杨某某提出上诉。

四川省广元市中级人民法院经审理认为：原审根据上诉人及各原审被告人的犯罪事实、犯罪地位、作用，犯罪性质及量刑情节和对社会的危害程度，所作判决诉讼程序合法，认定事实清楚，证据确实充分，适用法律正确，量刑适当。裁定：

驳回上诉，维持原判。

【法官后语】

针对本案存在被告人众多、销售环节复杂、真假牛肉混卖的复杂案情，主要围绕罪名问题、销售金额问题、社会危害程度等争议焦点进行。

一、关于本案罪名的问题

“以假充真”，是指以不具有某种使用性能的产品冒充具有该种使用性能的产品的行为。在本案中，被告人将猪肉伪装成牛肉后，与牛蹄、牛骨混合售卖，对外宣称售卖品为“牛肉”，其行为已经符合法律规定的“以假充真”范围，虽然售卖品均为肉类制品，且未添加有害物质，但其混合行为，已经使掺杂其中的猪肉具有了“牛肉”的使用性能，且消费者均以“牛肉”为认识前提进行购买。其行为已经符合销售伪劣产品罪的构成要件，其行为构成销售伪劣产品罪。

二、对于真假混卖情况下如何认定伪劣产品销售金额的问题

对于相关被告人提出销售金额中应当扣减销售的牛蹄、牛骨等的意见。综合全案证据可见，相关被告人在黄某处不仅购买了猪肉，同时还购买有牛蹄、牛骨等，将猪肉冒充牛肉、牛腩与牛蹄、牛骨混合后一起销售，对已销售的牛蹄、牛骨等真实的牛食品，在对外销售时并没有以假充真，故对销售的牛蹄、牛骨相应的金额，在计算其犯罪金额时应当予以扣减。

三、关于各被告人犯罪金额的认定问题

根据《中华人民共和国刑法》第一百四十条及《最高人民法院、最高人民检察院关于办理生产、销售伪劣商品刑事案件具体应用法律若干问题的解释》第二条第一款，《中华人民共和国刑法》第一百四十条、第一百四十九条的规定，销售金额是指生产者、销售者出售伪劣产品后所得和应得的全部违法收入。由于各被告人所处的环节不同，应该按照各自销售的金额来认定其犯罪金额。

四、关于社会危害后果的问题

关于相关被告人提出销售的假牛肉没有造成严重后果，未对人体造成损害，社会危害性较小，可对被告人酌情从轻处罚的意见。各被告人作为食品从业人员，本应诚信经营，切实保障消费者的食品及财物安全，但为了降低成本而采取以假充真的方式欺诈经营，导致食品安全无法保障，且销售金额均高达人民币 5 万元以上，严重损害了广大消费者的利益，也对食品安全造成严重的危害，具有极大的社会危害性。

本案中，被告人将猪肉伪装成牛肉后，与牛蹄、牛骨混合售卖，对外宣称售卖品为“牛肉”，其行为已经符合法律规定的“以假充真”范围，虽然售卖品均为肉类制品，且未添加有害物质，但其混合行为，已经使掺杂其中的猪肉具有了“牛肉”的使用性能，且消费者均以“牛肉”为认识前提进行购买。其行为符合销售伪劣产品罪的构成要件，成立构成销售伪劣产品罪。

人民法院在案件审理过程中充分发挥能动司法理念，在销售金额、主从犯认定、社会危害性等问题对控辩双方的意见予以全面回应，既体现有效打击犯罪，又体现宽严相济。首先，注意到本案被告人的售卖行为并非单纯的“以猪

肉冒充牛肉”的售卖行为，售卖产品中仍然存在大量的真实牛蹄、牛骨等肉类，因此人民法院充分考虑控辩双方意见、认真辨析销售金额组成情况，最终判决将销售的牛蹄、牛骨相应的金额，在计算其犯罪金额时应当予以扣减，犯罪金额进行了精准认定；其次，针对被告人数众多、隶属关系错综复杂、参与销售环节差异大的特点，对各被告人在全案中的主从作用以及具体销售行为、犯罪行为的主从作用进行了全面性、条理性的分析；最后，考虑到本案中持续进行售卖行为的时间跨度仅有一年，但销售范围广、销售金额巨大、人员间组织性、规模化特点突出，已经严重扰乱了食品安全监管秩序，但同时人民法院也考虑到各被告人的售卖物品属于“真假混卖”，所购买的原材料猪肉、牛骨、牛蹄等产品已经通过产品检疫合格，被告人也未在其中额外添加其他危害人身健康的物质，消费者未出现食品安全问题，因此在量刑时适当予以考虑。

编写人：四川省广元市剑阁县人民法院　马明月

19

假冒伪劣种子案件中田间现场鉴定意见的审查与认定

——龚某某生产、销售伪劣产品案

【案件基本信息】

1. 裁判书字号

福建省厦门市中级人民法院（2023）闽02刑终458号刑事裁定书

2. 案由：生产、销售伪劣产品罪

【基本案情】

“七号”是由国外某公司选育并在中国销售的胡萝卜品种，在福建当地俗称“×16”。该品种性状稳定，成品率高，适宜在福建厦门及周边种植。2021

年9月，被告人龚某某为谋取非法利益，使用其他品种的胡萝卜种子冒充“七号”销售给多名农户，现可查明的销售金额共计为71.33万元。具体犯罪事实如下：(1) 被告人龚某某将其他品种胡萝卜种子，冒充“七号”品种销售给姚某某，总计9.6万元。经农业农村局组织专家田间现场鉴定，姚某某农场内种植的胡萝卜品种与“七号”品种差异显著，系不明品种。(2) 2021年9月，被告人龚某某将19罐“七号”销售给农户岳某某。经农业农村局组织专家田间现场鉴定，岳某某农场内种植的胡萝卜品种中，部分与“七号”品种差异显著，系不明品种。现可查明，岳某某向龚某某购买的19罐“七号”中，有1罐经注册商标权利人鉴定为伪造，相应的销售数额认定为5900元。(3) 2021年9月，被告人龚某某销售给郑某某40罐“七号”种子，总计21.6万元。郑某某又转售部分种子给其他农户。经农业农村局组织专家田间现场鉴定，郑某某转售的10罐种子并非“七号”，相应的销售数额为5.4万元。另可查明，郑某某转售的7罐所谓“七号”，经注册商标权利人鉴定均为伪造，相应的销售数额共计为3.78万元。(4) 2021年9月，被告人龚某某将其他品种胡萝卜种子，冒充“七号”销售给农户苏某某，销售额总计1.36万元。收成时因品质明显较差，苏某某只能以低于“七号”的价格向他人销售。(5) 2021年9月，被告人龚某某以“七号”品名销售给林某某140罐，后经专家田间现场鉴定，林某某等农户购买的部分种子，均系不明品种的胡萝卜，并非“七号”。被告人龚某某出售给林某某的前述140罐“七号”种子，尚保留92个空罐，经注册商标权利人鉴定均为伪造，对应的销售数额共计为50.6万元。

【案件焦点】

1. 假冒伪劣种子案件中田间现场鉴定意见如何采信；2. 对已发芽成苗后的种子如何综合在案证据认定为伪劣种子。

【法院裁判要旨】

福建省厦门市思明区人民法院经审理认为：被告人龚某某为谋取非法利益，采取以假充真，以次充好等手段，向他人销售明知是伪劣产品的假冒“七号”

胡萝卜种子，销售金额共计71.33万元，其行为已构成生产、销售伪劣产品罪。根据被告人龚某某的犯罪事实、犯罪情节、犯罪后果等情形，对其酌情从重处罚。被告人龚某某利用职业便利实施销售伪劣种子的犯罪，依法应禁止其在刑罚执行完毕或假释之日起从事相关职业。另外，扣押在案的作案工具应予没收，违法所得予以追缴并发还。据此以生产销售伪劣产品罪判处被告人龚某某有期徒刑八年，并处罚金人民币80万元；追缴被告人龚某某的违法所得人民币71.33万元，并分别发还姚某某人民币9.6万元、岳某某人民币5900元、郑某某人民币9.18万元、苏某某人民币1.36万元、林某某人民币50.6万元；扣押在案的作案工具华为牌手机1部，予以没收，并由扣押机关厦门市公安局思明分局依法执行；禁止被告人龚某某在三年内从事涉种子生产、经营的相关职业。

一审宣判后，被告人龚某某提出上诉。

福建省厦门市中级人民法院经审理认为：本案涉及的田间现场鉴定，系由当地农业农村局组织，根据相关农业法律规范，由具有高级职称及相关专业从业经历的专家实地取样作出的评估意见，客观真实，可作为本案定案依据。原判认定事实清楚，适用法律正确，量刑适当，审判程序合法，裁定：

驳回上诉，维持原判。

【法官后语】

因农作物生产周期较长，生产、销售伪劣种子的犯罪行为通常在农作物播种、生长发育成为植株以后才被发现，加之部分农作物保存周期短、需尽快出售止损的特点，侦查机关在办案时难以直接查获伪劣种子或相应农作物，导致实务中出现“伪劣种子”认定难问题。田间现场鉴定意见通常是认定伪劣种子的重要证据，但如何审查和采信，是实务难点，也是本案的焦点。

一、田间现场鉴定意见的审查

田间现场鉴定意见的审查与认定可以遵循“鉴定意见标准+田间鉴定规范性标准”原则，即参照“鉴定意见”的审查认定标准，并结合农业法律规范、行业习惯等，具体从以下方面判断。

1. 对田间鉴定主体的审查。鉴定人是否具有法定资质，即是否具有相应专业技术职称、具有专门知识和实际工作经验、从事相关专业领域工作；是否存在应当回避的情形。

2. 对田间鉴定的程序审查。现场鉴定是否由种子管理部门组织实施；检材的来源、取得、保管、送检是否符合规范；鉴定程序、过程、方法是否符合《农作物种子质量纠纷田间现场鉴定办法》等有关规定和专业规范要求。

3. 对田间现场鉴定意见的形式审查。是否注明鉴定过程、方法、日期等相关内容，鉴定机构或鉴定人是否盖章或签名。

4. 对田间现场鉴定意见的实质审查。鉴定意见是否明确；鉴定意见与案件事实有无关联；鉴定意见与其他在案证据能否相互印证。

二、田间现场鉴定意见需要结合在案其他证据进行综合认定

1. 结合被告人供述、被害人陈述、证人证言等言辞证据予以认定。如涉及本案受害农户姚某某部分，田间现场鉴定意见与农场工人、胡萝卜收购商、被告人供述可以相互印证。该农户向被告人反映是假种子后，被告人以佯装收购的方式躲避农户，并未向正品“七号”销售商主张权利，也可以印证被告人出售的种子并非源于正规渠道。

2. 结合被侵权种子注册商标权利人出具的鉴定证明等予以认定。涉及受害农户岳某某部分，根据田间现场鉴定意见可以认定岳某某地块种植有假“七号”品种胡萝卜的事实。结合被告人存在特意将种子的空罐收回的反常行为，注册商标权利人关于该空罐并非该公司原厂产品、系伪造的鉴定意见，可以认定被告人向岳某某销售的系伪劣种子。按照有利于被告人，又尊重客观证据的原则，认定被告人向岳某某出售的假种子为1罐。

3. 认定伪劣种子不可唯鉴定意见，不可迁就鉴定意见。一方面鉴于假冒伪劣种子的鉴定难、农民留证取证意识低、基层农业行政管理人员及技术人员专业素质参差不齐等现实因素，在认定假冒伪劣种子时，应当遵照刑事诉讼证据裁判规则予以综合认定。如本案被告人销售给农户苏某某的2袋种子，在案虽然无鉴定意见作为定案证据，但被告人供述、被害人陈述、证人证言可以一致印证，且有成品胡萝卜等客观性证据在案佐证，足以证实存在该部分犯罪事实。

另一方面，福建某大学农学院对涉案胡萝卜基因同一性之专门问题出具的认定意见，因缺乏出具人员的签名、未记载说明检材的来源等，依法未采信作为定案根据。

编写人：福建省厦门市思明区人民法院　王中义　杨聪惠

20

将中西药混合做成丸子药并冒充纯中药销售如何定性

——周某等生产、销售假药附带民事公益诉讼案

【案件基本信息】

1. 裁判书字号

重庆市第五中级人民法院（2023）渝05刑终1291号刑事裁定书

2. 案由：生产、销售假药罪

【基本案情】

2019年12月11日至2022年5月，被告人周某在药店购买“氨茶碱”“磺胺甲恶唑”“地塞米松”“扑尔敏”“盐酸嗅己新片”“氢氯噻嗪片”六种西药，按照一定比例混合中药“建曲”后采用手工制作的方式生产治疗支气管炎的丸子药“安喘灵”；利用购买的“野木瓜片”“地塞米松”等，按照一定比例混合中药“建曲”后采用手工制作的方式生产治疗风湿的丸子药“追风活血丹”，对外宣称祖传秘方、纯中药配制，并通过快递方式以0.8元至1.5元每颗的价格销售给丁某、被告人季某、被告人李某等人，销售金额共计人民币54万余元。经查，该药无国家准药字号，且无任何标识、成分、批号、服用说明、禁忌等。经重庆市食品药品检验检测研究院鉴定：周某生产并销售的治疗支气管炎的丸子药含有“氨碱”“磺胺甲恶唑”“甲氧苄啶”等化学药成分，治疗风

湿的丸子药中含有“醋酸泼尼松”“吲哚美辛”等化学药成分。经重庆市药品监督管理局认定，周某生产销售的治疗支气管炎的丸子药、治疗风湿的丸子药，系添加化学药成分冒充纯中药制剂，符合《中华人民共和国药品管理法》（以下称《药品管理法》）第九十八条第二款第二项“以非药品冒充药品或者以他种药品冒充此种药品”规定的情形，认定为假药。

被告人季某从周某处购进10800元治疗支气管炎的丸子药，然后以2元至3.3元的价格销售给邝某、欧某芳等人，销售金额共计14400元。季某还自行采用中药材混合西药的方式自制治疗风湿的丸子药，并销售给他人。经重庆市药品监督管理局认定，季某自制的治疗风湿的丸子药为假药。被告人李某多次从周某处购进价值78000元治疗支气管炎和风湿的丸子药并销售给他人。

【案件焦点】

将正规药房购买的西药添加到中药中做成丸子药并冒充纯中药销售是否属于生产、销售假药，药品犯罪中假药的认定是否适用《药品管理法》的规定。

【法院裁判要旨】

重庆市綦江区人民法院经审理认为：被告人周某违反国家药品管理法规，生产、销售假药，情节特别严重，其行为已构成生产、销售假药罪。被告人季某的行为构成生产、销售假药罪。被告人李某的行为构成销售假药罪。被告人周某有坦白、立功等情节，依法从轻、减轻处罚。被告人季某有坦白情节，李某有自首情节，依法从轻处罚。被告人周某生产、销售的丸子药是在正规药房购买正规的盒装西药添加进中药，本案中无造成他人伤害后果或延误诊治，故应全案考虑罪与刑相适应的问题。三被告人自愿认罪认罚，依法从宽处理。判决如下：

一、被告人周某犯生产、销售假药罪，判处有期徒刑五年二个月，并处罚金人民币110万元；

二、被告人季某犯生产、销售假药罪，判处有期徒刑八个月，缓刑一年，并处罚金人民币3万元；

三、被告人李某犯销售假药罪，判处有期徒刑一年六个月，缓刑二年，并处罚金人民币 32 万元；

四、扣押在案的手机、丸子药及原料、宣传单、生产设备等物品依法予以没收；

五、禁止被告人周某刑罚执行完毕之日起五年内从事药品生产、销售及相关活动职业；禁止被告人季某、李某在缓刑考验期限内从事药品生产、销售及相关活动；

六、被告人周某、季某、李某采取有效措施警示，召回其生产、销售但尚未使用的假药并予以销毁，以消除危险；

七、被告人周某、季某、李某通过全国性公开媒体向社会公众赔礼道歉；

八、判令被告周某承担销售金额的一倍惩罚性赔偿金人民币 54 万元；判令被告季某承担销售金额一倍的惩罚性赔偿金 14400 元；判令被告李某承担销售金额一倍的惩罚性赔偿金 16 万元，于本判决生效之日起十日内支付给附带民事公益诉讼起诉人重庆市綦江区人民检察院。

一审宣判后，检察机关提起抗诉，认为周某的法定刑为十年以上有期徒刑，一审判决对被告人周某适用法律错误，量刑明显不当，建议依法改判。

重庆市第五中级人民法院经审理认为：原判认定事实和适用法律正确，量刑适当，审判程序合法。依照《中华人民共和国刑事诉讼法》第二百三十六条第一款第一项之规定，裁定：

驳回抗诉，维持原判。

【法官后语】

《中华人民共和国刑法》第一百四十一条第二款将假药定义为依照《药品管理法》规定属于假药和按假药处理的药品、非药品。《中华人民共和国刑法修正案（十一）》删除了前述条款关于假药的定义，那么是否意味着药品犯罪中假药的认定可以完全脱离《药品管理法》的规定而独立地认定？本案周某将正规药房购买的西药添加到中药中做成丸子药并冒充纯中药销售，这种中西药混合冒充纯中药是否应按照《药品管理法》第九十八条第一款第二项规定的“以他种药品冒充此种药品”认定为假药？实践中对此存在争议。

一种观点认为，假药的认定应以药品本身功效为准。既然《中华人民共和国刑法》中删除了关于假药的定义，那么刑法中的假药不再与《药品管理法》一致，应当根据药品本身功效判断。本案中，周某将西药添加到中药中做成丸子药，药品的效用仍在，不应构成生产、销售假药罪，构成妨害药品管理罪。

另一种观点认为，《中华人民共和国刑法》中的假药应当适用《药品管理法》中假药的规定。虽然《中华人民共和国刑法》中删除了关于假药的定义，但《药品管理法》对假药的认定是采取实质认定标准，符合《中华人民共和国刑法》的实质判断要求。

笔者同意第二种意见，《中华人民共和国刑法》中的假药应当适用《药品管理法》关于假药的规定，中西药混合后冒充纯中药属于《药品管理法》第九十八条第一款第二项规定的“以他种药品冒充此种药品”的假药。理由如下。

一、从法益保护视角对假药进行司法认定

假药犯罪侵犯的法益归根结底是公众的生命健康，而《药品管理法》的修订体现了对用药安全的保护，反映的也是生命健康法益，二者在保护法益上一致。2019年《药品管理法》进行修订，修订后的假药有四种情形，这四种情形存在一个共同特性，即药品的实际功能存在问题或者安全性、有效性存在缺失，会给公众用药安全带来实质伤害或风险，这与假药犯罪保护的法益一致。接着《中华人民共和国刑法修正案（十一）》对药品犯罪进行修改，此次修改正是承继了《药品管理法》的修订。修订后的《中华人民共和国刑法》删除了第一百四十一条第二款关于假药的认定，压缩了原有的形式假药的范围，实际是为了与《药品管理法》衔接，并未另行确定假药标准，刑法中假药的认定仍应适用《药品管理法》的规定。

二、另行确定假药的刑法判断标准目前不具有现实可操作性

涉案药品的鉴定本身存在难点。一是受检测机构能力所限，药品检验一般只能证明其有效性，无法就其安全性作出结论，常常只能检测出药品主要成分，不能判断药品质量。二是有的检测缺少真药对照标准。这种情况下，无法对比涉案药品的成分。三是存在缺乏鉴定条件的个案。因查扣药品的保存、质量和

数量条件不能满足鉴定所需，通常无法就药品性质作出认定。不论从理论上还是从现实层面看，目前另行确立假药的刑法判断标准不具有可操作性。

三、将“以他种药品冒充此种药品”认定为假药符合刑法实质判断

依照《药品管理法》将“以他种药品冒充此种药品”认定为假药，是基于用药安全考虑，这种假药的特点是不具有表明的药效，而不要求依据这个标准认定的假药已经或必然危及公众生命健康。本案中，周某将“中西混合药”变成“假中药”，虽然质量检测机构无法就药品成分比例及药品成分给人体带来的伤害作出具体结论，尚无证据显示给他人身体造成了危害后果或延误诊治，但根据周某自己供述在添加药品时要控制比例以防风险，也足以说明其自己合成的药品在功效上无法保证，在用药上存在风险。也就是说“以他种药品冒充此种药品”代表药品的安全性、有效性、质量可控性已经受到影响。本案中周某将西药添加到中药中冒充纯中药，已经危害了药品的安全和功效，不要求已经或必然危及了生命健康，故周某生产销售的丸子药应认定为假药，构成生产、销售假药罪。

编写人：重庆市綦江区人民法院　罗莉　李红梅

21

生产销售病死、死因不明动物肉类制品的罪名适用

——郑某甲等生产、销售伪劣产品，郑某1等生产、销售不符合安全标准的食品案

【案件基本信息】

1. 裁判书字号

福建省福州市中级人民法院（2022）闽01刑终774号之二刑事裁定书

2. 案由：生产、销售伪劣产品罪，生产、销售不符合安全标准的食品罪

【基本案情】

以被告人郑某1、郑某2为首的犯罪团伙，自2012年至2019年，持续在多个鳗鱼养殖场收购大量病死（烂鳃、红头败血病、肠炎、脱黏病）和死因不明的鳗鱼，通过某市食品厂加工成蒲烧鳗鱼，浓油赤酱掩盖鳗鱼食材的品质情况，包括本案部分被告人在内的该厂员工仅凭眼睛看、鼻子闻的方式筛选出明显异味的烤鳗成品，最后以线上、线下方式销售至多个海鲜市场、批发店、零售店。在本案会计账簿被郑某1销毁的情况下，犯罪金额就低认定已逾6000余万元。

其中，证明涉案购销、加工的鳗鱼系病死、死因不明的鳗鱼，有扣押鳗鱼照片、载有“收各种病鳗、废鳗”的名片、银行交易明细，以及在案30名鳗鱼养殖场人员的证人证言、多名被告人的供述、辨认笔录等证据予以证实。

【案件焦点】

1. 属于病死、死因不明的畜、禽、兽、水产动物及其肉类、肉类制品，相关经营行为是否触犯生产、销售不符合安全标准的食品罪；2. 被告人的行为成立生产、销售不符合安全标准的食品罪，是否同时触犯生产、销售伪劣产品罪。

【法院裁判要旨】

福建省福清市人民法院经审理认为：根据《中华人民共和国刑法》及相关司法解释的规定，本案生产、销售病死、死因不明的水产动物及肉类制品逾6000万元的行为，属于“足以造成严重食物中毒事故或者其他严重食源性疾病”的情形，亦不符合《中华人民共和国产品质量法》第二十六条第二款规定的“不存在危及人身、财产安全的不合理的危险”的质量要求，各被告人的行为同时触犯生产、销售不符合安全标准的食品罪和生产、销售伪劣产品罪，依照《中华人民共和国刑法》第一百四十九条第二款的规定应择一重罪处罚。

据此，福建省福清市人民法院根据各被告人参与的犯罪金额和量刑情节，以生产、销售伪劣产品罪对郑某1、郑某2等19名被告人判处十五年至七年不等的有期徒刑，并处罚金；以生产、销售不符合安全标准的食品罪对郑某1等2名被告人判处三年至六个月不等的有期徒刑，并处罚金。

一审宣判后，各被告人不服，提出上诉。

福建省福州市中级人民法院同意一审法院裁判意见，裁定：

驳回上诉，维持原判。

【法官后语】

笔者认为，即使涉案烤鳗制品最终的检测结果符合标准，但由于产品原料不符合食品安全标准要求，侵犯消费者合法权益，存在社会危险性，属于不合格产品，被告人既构成生产、销售不符合安全标准的食品罪，同时构成生产、销售伪劣产品罪，以处罚较重的罪名定罪处罚。

一、被告人生产、销售的病死和死因不明的肉类及肉类制品的，首先触犯生产、销售不符合安全标准的食品罪

本案罪与非罪的核心争点在于一方面已有证据证实涉案烤鳗制品系由病死、死因不明的鳗鱼所制；另一方面又有线索反映被告人案发前在日常加工生产过程中自行委托，以及案发后公安机关另行委托的两组检测检验报告，均显示送检烤鳗制品合格。由此导致第一种意见认为，前述两组检测报告证明涉案生产销售烤鳗制品符合食品安全标准，亦不属于伪劣产品，能够直接证明不具有社会危害性，故各被告人无罪。第二种意见认为，即使检测检验结果显示为合格，但法律禁止经营病死、死因不明的肉类及肉类制品，该行为仍然具有社会危害性，应以犯罪论处。生效裁判认为，病死、死因不明肉类及其制品属于《最高人民法院、最高人民检察院关于办理危害食品安全刑事案件适用法律若干问题的解释》（以下简称《食安解释》）规定的“足以造成严重食物中毒事故或者其他严重食源性疾病”之情形，行为人已触犯生产、销售不符合安全标准的食品罪。具体理由如下。

第一，经营病死、死因不明的肉类及肉类制品为法律、刑事司法解释、部门规章、食品安全国家标准所禁止。其一，《中华人民共和国食品安全法》第一百五十条规定，食品安全是指食品无毒、无害，符合应当有的营养要求，对人体健康不造成任何急性、亚急性或者慢性危害；“任何”二字彰显法律对食品安全不容丝毫风险。该法自2009年出台并历经三次修正，均明令禁止经营病

死、毒死或者死因不明的禽、畜、兽、水产动物肉类及其制品。其二，2013年和2021年《食安解释》亦规定，病死、死因不明或者检验检疫不合格的畜、禽、兽、水产动物肉类及其制品的，属于《中华人民共和国刑法》第一百四十三条“足以造成严重食物中毒事故或者其他严重食源性疾病”之情形。

第二，生产销售病死、死因不明的肉类及肉类制品的行为，具有刑法意义上的社会危害性。《中华人民共和国刑法》第一百四十三条及《食安解释》第一条对于生产、销售不符合安全标准的食品罪的罪状均表述为“足以造成……”“足以”二字表明刑法并未要求该罪名的成立以发生实害结果为构罪要件；由于食用病死、死因不明肉类及肉类制品对人体健康产生疾病种类、侵害程度难以穷尽预见和应对的风险，故该行为一经实施即形成危及人身的不合理危险，且属于刑法意义上的现实紧迫的高度危险。本案中，涉案病死、死因不明鳗鱼所制烤鳗成品销售持续时间长达七年之久，销售范围面向我国多个省份，现实危险的紧迫程度不在于食品安全事故的发生概率之大，乃在于该危险一旦发生即导致食品安全事故或食源性疾病波及地域范围广、受损人数多、危害程度深、挽损成本大，相关生产销售行为当以犯罪论处。

第三，“检验检疫合格”不属于法律逻辑层面的出罪情形，在科学技术层面亦无法否定经营病死、死因不明肉类及其制品行为的社会危害性。一方面，“病死、死因不明”与“检验检疫不合格”同属《食安解释》第一条第二项规定“足以造成严重食物中毒事故或者其他严重食源性疾病”的情形，二者系“或”字连接的并列逻辑关系。立法入罪的逻辑形式为“A或B”，作为出罪的否命题形式则为“非A且非B”，即行为人同时满足“不属于病死、死因不明”且“检验检疫合格”两种情形，方可出罪。换言之，行为人经营病死、死因不明肉类及其制品的行为一经查证属实，无论检验检疫是否合格，均成立本罪。另一方面，受限于科技发展水平、当前医疗认知、检验检疫范围与参照标准，涉案烤鳗成品在狭义的技术层面“检测合格”仅为相对而言，无法绝对排除食用病死、死因不明可能导致的潜在危害，此乃法律及刑事司法解释历经多次更迭完善，但始终保留禁止经营病死、死因不明肉类及制品条款的根本原因。退一步而言，倘若“检验检疫合格”能够成为经营病死、死因不明肉类及其制品出罪的背书，那么不仅架空了《中华人民共和国食品安全法》和《食安解释》的禁止性规定，更冲击了普罗大众最朴素的正义情感，有悖于常情常理。

二、行为人成立生产、销售不符合安全标准的食品罪，一般同时成立生产、销售伪劣产品罪并择一重罪处罚

第一种观点认为，涉案病死、死因不明的鳗鱼属于食品原料，没有经过加工、制作和销售，不属于“产品”，且不存在《中华人民共和国产品质量法》所规定的危及人身、财产安全的不合理危险等伪劣产品范畴，故涉案死鳗及制品不属于《中华人民共和国刑法》第一百四十条的罪名评判范畴，各行为人不成立生产、销售伪劣产品罪。第二种观点认为，各行为人生产销售的病死、死因不明的鳗鱼烤制成品，既属于《中华人民共和国刑法》第一百四十三条规定不符合安全标准的食品，涉案食品面向市场不特定多数人进行销售，故又属于《中华人民共和国刑法》第一百四十条规定的伪劣产品；行为人同时触犯两个罪名，应根据《中华人民共和国刑法》第一百四十九条第二款的规定择一重罪论处；其中，为生产销售环节提供病死、死因不明鳗鱼原料的行为人，以共同犯罪论处。生效裁判支持第二种意见，具体理由如下。

第一，《中华人民共和国刑法》对于生产、销售伪劣产品罪与生产、销售不符合安全标准的食品罪的保护法益存在交叉。本案中，行为人生产销售病死、死因不明鳗鱼及烤鳗制品的行为，同时侵害了市场竞争秩序和消费者人身权益。不符合安全标准的烤鳗成品（食品）面向全国范围内的不特定多数人销售，具有商品流通的属性；本案中，多数被收购倒卖的病死、死因不明鳗鱼行为扰乱了正常的水产肉类加工销售的经济秩序，尤以福清本地的鳗鱼产业为甚。以病死、死因不明鳗鱼为食材的烤鳗成品销售，销售范围难以追溯，对人体健康产生的疾病难以预见，具有足以产生严重食物中毒事故或其他食源性疾病的危害，严重侵害消费者的生命健康权。

第二，生产、销售伪劣产品罪与生产、销售不符合安全标准的食品罪形成竞合。在理论层面，对于本节罪名之间系想象竞合还是法条竞合关系，理论界

尚未达成共识。[①] 但在规范层面，无论形成何种竞合，择一重罪处断已有定论。[②] 具言之，两个罪名分属《中华人民共和国刑法》第三章第一节“生产、销售伪劣商品罪”罪名体系下犯罪对象，前者“伪劣产品”系一般性的伪劣商品，而后者“不符合安全标准的食品”与有毒有害食品、假药、劣药、不符合标准的医用器材、不符合卫生标准的化妆品等对象并列，共属特定的伪劣商品。故不符合安全标准的食品当然属于伪劣产品。对此，《中华人民共和国刑法》第一百四十九条第二款及《食安解释》第十三条第一款均作出“依照处罚较重的规定定罪处罚”的提示性规定。

第三，择一重罪处罚能够实现罪责刑相适应的刑法基本原则。鉴于本案尚无证据证实已经造成《食安解释》第四条规定的致人死亡、重度残疾、30人以上食物中毒等特别严重后果，全案仅按照生产、销售不符合安全标准的食品罪定罪处罚，无法在七年以上有期徒刑处刑，在生产销售伪劣商品的罪名体系内部横向比较，明显罚不当罪；全案21名行为人在7年以下量刑，亦无法根据各被告人的地位作用有效拉开量刑梯度，导致量刑失衡。本案根据各行为人的犯罪金额，灵活适用两个罪名依法择一重罪处罚，既能够有力震慑犯罪分子，彰显司法机关捍卫食品安全的决心，也能够拓宽全案在有期徒刑十五年以下量刑的空间，平衡全案量刑并对其中主犯予以重点打击，进而最终实现罪责刑相适应。

综上所述，本案21名被告人购销病死、死因不明的鳗鱼并予以加工销售的行为，同时触犯生产、销售伪劣产品罪和生产、销售不符合安全标准的食品罪；本案对于销售金额在200万元以上的郑某1、郑某2等19名被告人，以处罚较重的生产、销售伪劣产品罪论处；对郑某1（21万余元）、吴某富

---

① 如张明楷：《论“依照处罚较重的规定定罪处罚”》，载《法律科学》2022年第2期，认为《中华人民共和国刑法》第一百四十九条第二款规定的是想象竞合；对此，王彦强：《〈刑法修正案（十一）〉中竞合条款的理解与适用》，载《政治与法律》2021年第4期，认为是交叉关系的法条竞合。

② 胡云腾、熊选国、高憬宏、万春主编：《刑法罪名精释（上）》，人民法院出版社2022年版，第191~192页；陈兴良主编：《刑法各论精释》，人民法院出版社2015版，第811~812页等。

（6万余元）以处罚较重的生产、销售不符合安全标准的食品罪定罪处罚，符合法律规定。

编写人：福建省福州市中级人民法院　吴刚

福建省福州市人民检察院　阮露玫

22

生产、销售地沟油案件中“有毒有害食品”的认定①

——沈某等生产、销售有毒、有害食品案

【案件基本信息】

1. 裁判书字号

重庆市第三中级人民法院（2022）渝03刑终35号刑事裁定书

2. 案由：生产、销售有毒、有害食品罪

【基本案情】

被告人沈某和被告人李某某系夫妻关系，2012年7月至2019年11月，二人先在其家中开设私人作坊，后于2016年7月15日，由沈某个人出资注册成立沈某炼油厂，从事“地沟油”的炼制及销售。在生产“地沟油”的过程中，沈某从各屠宰场收购含有淋巴结的猪边角肉、猪脚油、猪血槽修割物、碎皮等猪肉废弃物，先后雇佣被告人沈某甲、刘某甲等人将上述猪肉废弃物炼制为“食用猪油”并销售给被告人罗某某、刘某、王某某、庞某某等人。沈某负责收购上述猪肉废弃物，组织工人生产及销售；李某某负责协助炼制和销售。沈某和李某某二人生产、销售“食用猪油”金额共计107万余元。罗某某、刘

① 入库案例，参见人民法院案例库2023-02-1-072-010。

某、王某某、庞某某在明知沈某生产的“食用猪油”是由猪肉废弃物等非食品原料加工而成，仍多次向沈某购买，并将购进的食用猪油销售至多地用于食品加工以及餐馆用油。2019年11月13日，沈某、李某某、沈某甲、刘某甲于生产窝点被当场抓获，公安机关现场扣押“食用猪油”1838.3公斤，猪肉废弃物1480.7公斤，以及炼油所用的活性白土等。同日，罗某某、刘某、王某某、庞某某亦被公安机关分别抓获。

【案件焦点】

含有淋巴结的猪边角肉、猪脚油、猪血槽修割物、碎皮等猪肉废弃物是否属于有毒、有害的非食品原料。

【法院裁判要旨】

重庆市涪陵区人民法院经审理认为：被告人沈某、李某某、沈某甲、刘某甲在生产、销售的食品中掺入有毒、有害的非食品原料，其行为均已构成生产、销售有毒、有害食品罪，且系共同犯罪；被告人罗某某、刘某甲、王某某、庞某某销售明知掺有有毒、有害的非食品原料的食品，其行为均已构成销售有毒、有害食品罪。据此，对本案8名被告人分别判处十一年至一年三个月不等有期徒刑，并处10万元至155万元不等罚金。追缴各被告人犯罪所得，上缴国库。对没收扣押在案的“食用猪油”及生产原料由扣押机关依法处理。责令各被告人在省级以上媒体对其犯罪行为公开赔礼道歉。

沈某、罗某某、刘某甲、王某某不服，提出上诉。

重庆市第三中级人民法院经审理认为：原判决认定事实和适用法律正确，量刑适当，裁定：

驳回上诉，维持原判。

【法官后语】

本案的争议焦点在于：（1）含有淋巴结的猪边角肉、猪脚油、猪血槽修割物、碎皮等猪肉废弃物是否属于有毒、有害的非食品原料；（2）对“地沟油”

的检测报告是否是司法机关认定“有毒、有害食品”的前提。

根据《最高人民法院、最高人民检察院、公安部关于依法严惩“地沟油”犯罪活动的通知》（以下简称《地沟油通知》）的精神，“地沟油”犯罪，是指用餐厨垃圾、废弃油脂、各类肉及肉制品加工废弃物等非食品原料，生产、加工“食用油”，以及明知是利用“地沟油”生产、加工的油脂而作为食用油销售的行为。其中，“地沟油”来自社会公众的通俗称谓。

本案的特殊之处在于，沈某等人生产、加工“食用油”的原料系含有淋巴结的猪边角肉、猪脚油、猪血槽修割物、碎皮等猪肉废弃物，并非普通民众认知的传统“地沟油”原料，如餐厨垃圾、废弃油脂，对该部分炼制原料能否认定为有毒、有害的非食品原料。

一、利用含有淋巴结的猪边角肉、猪脚油、猪血槽修割物、碎皮等猪肉废弃物炼制的“食用油”，应当视为“地沟油”

有观点认为，现有法律规范，法律法规均未对“肉制品加工废弃物”进行定义，也没有对其范畴进行明确界定，将含有淋巴结的猪边角肉、猪脚油、猪血槽修割物、碎皮等认定为猪肉加工废弃物，从而作为“地沟油”犯罪处理无法律依据，有违罪刑法定原则。

“废弃物”不是法律概念，其范畴亦不需要法律明确界定，凭日常生活常识分辨即可。含有淋巴结的猪边角肉、猪脚油、猪血槽修割物、碎皮等物相对于食品公司来说，已不具备应有的食用价值，属肉制品加工废弃物无疑，不能因被告人刘某等人可用其来炼制劣质猪油而否认其肉制品加工废弃物的性质。刘某等人利用猪肉加工废弃物生产、加工“食用油”，根据《地沟油通知》的规定，应当作为“地沟油”犯罪追究其刑事责任。

二、对“地沟油”的检测报告不应是司法机关认定“有毒、有害食品”的唯一依据

有观点认为，被告人刘某等人炼制“食用油”的原料虽然有问题，但检测报告显示“食用油”的各项理化指标均合格，没有检出有毒、有害成分，达到了食用标准，不宜认定为有毒、有害食品。

笔者认为，《中华人民共和国刑法》第一百四十四条规定的“掺入”的行为不仅限于指向产品本身，还可能针对产品的原料、半成品等，甚至还可以指向食品添加剂，即在食品添加剂内掺入有毒、有害物质。而所谓“有毒、有害的非食品原料”，是指对人体具有生理毒性，食用后会引起不良反应，损害机体健康的不能食用的原料。

淋巴结是猪屠宰后检疫的一个重要指标，相关资料表明，它是机体外周的免疫器官和防御结构，具有吞噬异物和各种微生物的功能，并产生免疫应答。当机体某组织或者器官受到病原微生物侵害时，很快被局部淋巴结阻截，并发生相应的变化，使淋巴结体积增大或缩小，色泽呈现出红、黑、青等。故，淋巴结含有大量的病原微生物，如一些细菌、病毒等，甚至会有3，4-苯并芘等致癌物质，且本身没有营养。因此，上述猪肉废弃物应当属于有毒、有害的非食品原料。刘某等人利用含有淋巴结的猪边角肉、猪脚油、猪血槽修割物、碎皮等猪肉废弃物生产、加工食用油，应当认定为掺入有毒、有害的非食品原料。

实践中，健康猪经屠宰后，取其新鲜、洁净和完好的脂肪组织炼制而成的油脂。所用的脂肪组织不包含骨、碎皮、头皮、耳朵、尾巴、脏器、甲状腺、肾上腺、淋巴结、气管、粗血管、沉渣、压榨料及其他类似物，应尽可能不含肌肉组织和血管。刘某等人利用含有毒、有害非食品原料的猪肉加工废弃物生产、加工食用油，对涉案食用油无须由鉴定机构出具鉴定意见，即便检测报告有关理化指标合格，也可以生产、销售有毒、有害食品罪追究其刑事责任。

针对“地沟油”案件，直到当前也没有形成一种公认的、行之有效的鉴定方法。因此，惩治危害食品安全的犯罪，不能完全依赖于鉴定机构的鉴定，对“地沟油”的鉴定意见不应是司法机关认定“有毒、有害食品”的唯一依据。实践中，应当结合技术标准和法学标准对“有毒、有害食品”进行判定。对于有确实、充分的证据证实行为人在食品中掺入国家行业主管机关明令禁止使用的非食用物质的，对涉案食品不需由鉴定机构出具鉴定意见。

综上，含有淋巴结的猪边角肉、猪脚油、猪血槽修割物、碎皮等猪肉废弃物等非食品原料属于《中华人民共和国标准化法》等国家标准明确排除使用的食用猪油炼制原料，行为人以上述原料炼制食用猪油，属于在生产过程中掺入有毒、有害原料，其生产、销售行为构成生产、销售有毒、有害食品罪。

编写人：重庆市第三中级人民法院　崔鲁

23

有毒、有害食品作为赠品与其他食品捆绑销售的刑法评价[①]

——王某等销售有毒、有害食品案

【案件基本信息】

1. 裁判书字号

山东省济南市中级人民法院（2022）鲁01刑终553号刑事裁定书

2. 案由：销售有毒、有害食品罪

【基本案情】

自2018年7月起，被告人王某代理“A”系列产品予以销售，其中包括果冻、蛋卷、植物肽果蔬压片糖果（分“早糖”和“晚糖”）等。王某发展了被告人刘某某、杨某等人为代理商。王某、刘某某、杨某等人明知“早糖”含有有毒、有害物质，仍采用销售两盒果冻赠送一盒“早糖”的模式进行销售，销售及消费者购买除早糖外其他系列减肥产品均依托于“早糖”的功效。经检验，植物肽果蔬压片糖果（早糖）含有西药“西布曲明”成分，其系《保健食品中可能非法添加的物质名单》中的物质。被告人王某销售果冻搭配“早糖”金额122660元，非法获利58539元；被告人刘某某销售果冻搭配“早糖”金额116921元，非法获利7220元；杨某销售果冻搭配“早糖”金额110361元，非法获利8240元。

---

① 入库案例，参见人民法院案例库2023-02-1-072-011。

【案件焦点】

1. 商品交易中赠与赠品是否属于销售商品；2. 销售者对赠品含有有毒、有害物质明知的认定；3. 在捆绑销售模式中有毒、有害食品销售数额如何认定。

【法院裁判要旨】

山东省济南市历城区人民法院经审理认为：被告人王某、刘某某、杨某违反食品卫生管理法规，销售明知掺有有毒、有害非食品原料的食品，其行为均已构成销售有毒、有害食品罪。王某、刘某某、杨某销售有毒、有害食品的销售金额分别为 122660 元、116921 元、110361 元，金额在 10 万元以上不满 20 万元的，但销售持续时间在六个月以上，故应认定为销售有毒、有害食品具有其他严重情节。王某、刘某某退缴涉案款项，酌情从轻处罚。据此，一审以销售有毒、有害食品罪分别判处王某六年六个月，并处罚金 50 万元；刘某某有期徒刑五年十个月，并处罚金 40 万元；杨某有期徒刑五年五个月，并处罚金 35 万元；判处没收三被告的作案工具及违法所得；判处王某向人民检察院支付侵害消费公共利益的损害赔偿款 1226600 元，被告人刘某某对上述赔偿款中的 1169210 元与王某承担连带责任，被告人杨某对上述赔偿款中的 1103610 元与王某、刘某某承担连带责任。

宣判后，三被告人均提出上诉。

山东省济南市中级人民法院审理认为：原审认定的事实清楚，定罪准确，量刑适当，审判程序合法，裁定：

驳回上诉，维持原判。

【法官后语】

本案为一起典型的捆绑销售“问题赠品”刑事案件，处理重点在于赠与视同为销售的认定、销售者对赠品中含有有毒、有害物质明知的认定、及捆绑销售模式中销售数额的认定。

在赠与赠品是否视同为销售问题上，因刑法规范中欠缺直接规定，可参照民法等部门法进行评价。根据《中华人民共和国民法典》第六百六十二条的规定，附义务的赠与，赠与的财产有瑕疵的，赠与人在附义务的限度内承担与出卖人相同的责任。赠与人故意不告知瑕疵或者保证无瑕疵，造成受赠人损失的，应当承担赔偿责任。《最高人民法院关于审理食品药品纠纷案件适用法律若干问题的规定》也明确，商家应当对赠品质量安全承担责任；食品、药品生产者、销售者提供给消费者的食品或者药品的赠品发生质量安全问题，造成消费者损害的，消费者主张权利，生产者、销售者以消费者未对赠品支付对价为由进行免责抗辩的，人民法院不予支持。从上述法律法规的规定来看，商品交易中赠与赠品行为等同于销售。本案中，三被告人均采用销售两盒果冻赠送一盒“早糖”的固定模式进行捆绑销售，而赠品“早糖”含有“西布曲明”成分，故将含有“西布曲明”成分的赠品“赠与”等同于销售有毒、有害食品行为。

销售者对赠品中含有有毒、有害物质明知的认定问题主要应审查对明知程度的把握、及推定明知的适用。司法实践中，绝大多数销售者对食品安全无专业知识背景，苛求销售者具体了解、确切知道其所销售食品中含有哪些成分和物质不切实际，因此对销售者的明知程度应以可能的明知来认定，即只要明知可能含有有毒、有害物质即可，并不需要对具体成分予以明确。而这种明知的认定是推定所得，《最高人民法院、最高人民检察院关于办理危害食品安全刑事案件适用法律若干问题的解释》明确规定了生产、销售有毒、有害食品罪中“明知”的推定情形，将主观构成要素内涵问题转化为形式推定要素的程序性证明问题，此外，推定“明知”还存在以下常见情形应予关注：一是食品包装是否规范、食品安全信息是否完备；二是销售者是否知晓该食品具有副作用等；三是具体销售行为是否异常。本案中，“早糖”系外包装无生产日期、生产厂家和质量检验合格证明等标识的食品；同时，三被告人在销售过程中均强调的禁忌及服用后果明显超出正常食品应注意的事项范畴；还存在多被害人陈述“早糖”副作用明显询问三名被告人等情形。上述事实足以认定三被告人对所销售减肥药系有毒、有害食品的事实是明知的。

对捆绑销售模式中销售数额的认定，应将正常商品与赠品捆绑销售的数额全部认定为犯罪数额。因正常商品是为配合“赠品”才生产、购进，销售者整体的捆绑销售行为本身就是为销售含有有毒、有害物质的赠品而设定，所谓“赠品”只是一种包装和假象，与正常商品密不可分，“赠品”有名无实，甚至反客为主，是真正的销售目标和盈利来源；同时，赠品也是销售者用来逃避法律规制的手段，销售者利用“赠品”名义逃避检查、打击，掩饰销售有毒、有害食品之实，虚化有毒、有害食品的销售数额。故此，这种情形下不宜将正常商品与赠品销售数额作出区分，而应以捆绑销售的整体数额认定犯罪数额。本案中，三被告人在明知“旱糖”中含有有毒、有害物质，减肥功效依托于“旱糖”的情况下，以销售减肥产品的名义，采用销售果冻赠“旱糖”的模式对外捆绑销售，将“旱糖”作为无定价赠品裹附于合法产品的外衣下，掩盖其销售有毒、有害食品的实质，虚化销售有毒、有害食品的数额，应以果冻和“旱糖”捆绑销售的数额认定为三被告人销售有毒、有害食品的犯罪数额，并据此对三被告人科处相应刑罚。

编写人：山东省济南市中级人民法院　孙勇　李广大

（二）走私罪

24

走私淫秽书籍和其他书籍入境销售，分别构成走私淫秽物品罪和走私国家禁止进出口的货物罪

——何某某走私淫秽物品、走私国家禁止进出口的货物案

【案件基本信息】

1. 裁判书字号

南昌铁路运输中级法院（2023）赣71刑初2号刑事判决书

2. 案由：走私淫秽物品罪、走私国家禁止进出口的货物罪

【基本案情】

2013 年至 2021 年，被告人何某某以牟利为目的，在不具备出版物进口经营许可证的情形下，陆续从境外出版商、经销商处购买淫秽漫画、淫秽小说和其他书籍。何某某通过委托某 1 物流公司、某 2 物流公司等物流公司，将大量淫秽书籍和其他书籍以伪报、夹藏等方式走私入境，运至何某某租用的仓库；或由出版商、经销商以包物流等方式，将何某某购买的书籍走私运输入境，运至何某某租用的仓库。被告人何某某利用其父亲王某江注册设立的某书店，先后在网络平台设立多个网店，并雇用成某、刘某、陆某、胡某、杨某（均另案处理）等人帮其收货、整理入库、销售、发货等。

海关缉私局于 2021 年 11 月 12 日立案后，先后对何某某租用的 4 个仓库内的书籍进行搜查扣押；2021 年 12 月 3 日在物流点扣押何某某走私入境书籍 287 纸箱。上述扣押书籍共计 38 万余册。2021 年 11 月，何某某委托某 2 物流公司承运的 17713 册书籍（重 8.11 余吨），被福州海关查获。经鉴定，扣押涉案书籍有 1593 种为淫秽书籍。经匹配销售记录，何某某通过网店已销售淫秽书籍 48030 册，其他书籍 244110 册（重 94 余吨）；现场查扣淫秽书籍共计 59977 册，其他书籍计重 158 余吨。综上，何某某走私淫秽书籍共计 108007 册，走私其他书籍共计重 252 余吨。

【案件焦点】

行为人将淫秽书籍和其他书籍一并走私入境销售，对其中的非淫秽书籍如何定性。

【法院裁判要旨】

南昌铁路运输中级法院经审理认为：被告人何某某以牟利为目的，逃避海关监管，明知所购书籍系淫秽书籍或国家限制进出口的书籍，仍向境外出版商、经销商订购，并伙同他人将上述书籍走私入境，在网店销售牟利；同时长期参与境外出版商、经销商走私书籍的收、发货。走私淫秽书籍 10.8 万余册，走私限制进出口的书籍 252 余吨，均属情节严重，其行为分别构成走私淫秽物品罪、走私国家禁止进出口的货物罪。应依法处罚且数罪并罚。在走私淫秽物品罪、走私国家禁止进出口的货物罪的共同犯罪中，何某某均起主要作用，系主犯；何某某归案后揭发他人犯罪行为，查证属实，有立功表现，依法可以从轻处罚；何某某到案后能如实供述自己的犯罪事实，依法可以从轻处罚；何某某自愿认罪认罚，依法可以从宽处理。何某某主动退缴违法所得，可对其酌情从轻处罚。据此，判决如下：

一、被告人何某某犯走私淫秽物品罪，判处有期徒刑十年，并处没收财产人民币400万元；犯走私国家禁止进出口的货物罪，判处有期徒刑五年，并处罚金人民币100万元；数罪并罚，决定执行有期徒刑十二年，并处没收财产人民币400万元、罚金人民币100万元；

二、扣押在案的物品，被告人何某某退缴的违法所得人民币30万元，由南昌海关缉私局依法处理。

案件宣判后，判决已生效。

【法官后语】

此类案件中，在走私的书籍中往往混杂了淫秽书籍和大量其他书籍。上述书籍危害人们身心健康，对未成年人造成负面影响，污染了社会文化安全和文化市场秩序。法院审理此类案件，对淫秽书籍和非淫秽书籍作出全面刑法评价，进行罪数评判。

《出版管理条例》对于“进口出版物”实行“特定经营主体”和“进口出版物备案”管理。出版物进口业务职能由依照该条例设立的出版物进口经营单位经营，其他单位和个人不得从事出版物进口业务。该条例第二十五条规定，任何出版物不得含有下列内容：(1)反对宪法确定的基本原则的；(2)危害国家统一、主权和领土完整的；(3)泄露国家秘密、危害国家安全或者损害国家荣誉和利益的；(4)煽动民族仇恨、民族歧视，破坏民族团结，或者侵害民族风俗、习惯的；(5)宣扬邪教、迷信的；(6)扰乱社会秩序，破坏社会稳定的；(7)宣扬淫秽、赌博、暴力或者教唆犯罪的；(8)侮辱或者诽谤他人，侵害他人合法权益的；(9)危害社会公德或者民族优秀文化传统的；(10)有法律、行政法规和国家规定禁止的其他内容的。第二十六条规定，以未成年人为对象的出版物不得含有诱发未成年人模仿违反社会公德的行为和违法犯罪的行为的内容，不得含有恐怖、残酷等妨害未成年人身心健康的内容。《中华人民共和国海关进出境印刷品及音像制品监管办法》第十二条规定，除国家另有规定外，进口报纸、期刊、图书类印刷品，经营单位应当凭国家新闻出版主管部门的进口批准文件、目录清单、有关报关单证以及其他需要提供的文件向海关办理进口手续。根据上述规定，书籍进口需要备案并需要审核，有资质的出版机构才可以正常进口，属于需要许可的国家限制进出口的货物、物品。淫秽书籍则属于《中华人民共和国刑法》第一百五十二条第一款具体列举的国家禁止进出口的淫秽物品。

根据《最高人民法院、最高人民检察院关于办理走私刑事案件适用法律若干问题的解释》第二十一条规定，未经许可进出口国家限制进出口的货物、物品，依照《中华人民共和国刑法》第一百五十一条、第一百五十二条的规定，以走私国家禁止进出口的货物、物品罪等名定罪处罚。无资质的行为人大量从境外走私书籍入境销售，其中淫秽书籍构成走私淫秽物品罪；非淫秽书籍可能构成走私国家禁止进出口的货物罪，也可能构成走私普通货物罪。本案，何某某在8年间，走私淫秽书籍108007册，走私其他书籍252余吨，其他书籍偷逃应缴税额已无法计核的情况下，分别以走私淫秽物品罪、走私禁止进出口货物罪定罪并处。

综上，对于跨境走私书籍犯罪的定性，应当根据淫秽书籍和非淫秽书籍所侵害的不同法益，准确进行罪数评判。贯彻罪责刑相适应的刑法基本原则，以数罪并罚，实现刑法对犯罪行为的全面评价。

编写人：南昌铁路运输中级法院　周莉

江西省高级人民法院　贾飞扬

25

单位及单位成员的追诉时效既应当保持同步又相互独立

——陈某某等走私普通货物案

【案件基本信息】

1. 裁判书字号

福建省厦门市中级人民法院（2023）闽02刑初27号刑事判决书

2. 案由：走私普通货物罪

【基本案情】

某公司成立于2013年11月，被告人陈某某系该公司股东，负责公司全部经营。2014年2月至2015年5月，在陈某某的决策下，某公司将其采购的本应以一般贸易方式进口的境外商品，委托林某以“对台小额商品交易市场”方式免税申报进入某市场。林某接受委托后办理相关境外商品的通关进口手续，并通过虚构个人在某市场购买消费的方式，“化整为零”将货物运出某市场交付给某公司用于在境内销售牟利。经查，某公司以上述方式先后走私境外商品共8票，经计核，偷逃应缴税款336620.28元。

被告单位某1公司成立于2016年7月，被告人陈某某系该公司法定代表人、股东，负责公司全部经营。2019年1月至2022年4月，在陈某某的决策下，某1公司以低报价格的方式从境外进口食品共计93票。经计核，偷逃应缴税款1147557.39元。

2022年4月15日，被告人陈某某自动到海沧海关缉私分局投案并如实供述了某公司、某1公司走私的事实。

【案件焦点】

1. 某公司的犯罪行为是否适用追诉时效制度；2. 某公司已过追诉期限，单位成员的罪责是否随之绝对灭失。

【法院裁判要旨】

福建省厦门市中级人民法院经审理认为：某公司伪报贸易性质走私普通货物入境，偷逃应缴税额 336620.28 元；被告单位某 1 公司违反海关法规，逃避海关监管，以低报价格的方式走私普通货物入境，偷逃应缴税额 1147557.39 元，情节严重；被告人陈某某作为上述单位走私直接负责的主管人员，在单位犯罪中均起领导、决策作用，共计偷逃应缴税额 1484177.67 元，数额巨大。某 1 公司、陈某某的行为均已构成走私普通货物罪。本案某公司走私部分系共同犯罪。陈某某作为某 1 公司直接负责的主管人员，自动投案并如实供述所犯罪行且认罪认罚，某 1 公司、陈某某均具有自首情节，依法均可对某 1 公司、陈某某从轻或者减轻处罚并从宽处理。陈某某代某 1 公司预缴罚金，可酌情从轻处罚。综合本案的犯罪事实、情节等，决定对某 1 公司从轻处罚，对陈某某减轻处罚并适用缓刑。据此，判决如下：

一、被告单位某 1 公司犯走私普通货物罪，判处罚金人民币 115 万元；

二、被告人陈某某犯走私普通货物罪，判处有期徒刑二年，缓刑二年；

三、扣押于侦查机关的作案工具被告人陈某某的手机一部，予以没收；

四、被告人陈某某代被告单位某 1 公司预缴的罚金人民币 115 万元用于执行判决第一项。

案件宣判后，判决已生效。

【法官后语】

单位犯罪是否适用刑法追诉时效的规定，法律没有明确规定。本案的争议焦点是第一起某公司实施的走私犯罪是否适用刑法追诉时效的规定，如果某公司犯罪行为已经过追诉时效不再追究刑责，其直接主管人员即被告人陈某某是否亦随之绝对豁免不再承担相应罪责。

一、单位犯罪是否适用追诉时效制度

1. 本案两起走私均系单位犯罪。根据单位犯罪的认定原则，单位负责人、主管人员等为单位的利益，决策采用违法犯罪的方法从事犯罪行为，行为的结果归属于单位，所引起的刑事责任应当由单位承担，构成单位犯罪。根据在案证据，陈某某及某公司、某1公司实施走私犯罪，是经陈某某决策先后以两家公司名义，走私利益归两家公司所有，且并非以实施犯罪为主要活动，或者以犯罪为目的设立单位，故本案两起走私事实均应以单位犯罪论处。

2. 某公司犯罪行为已过追诉时效。在第一起某公司实施的走私犯罪中，某公司、陈某某伪报贸易性质走私的犯罪事实发生在2014年2月至2015年5月，偷逃税款共计33万余元，根据《中华人民共和国刑法》第一百五十三条及相关司法解释之规定，对单位判处罚金，并对其直接负责的主管人员处三年以下有期徒刑或者拘役。根据上述规定，作为直接负责的主管人员，陈某某法定刑应判处三年以下有期徒刑或者拘役。根据《中华人民共和国刑法》第八十七条规定，对陈某某的追诉期限最长为五年，而截至案发日2022年4月，距某公司犯罪行为终了之日已超过六年。单位犯罪是否适用刑法追诉时效的规定，《中华人民共和国刑法》没有明确规定。从《中华人民共和国刑法》第八十七条关于追诉期限的表述看，追诉期限均是针对自由刑的长短设定，而单位犯罪显然不可能判罚自由刑。但单位犯罪也应当具有追诉期限。理由是：第一，单位具有法律上的独立人格，在法律上应当享有、承担与自然人同样的权利义务。刑法中的单位，不仅要求具有一定的独立性，即在一定范围内能够以单位的名义独立进行社会活动，还要求单位具有一定的财产和经费，即能够独立履行权利义务。单位和自然人一样，能够参与、影响社会生活、经济活动，在单位利益支配下，能够作出危害社会的行为。因此，单位在刑法上的责任义务应当参照自然人，追诉时效的规定同样适用单位。第二，刑事追诉时效制度兼有实体和程序双重属性。实质是对追诉权的理性限定，系公权力行使与涉案人利益之间的综合考量，即在督促追诉权的过程中实现对权利保障的兼顾。单位作为参与社会生活、经济活动的重要组成部分，适用追诉时效制度，有利于化解社会矛盾、维护社会关系稳定，有利于实现刑罚目的，保证刑罚的特殊预防和一般预防目的的实现。

3. 某公司的追诉期限应与直接负责人员的追诉期限一致。如前文所述，单位犯罪应适用追诉时效制度。但对于单位犯罪追诉期限如何确定存在不同观点。笔者认为，单位犯罪的追诉期限，应以法律规定的对单位犯罪中负有直接责任的主管人员和其他直接责任人员的法定刑，作为追诉期限划分的标准和依据。在法律规定的单位犯罪中，追究单位负责人的刑事责任是以单位构成犯罪且需要追究单位刑事责任为前提。任何单位犯罪都是通过具体的单位成员来实施，自然人在单位犯罪中所实施的组织、指挥、决策作用与单位犯罪行为融为一体，权利义务关系高度重合。因此，二者的追诉期限应当保持同步，这也是法律平等对待原则的应有之义。根据本案某公司的走私数额，其直接负责的主管人员陈某某对应的追诉期限是五年，某公司追诉期限也应当认定为五年。截至2022年4月案发，某公司的犯罪行为已超过六年，故司法机关无权再追究某公司的刑事责任。

二、单位主管人员陈某某的追诉时效问题

需要注意的是，陈某某作为某公司主管人员实施走私犯罪行为终了时间是2015年5月，其作为另外的某1公司的主管人员开始实施走私犯罪的时间是2019年1月，即第一次犯罪后的5年内再次实施同样的走私犯罪。某公司的犯罪行为已过追诉期限，直接负责的主管人员陈某某犯罪行为是否亦随之超过追诉期限。

本案合议庭认为，应当适用追诉时效中断的规定，追究陈某某第一起走私犯罪的刑事责任，理由如下：第一，单位犯罪中自然人的行为具有刑法上的罪过。单位成员具有双重身份，即“纯粹的理性自然人身份”和“单位成员的身份”。作为“单位成员的身份”应代表单位为单位服务，作为“纯粹的理性自然人身份”应遵纪守法，有选择“为与不为”的理性和自由意志。在单位犯罪过程中，作为“纯粹的理性自然人身份”为单位利益选择了不法行为，明知道以单位名义实施的行为非法，仍通过组织、指挥、决策、管理作用以单位名义完成了单位的犯罪行为，主观上具有罪过，具有了刑法可谴责性。在单位犯罪双罚制情况下，自然人是因其个人意志、个人行为具有罪过而受到处罚，与单位构成一种特定的犯罪共同体，二者各自承担刑法所规定的刑事责任，不存在互相替代的关系。第二，自然人罪责独立于单位之外具有现实法律依据。根据《中华人民共和国刑法》第三十条，法律规定为单位犯罪的，单位才应当负刑事责任。从我国刑法体例看，盗窃、合同诈骗等众多可能存在单位犯罪的罪名并未规定为单位犯罪，实践中均直接追究直接责任人的刑事责任。《全国人民代表大会常务委员会关于〈中华人民共和国刑法〉第三十条的解释》亦明确规定，公司、企业、事业单位、机关、团体等单位实施刑法规定的危害社会的行为，刑法分则和其他法律未规定追究单位的刑事责任的，对组织、策划、实施该危害社会行为的人依法追究刑事责任。可见，单位罪责和自然人罪责相互独立，自然人具有独立的罪过，并不会随着单位犯罪的追诉权丧失而不再追究刑事责任。

综上，本案中，陈某某在某公司犯罪中的罪责，可以进行单独评价，不受某公司犯罪行为已过追诉时效的影响而消失。在第一起某公司走私犯罪中，陈某某作为公司的直接主管人员，经其指挥、决策以某公司名义实施走私犯罪。在五年的追诉期限内，陈某某再次作为另外一家某1公司的直接主管人员，经其指挥、决策以某1公司名义实施走私犯罪。应根据《中华人民共和国刑法》第八十九条第二款的规定，在追诉期限以内又犯罪的，前罪追诉的期限从犯后罪之日起计算。陈某某的后罪行为导致前罪的追诉时效中断，依法应对前罪行为、后罪行为一并追究刑事责任。

编写人：福建省厦门市中级人民法院　杨陆平

26

行为人为规避高税额故意以免证低税税则号报关进口货物的责任认定

——陈某走私普通货物案

【案件基本信息】

1. 裁判书字号

广东省汕头市中级人民法院（2021）粤05刑初15号刑事裁定书

2. 案由：走私普通货物罪

【基本案情】

被告单位某公司的实际经营者即被告人陈某，其清楚向境外供应商A国某公司购买的，产自A国成分为精幼砂糖占95%，一水葡萄糖占5%的固体葡萄糖复合粉所申报的商品编码、商品品名都是错误的，应当以蔗糖类的商品编码和品名向海关申报。在此情况下，2019年6月30日至7月9日，某公司及陈某以某公司、福建某公司为收货单位，向A国某公司购买了4票报关单37柜共925吨产地为A国、成分为精幼砂糖占95%，一水葡萄糖占5%的同类货物，为逃避海关监管，偷逃税款，谋取不法利益，故意以错误的葡萄糖类品名和商品编码进行申报，伪报品名为固体葡萄糖混合粉及固体葡萄糖复合粉，以17023××××的商品编码向海关办理申报进口手续，将应征应高税的货物通过伪报方式以免征低税货物走私进口。

上海海关、黄埔海关、汕头海关分别就上述4票货物的归类问题请示海关总署京津税管局，京津税管局于2019年11月12日答复涉案货物归入蔗糖类商品编码17019××××项下。

综上所述，被告单位某公司、被告人陈某的行为涉嫌走私普通货物罪，涉案货物共37柜，合计925吨，涉嫌偷逃税款人民币共3182860.04元。

在审理过程中，公诉机关以证据发生变化为由，于2022年6月30日作出撤回对被告单位某公司、被告人陈某起诉的决定。

【案件焦点】

被告单位某公司及被告人陈某的行为性质应如何认定，其行为是否构成犯罪。

【法院裁判要旨】

广东省汕头市中级人民法院经审理认为：公诉机关撤回起诉的决定符合法律规定，应予准许。依据《最高人民法院关于适用〈中华人民共和国刑事诉讼法〉的解释》第二百九十六条之规定，裁定如下：

准许广东省汕头市人民检察院撤回对被告单位某公司、被告人陈某的起诉。

【法官后语】

本案的争议焦点在于某公司、陈某的行为是否构成走私犯罪，陈某是否明知其税则号（商品编码）申报有争议，为规避应缴高税额，仍坚持以免证低税的税则号进行申报是否应认定为犯罪。

根据《中华人民共和国刑法》，犯罪的成立必须具备四个方面的构成要件，也即定罪和追究刑事责任应遵循主客观相一致原则。对于某公司及陈某的行为认定应着重从主、客观两个方面入手，综合全案证据，依法准确认定。

一、综合在案证据证实某公司、陈某具有规避《农产品进口关税配额证》（以下简称《配额证》）及应缴高税额的主观故意

（一）某公司及陈某明知其所申报进口的固体葡萄糖混合（复）粉应归类入1701（蔗糖）

在案证据显示，在本案涉案货物报关前被告人陈某就已经通过不公开途径获悉案外人天津某公司申请的归类预裁定内容，根据该预裁定内容，本案同类

产品固体葡萄糖混合（复）粉应归类入1701（蔗糖）。

陈某之前将本案同类货物固体葡萄糖混合（复）粉以1702（其他固体糖）在厦门东渡海关报关受查验时，陈某曾亲自到海关协商沟通货物处置事宜，并签字同意缴纳保证金后由海关对货物先行放行，证明在本案涉案货物申报时间之前，被告人陈某已明知某公司将固体葡萄糖混合（复）粉以1702（其他固体糖）报关存在归类争议，无法申报通过。同时结合在案的东渡海关相关资料，也证实某公司于2019年5月29日同意海关将某公司申报进口的750吨固体葡萄糖混合（复）粉归类入1701（蔗糖）的结论，说明自2019年5月29日起某公司已明确知晓其公司进口的固体葡萄糖混合（复）粉不能以1702（其他固体糖）进行报关。

（二）某公司、陈某明知进口食糖需要《配额证》，故意通过在砂糖中添加5%葡萄糖粉的方式规避应征应缴高税额

根据《农产品进口关税配额管理暂行办法》的规定，我国对食糖（包含白砂糖）实施进口关税配额管理。据货主单位福建某公司负责人等证实，某公司报关进口的固体葡萄糖混合（复）粉与纯白糖（砂糖，为蔗糖）本质相同，只是名称不同，固体葡萄糖混合（复）粉系在纯白糖中添加少许葡萄糖，加工成粉末状态；且该添加葡萄糖粉要求系某公司在《采购单》中明确向A国某公司提出的质量要求。陈某本人也清楚某公司、货主单位福建某公司都明知涉案货物应归类入1701（蔗糖）。

由此可见，某公司明知进口食糖需《配额证》，并要求A国某公司在其进口的砂糖中添加5%葡萄糖，通过该配比要求将其进口的应归类入1701（蔗糖）项下的砂糖以品名固体葡萄糖混合（复）粉归类入1702（其他固体糖）项下报关，以此规避1701（蔗糖）的高税率及其《配额证》，而在向客户推销售卖时则一律称为白糖。综上，本案有证据证明被告单位某公司、被告人陈某具有规避《配额证》及应缴高税额的主观故意。

二、起诉指控某公司、陈某的行为违反“海关法规”，逃避海关监管的证据不足

（一）某公司申报涉案货物进口时，税则规定尚未明确涉案固体葡萄糖混合（复）粉的具体归类

《中华人民共和国进出口税则（2019）》（以下简称《2019税则》）[①] 中税则号列1701中文货品名称为固体甘蔗糖、甜菜糖及化学纯蔗糖。同时，参照中国国家标准化管理委员会发布的白砂糖国家标准（GB/T317—2018），白砂糖因理化要求不同分为4个指标，精制糖为最高标准，蔗糖分含量为99.8%；二级糖为最低标准，蔗糖分含量为99.5%。税则号列1702为其他固体糖，包括化学纯乳糖、麦芽糖、葡萄糖及果糖等，其中税则号17023000为葡萄糖及葡萄糖浆，不含果糖或按重量计干燥状态的果糖含量在20%以下；税则号17024000为葡萄糖及葡萄糖浆，按重量计干燥状态的果糖含量在20%及以上，但在50%以下，不包括转化糖。

经了解，其表示实践中对于归类入1701（蔗糖）的甘蔗糖是允许含有少量的其他糖，但对于少量的把握尚无明确的量化标准，有的海关内部把握为“其他糖的含量可达到5%”。结合海关对某公司、陈某之前货物报关查验的情况来看，本案某公司、陈某等申报进口的固体葡萄糖混合（复）粉（含95%精幼砂糖、5%葡萄糖），海关部门内部对于某公司、陈某在报关申请当时其货物应归类入1701（蔗糖），还是归类入1702（其他固体糖），均存在争议，相关法规尚无明确规定。且涉案货物在报关时，货主单位福建某公司及某公司如实提供了其与A国某公司签订的销售合同，明确申报的货物品名为固体葡萄糖混合（复）粉，产品原料为精制糖、一水葡萄糖复合粉，产品成分为精幼砂糖占95%，一水葡萄糖占5%。某公司不存在蓄意隐瞒、故意伪报货物品名及税则号的行为。

（二）海关关于第三方涉商业秘密保护的非公开预裁定对某公司、陈某不产生法律效力

根据《中华人民共和国海关预裁定管理暂行办法》第十五条规定，申请人

---

① 2024年12月30日，《中华人民共和国进出口税则（2025）》发布。

在预裁定决定有效期内进出口与预裁定决定列明情形相同的货物，应当按照预裁定决定申报，海关予以认可。第十七条规定，除涉及商业秘密的外，海关可以对外公开预裁定决定的内容。说明申请人申请的预裁定只有经海关依法公开，公众获悉后才能遵循申报，预裁定对于申请人以外的其他当事人不具有当然的法律约束力。本案中，根据海关关税处提供的《中华人民共和国海关预裁定申请书》《保密声明》等材料，证明申请人某公司2019年5月24日申请的预归类裁定受商业秘密保护，并没有对外公开。因此，被告人陈某手机微信获悉的某公司预裁定不属于公开资料，对其没有法律约束力。

另，根据《中华人民共和国海关预裁定管理暂行办法》第十条规定，海关对申请人申请预裁定的海关事务应当依据有关法律、行政法规、海关规章以及海关总署公告作出预裁定决定，制发《中华人民共和国海关预裁定决定书》。从中可以看出，海关2019年5月29日在某公司保管货物查验记录上告知某公司申报货物应归类入1701（蔗糖）的行为，不具备海关预裁定的形式要件和实体要件，显然不属于预裁定决定，也没有由海关总署对外公布。因此，该结论告知对其他海关等均无法律约束力，同样对被告单位某公司、被告人陈某也不产生法律约束力，亦不能据此认定某公司、陈某客观上有逃避海关监管的行为。

本案审理时《中华人民共和国进出口税则（2021）》（以下简称《2021税则》）[①] 已颁布施行，明确将蔗糖含量超过50%的甘蔗糖、甜菜糖与其他糖的简单固体混合物归类“1702.9012”。本案涉案货物为精幼砂糖95%，一水葡萄糖5%的简单固体混合物，其中精幼砂糖95%属于蔗糖含量超过50%的甘蔗糖，一水葡萄糖5%属于其他糖，根据该税则规定，涉案固体葡萄糖混合（复）粉应归类入1702（其他固体糖）。

综上所述，行为人如实申报涉案货物，利用涉案物品税则号无明确法规规定、海关归类不明的漏洞，故意选择较低税率税则号进行申报的情况下，虽具有规避应征应缴高税额的主观故意，但综合全案证据不足以证实其行为在客观上违反海关法规、逃避海关监管，根据定罪和追究刑事责任应遵循主客观相一

① 2024年12月30日，《中华人民共和国进出口税则（2025）》发布。

致原则，行为人不构成犯罪。且本案审判时，《2021税则》已明确将涉案固体葡萄糖混合（复）粉归类入1702（其他固体糖）中的“1702.9012”，某公司及陈某的行为符合税则规定，不属于“违反海关法规，逃避海关监管”。

编写人：广东省汕头市中级人民法院　周洵升　黄俊娇

27

通过“进境快件”“跨境电商”等伪报贸易性质走私犯罪中主从犯的认定

——闵某甲、闵某乙走私普通货物案

【案件基本信息】

1. 裁判书字号

南昌铁路运输中级法院（2023）赣71刑初5号刑事判决书

2. 案由：走私普通货物罪

【基本案情】

2018年年初，被告人闵某甲听说做奶粉“倒货”比较赚钱，为谋生便开始做代购，即帮一些掌握进口奶粉的卖家寻找国内客户，以中间商的形式“倒货”赚取差价。2019年3月开始，闵某甲先后通过微信找到专门做A国直邮奶粉的微信名为“Panda”的谢某（另案处理），以及微信名为“ADD”“某直邮供货商”“观众直邮货商”等供货商，谈好购买价格后，闵某甲按照谢某等供货商的要求将虚假购买人信息，包括收货人姓名、地址、电话号码等发给谢某等供货商，供货商或再转发至境外卖家，境外卖家根据买家提供的收货信息，按“个人邮寄进境物品”的性质，将闵某甲购买的奶粉以“进境快件”邮递至闵某甲提供的收货地址。其中，境外卖家根据闵某甲提供的85个虚假购买人信息，将奶粉拆分发货，由被告人闵某乙收货后，存放于闵某甲三姐闵某丙的自建房内，闵某乙再根据闵某甲后期找到的买家，通过快递发给下家。2019 年至 2022 年，闵某甲、闵某乙逃避海关监管，以“个人邮寄进境物品”方式走私奶粉，并将走私入境的奶粉通过销售给母婴店等下家的方式牟利。经海关计核，上述涉案奶粉偷逃税额共计 231 余万元。

从 2020 年开始，被告人闵某甲通过“跨境电商”从保税区走私奶粉、保健品等货物。闵某甲通过向成都某公司（另案处理）提供虚假购买人信息，包括收货人姓名、地址、电话号码等，伪装为个人消费者购买奶粉、保健品等。成都某公司明知涉案货物应当以一般贸易方式申报进口的情况下，仍通过跨境电商平台以个人消费的名义申报税率，共同利用优惠税率政策逃避海关监管。闵某甲将上述奶粉、保健品等货物在国内销售获利。闵某甲负责与成都某公司对接、联系客户、在国内销售货物等，被告人闵某乙在闵某甲的授意下收集、制作个人身份信息表格、收发包裹等。经海关计核，上述涉案奶粉、保健品等货物偷逃税额共计 415 余万元。

【案件焦点】

通过“进境快件”或“跨境电商”伪报贸易性质的走私犯罪中的主、从犯如何认定。

【法院裁判要旨】

南昌铁路运输中级法院经审理认为：被告人闵某甲、闵某乙违反海关法规，伙同他人伪报贸易性质走私进口货物，偷逃应缴税额达到 640 余万元，数额特别巨大，其行为均已构成走私普通货物罪，应依法惩处。本案的争议焦点在于通过“进境快件”或“跨境电商”等走私犯罪中，主从犯应如何认定。涉互联网犯罪的“进境快件”或“跨境电商”在纵向链条上、组织结构与组织形式上，以及罪量要素上被网络所“分割”。在传统走私犯罪的网络异化趋势下，审理通过“进境快件”或“跨境电商”伪报贸易性质的走私犯罪，不应拘泥于犯罪人的实际到案情况，而应根据走私犯罪多环节、跨区域的实际情况，结合各个环节被告人的分工特点，根据其对犯罪所起的作用大小，进行认定。在本案走私普通货物的共同犯罪中，闵某甲起了次要作用、闵某乙起了辅助作用，均系从犯，应当依法减轻处罚。二被告人到案后均能如实供述自己的犯罪事实，可以依法从轻处罚；二被告人自愿适用认罪认罚从宽制度，可以依法从宽处理。据此，判决如下：

一、被告人闵某甲犯走私普通货物罪，判处有期徒刑三年，并处罚金人民币20万元；

二、被告人闵某乙犯走私普通货物罪，判处有期徒刑三年，缓刑三年，并处罚金人民币8万元。

案件宣判后，判决已生效。

【法官后语】

通过“进境快件”或“跨境电商”伪报贸易性质走私犯罪中，主从犯的认定具体把握以下几个原则。

一、综合认定犯罪分工，要结合犯意的提起、犯罪阶段的发展与全部犯罪事实考量

共同犯罪中主从犯认定，不仅要考虑行为在犯罪构成中的作用、对定罪与量刑的影响，还应当结合整个犯罪事实考虑犯罪的本质和行为本身对法益的侵害程度，所以从实质上来看，对法益侵害结果或者危险结果的发生起支配作用的就是主犯。[①] 此类犯罪模式是，早在国内货主参与到走私犯罪前，境外供货商或者电商平台早已搭建完毕仓储、发货、报关整个犯罪链条，国内货主仅需提供虚假的身份信息给供货商，供货商按照收货地址将货物拆分发货。本案中，不能仅局限于闵某甲、闵某乙二人之间的犯罪事实考虑主从犯认定，而应在境外供货商或者电商平台及闵某甲、闵某乙之间的整个犯罪事实来考虑，从该整体的犯罪事实来看，走私货物进境的犯意并非由闵某甲引起，整体的走私犯意形成系由境外供货商或者电商平台主导，整个犯罪环节的组织和指挥系由境外

---

① 张明楷：《刑法学》，法律出版社2016年版，第392页。

供货商或者电商平台完成，对于走私普通货物罪所保护的法益海关监管秩序直接侵害的系报关行为，该行为系境外供货商或者电商平台所主要支配，其对该法益侵害结果的发生起支配性作用，因此从整体犯罪事实上来看，结合涉互联网犯罪的独有特征，一般应认定境外供货商或者电商平台为主犯，下游各层级过货人、国内货主为从犯。

二、在以犯罪数额作为构成要件的犯罪中，不能拘泥于个案犯罪数额，要综合考虑行为人的参与情况、犯罪数额在全部犯罪所得中的比重等考虑

走私普通货物罪以偷逃应缴税额作为入罪标准，因境内货主为纳税义务人，往往导致司法实践中仅以个案中的偷逃应缴税额作为认定主犯标准，而忽视了个案偷逃应缴税额在整体的犯罪环节中的比重。本案中，涉及闵某甲的货物偷逃应缴税额在境外供货商或者电商平台全部犯罪行为所偷逃应缴税额的比重很低，将闵某甲和境外供货商或者电商平台全部定为主犯，与其各自所参与的犯罪所偷逃税额不相适应，因此从犯罪数额在全部犯罪所得中的比重考虑，境外供货商或者电商平台系主犯，闵某甲、闵某乙系从犯。

三、认定主从犯应考虑量刑个别化与罪责刑相适应

量刑个别化是建立在定罪活动基础之上，同时考虑个案犯罪行为社会危害性以及犯罪人的人身危险性，进而根据相应的量刑政策乃至相关的刑事政策作出恰如其分的裁量。本案中，闵某甲系毕业未久的大学生，家庭条件较差，其参与走私奶粉进境程度较浅，于专业的境外供货商或者电商平台而言，其社会危害性更低，所参与的走私货物入境数额显著低于境外供货商或者电商平台，如在境外供货商或者电商平台和闵某甲之间不做主从犯区分，将导致仅参与较小部分走私普通货物入境环节的闵某甲和参与全部走私普通货物入境环节的境外供货商或者电商平台的量刑差异不大，与其各自所参与的犯罪不相适应，也不利于打击海外走私源头，因此从量刑个别化的角度考虑，境外供货商或者电商平台系主犯，闵某甲、闵某乙系从犯。

综上，通过“进境快件”或“跨境电商”伪报贸易性质走私犯罪中，认定主从犯应从犯罪链条的搭建、犯罪环节的组织和指挥、侵害海关监管秩序的直

接实施者、国内货主的货物偷逃应缴税额在境外供货商或者电商平台全部犯罪行为所偷逃应缴税额的比重、量刑个别化与罪责刑相适应等角度予以综合考量。

编写人：南昌铁路运输中级法院　周莉

江西省高级人民法院　贾飞扬

（三）妨害对公司、企业的管理秩序罪

28

虚假记载型违反披露义务的追责范围和司法认定

——宋某等违规披露重要信息案

【案件基本信息】

1. 裁判书字号

北京市第三中级人民法院（2024）京 03 刑初 86 号刑事判决书

2. 案由：违规披露重要信息罪

【基本案情】

A 公司系在深圳证券交易所主板上市的股份有限公司，依法负有信息披露义务。2018 年至 2019 年，A 公司筹备发行可转换公司债券，为满足债券发行业绩要求，被告人宋某、张某某分别伙同被告人贾某某、陈某 1、周某某、陈某 2 及娄某某（另案处理）等人，通过签订虚假合同提前确认收入、虚构回款掩盖亏损、虚增业绩从而虚增商誉等方式虚增 2018 年年报中的资产、收入及利润数额。具体事实如下：

1. 因 A 公司子公司 B 公司与原合作公司于 2018 年签署的某影视项目播映权转让合同未达到相关条件，无法在 2018 年年报中确认收入。2019 年 3 月，

被告人宋某伙同被告人张某某、陈某1、贾某某、周某某、陈某2等人，虚假签署B公司与周某某实际控制的C公司间的影视收益权份额转让合同，并将合同日期倒签为2018年12月，后通过资金回流的方式伪造合同付款流水，最终将3.58亿余元确认为A公司2018年年度业务收入，虚增利润1.45亿余元，占当期披露的利润总额30%以上。

2. 为使B公司拍摄的某影视项目满足2018年收入确认条件，2018年下半年，被告人周某某、陈某1伙同娄某某，虚假签署B公司与周某某实际控制的D公司间的影视收益权份额转让合同。2019年1月，被告人宋某、张某某、贾某某配合以资金回流的方式伪造合同付款流水，最终将1.01亿余元确认为A公司2018年年度业务收入，虚增利润0.39亿余元。

3. 为解决B公司巨额应收账款到期无法收回的问题，自2018年6月开始，被告人宋某伙同娄某某筹划并成立了某基金公司。2018年11月至2019年3月，A公司以出资某基金再回流至B公司的方式，虚构B公司应收账款回款，导致A公司2018年年报虚增资产、利润各2.5亿余元。被告人张某某、贾某某、陈某1均参与实施了上述虚构回款行为。

4. 为避免A公司子公司E公司商誉减值，2018年12月，被告人宋某分别指使被告人张某某、贾某某、陈某1等人通过伪造多部影视剧投资业务、宣传业务、代理业务等，虚增E公司业绩，导致A公司2018年年报共计虚增资产1668万余元、虚增收入744万余元、虚增利润863万余元。

5. 2018年11月至2019年3月，A公司通过上述财务造假行为，直接影响其商誉减值测试结果。经评估，该公司共虚增商誉2.14亿余元，导致A公司2018年年报虚增资产和利润各2.14亿余元。

经审计，上述财务造假行为导致A公司2019年3月22日对外发布的2018年年报中，共计虚增资产6.48亿余元，虚增利润6.58亿余元，虚增利润占当期披露的利润总额的158%。被告人宋某、张某某、陈某2对年报内容签字确认。

2021年10月29日，中国证券监督管理委员会北京监管局对A公司因违规披露行为进行行政处罚，被告人宋某、张某某被给予警告，并处以30万元罚款；被告人陈某 1 被给予警告，并处以 20 万元罚款；被告人贾某某被给予警告，并处以 10 万元罚款；被告人陈某 2 被给予警告，并处以 3 万元罚款。宋某、张某某、贾某某、陈某 1、陈某 2 足额缴纳了上述罚款。

2022 年 1 月 10 日，北京市公安局对 A 公司涉嫌违规披露、不披露重要信息案立案侦查。被告人宋某、张某某、贾某某、陈某 2 于 2023 年 9 月 26 日被公安机关抓获。被告人陈某 1、周某某同日到公安机关投案自首。

【案件焦点】

1. A 公司涉案人数众多，犯罪链条长，如何确定刑事追责的范围，对于不同层级的人员如何区别化量刑；2. A 公司违规披露重要信息涉及年度报告、收付款凭证等海量的财务账面数据，如何准确认定犯罪数额，确保刑事追诉标准的准确适用。

【法院裁判要旨】

北京市第三中级人民法院经审理认为：A 公司作为依法负有信息披露义务的公司，向股东和社会公众提供虚假的或隐瞒重要事实的财务会计报告，严重损害股东或者其他人利益，情节严重，被告人宋某、张某某作为公司直接负责的主管人员，被告人贾某某、陈某 1、陈某 2 作为其他直接责任人员，被告人周某某作为共犯，六名被告人的行为均已构成违规披露重要信息罪，依法应予惩处。鉴于被告人宋某、张某某、贾某某如实供述主要犯罪事实，自愿认罪认罚，故依法对三被告人从轻处罚。鉴于被告人陈某 1、周某某自动到案，到案后如实供述自己的罪行，系自首，且自愿认罪认罚，依法对二被告人从轻处罚。在前罪判决刑罚执行完毕以前发现被告人陈某 1 还有本罪尚未处理，应依法与前罪判处的刑罚并罚。鉴于被告人陈某 2 到案后如实供述自己的罪行，且自愿认罪认罚，结合其参与犯罪的程度，对其从轻处罚，并适用缓刑。据此，北京市第三中级人民法院作出判决：

一、被告人宋某犯违规披露重要信息罪，判处有期徒刑二年三个月，并处罚金人民币 20 万元；

二、被告人张某某犯违规披露重要信息罪，判处有期徒刑二年一个月，并处罚金人民币 20 万元；

三、被告人贾某某犯违规披露重要信息罪，判处有期徒刑一年六个月，并处罚金人民币 10 万元；

四、被告人陈某 1 犯违规披露重要信息罪，判处有期徒刑一年四个月，并处罚金人民币 20 万元，与前罪有期徒刑三年二个月并罚，决定执行有期徒刑四年四个月，并处罚金人民币 20 万元；

五、被告人周某某犯违规披露重要信息罪，判处有期徒刑一年二个月，并处罚金人民币 8 万元；

六、被告人陈某 2 犯违规披露重要信息罪，判处有期徒刑十个月，缓刑一年，并处罚金人民币 3 万元；

七、在案扣押手机七部发还各被告人。

案件宣判后，判决已生效。

［法官后语］

在股票注册制走深走实的市场化浪潮下，准确把握违反披露义务的司法认定，是值得探讨的实践问题。本案的争议焦点在于：（1）确定 A 公司违反披露义务的追责范围和量刑处理；（2）在民行刑交叉并行、同时满足多个追诉标准的情况下，如何确保追诉标准的准确适用和法律评价的独立性。

违规披露、不披露重要信息罪是一项选择性罪名，违反披露义务既包括错误虚假披露的积极作为，也包括应披不披的消极不作为，主要包括三大行为样态：虚假记载、误导性陈述和重大遗漏。A 公司出具虚假年度财务报告，属于典型的虚假记载，具体行为样态包括：虚假转让项目以跨期确认收入、设立资金“中转站”掩盖财务造假、伪造业务虚增商誉和业绩等。对于此类犯罪的司法认定需关注以下几点。

一、层级化刑事追责的范围确定

违规披露、不披露重要信息罪是单位犯罪，采取单罚制模式，单位可能面临行政处罚乃至强制退市的责任风险，承担刑事责任的主体为公司、企业的主管人员和其他直接责任人员。

本案涉及人员广泛、犯罪链条长，在确定刑事责任人员范围时，需要对行政违法性、刑事违法性和社会危害大小进行审查和判断，准确划定与犯罪事实有直接、重要作用的人员范围，不应单纯受制于董事、监事、高级管理人员的形式身份。刑事追责的主体范围应当包括上市公司实际控制人、统筹分管财务部门高管、财务部门中层负责人、造假具体执行者、在财务报告上签字确认的董事会秘书、直接制作审核财务报告的责任人员、协助造假的外部共犯等。但是，对于财务部门层级较低的一般财务人员，不足以证明其主观上明知财务造假事宜的，不应轻易打击，以免打击面过宽。

此外，本案六名被告人虽已认罪认罚，认可犯罪事实和指控罪名，但各被告人的犯罪情节轻重有别，应当分层分类处理。例如，陈某2作为董事会秘书、证券部负责人，并未参与跨期确认收入的财务行为环节，在案证据亦无法证明其知晓虚构交易流水的情况，参与犯罪程度不深，社会危害性较小，最终对其适用缓刑。

另外，主刑与附加刑具有主附的从属关系，不宜割裂适用，附加刑要与主刑保持步调一致，亦遵循“分层分类处理”的基本准则。本案公诉机关出具的量刑建议书建议均判处六名被告人罚金人民币二十万元，法院审理过程中认为各被告人犯罪情节不一，参与程度有别，若判处罚金数额一致不符合罪责刑相适应的原则，故及时建议公诉机关调整量刑建议，确保罚当其责。

二、复合化追诉标准的并列适用

违规披露重要信息的犯罪行为必须造成“严重损害股东或者其他人利益”的严重后果，或者有“其他严重情节”。对于“严重损害”“严重情节”的判断则具有虚增利润比例、盈亏性质篡改等客观量化指标判定。

从全案证据来看，针对B公司虚假转让影视项目投资份额收益权，导致A公司2018年年度报告存在虚假记载的行为，监管机关已作出行政处罚决定，行政处罚决定书等材料在本案中作为证据使用并参考。此外，案涉信息披露违法违规事项导致发生多名投资者对A公司提起民事诉讼，相关案件尚在二审审理中，尚未形成生效的民事裁判。财务造假犯罪中，由于财务指标相互关联，立案追诉标准可能并列适用、同时符合，原则上应全部依法查明，以便全面评价犯罪情节和危害结果，但民事判决尚未生效，故而公诉机关参照民事判决初步认定案涉违规信披行为造成损失1000余万元的起诉事实，不宜作为追诉标准。A公司累计虚增利润65835万余元，虚增利润占2018年年度报告中利润总额的158%；在公司财务会计报告中将亏损披露为盈利，均已达到立案追诉标准，可以并列适用。

综上，面对违规披露犯罪隐蔽化、链条化的趋势，审判机关要妥善处理好“事实—证据—法律”三位一体的关系：在事实层面穿透财务数据表象，溯源经营实质；在证据层面整合行政调查和刑事侦查资源；在法律适用层面协调证券法、刑法及司法解释的规范关系。对于不同层级的责任人员，应依据在犯罪中的作用分层分类处理，贯彻宽严相济的刑事政策。同时由于财务指标相互关联，立案追诉标准可能并列适用，要注意民刑行责任交叉并行，确保追诉标准的准确适用和法律评价的独立性。

编写人：北京市第三中级人民法院　方玉　朱旭茹

29

上市公司违规不披露重大诉讼的司法认定[①]

——张某某违规不披露重要信息案

【案件基本信息】

1. 裁判书字号

北京市第三中级人民法院（2023）京03刑初16号刑事判决书

2. 案由：违规不披露重要信息罪

① 入库案例，参见人民法院案例库2025-03-1-090-001。

【基本案情】

某公司于2012年5月8日在深圳证券交易所创业板上市，被告人张某某系某公司法定代表人、董事长、总经理，为某公司的实际控制人。

2019年1月22日，杨某某以民间借贷纠纷为由将某公司诉至上海市第一中级人民法院，2019年1月28日法院邮寄送达起诉材料，某公司签收，2019年7月11日某公司参加诉讼，并于2020年7月3日签收法院邮寄的一审民事判决书，后提起上诉，2020年12月21日二审法院作出判决，驳回上诉，维持原判。2019年4月11日，某银行以金融借款合同纠纷为由将某公司诉至四川省高级人民法院，某公司于2019年5月13日签收法院邮寄的起诉材料并于同年7月14日签收一审民事判决书，后提起上诉，又于2020年6月22日撤回上诉。某公司涉案的上述两起诉讼标的累计数额共计人民币1.8亿余元。

被告人张某某作为公司直接负责的主管人员，明知上述重大诉讼事项，擅自决定某公司不按照规定对诉讼事项进行披露。迟至2020年4月，某公司才在2019年年度报告中披露与杨某某之间的诉讼事项；至2020年10月，某公司才发布公告披露与某银行之间的诉讼事项。根据某公司2019年4月29日披露的2018年年度报告内容，该公司2018年年末净资产为2.25亿余元，某公司未披露的重大诉讼所涉及的数额累计占公司净资产50%以上。

被告人张某某于2022年8月9日经传唤自动到案，并如实供述主要犯罪事实。

【案件焦点】

1. 上市公司及相关责任人员的信息披露义务应如何认定；2. 刑事追诉中上市公司披露“重大诉讼”的时间节点和重大性应如何界定。

【法院裁判要旨】

北京市第三中级人民法院经审理认为：某公司作为依法负有信息披露义务的公司，应当向股东和社会公众披露重大诉讼事项，但是未按照规定披露，且连续十二个月的累计数额达到某公司最近一期披露的净资产50%以上，情节严重，被告人张某某作为某公司直接负责的主管人员，其行为已构成违规不披露重要信息罪。鉴于张某某经传唤后自动到案，到案后能够如实供述主要犯罪事实，系自首，可以依法从轻处罚。被告人张某某自愿认罪认罚，可以依法从宽处理。据此，以违规不披露重要信息罪，判处被告人张某某有期徒刑一年，缓刑一年，罚金人民币10万元。

案件宣判后，判决已生效。

【法官后语】

本案的争议焦点具体为：(1) 某公司及张某某的信息披露义务应当如何认定，工作人员脱岗、管理混乱是否可以阻却公司和张某某的披露责任；(2) 某公司的“重大诉讼”的披露时间节点应当如何界定，是诉讼事项发生时还是诉讼过程中的某一时点，以及某公司披露的2018年年度报告是否可以直接作为判断诉讼重大性的计算依据。

一、某公司应及时依法履行信息披露义务，张某某应保证公司披露信息真实、准确、完整、及时、公平

本罪的犯罪主体系“依法负有信息披露义务的公司、企业”，此处的“依法”属于空白罪状，即必须与其他相关法律、法规相结合，才能够正确认定本罪的犯罪特征。由于某公司是上市公司，故需要相应的查找法律、法规中关于上市公司披露义务的规定，才能够判断某公司是否违法。根据《中华人民共和国公司法》第一百四十五条、第一百六十四条，2014年《中华人民共和国证券法》第六十三条、第六十五条、第六十七条以及2019年《中华人民共和国证券法》第五章专章规定了信息披露制度，上市公司应当披露年度报告、中期报告、临时报告，重大诉讼仍然属于应当披露的临时报告内容。某公司应当对其披露义务具有明知。

2014年《中华人民共和国证券法》第六十八条以及2019年《中华人民共和国证券法》第五十八条规定上市公司董事、监事、高级管理人员应当对公司信息披露的真实性、准确性、完整性、及时性、公平性（以下简称五性）负责。可见，董监高等“关键少数”承担着保证上市公司依法履行信息披露义务的关键职责。本案中，张某某系某公司法定代表人、董事长、总经理，在2019年公司董事会秘书空缺期间，兼任董事会秘书职责，显然是直接负责的主管人

员，应当对公司信息披露的五性负责，除非其有充分证据表明其已经履行勤勉尽责义务。张某某的辩护人称系公司前台、法务等相应的工作人员脱岗以及公司管理混乱导致张某某没有披露重大诉讼，张某某属于过失而非故意。但是在案证据证实，民事案件中张某某亦是被告，或是公司进行了上诉，并非张某某对涉及的重大诉讼事项一无所知，相反，在案证据完全可以证明张某某明知两起诉讼的存在而故意未披露相关信息。另，履行信息披露义务是上市公司的法定责任，公司人员脱岗和公司管理混乱属于公司内部管理事项，不影响本罪的构成，且本案中张某某显然未尽勤勉履职责任。

二、刑事追诉中某公司的“重大诉讼”的披露时间节点和重大性的界定

（一）上市公司关于“重大诉讼”的披露时间节点

从上文可知，除公司半年度报告、年度报告等定期报告外，修订前后的《中华人民共和国证券法》均规定上市公司发生的重大诉讼属于重大事件，投资者尚未得知时，上市公司应当立即将有关该重大事件的情况向国务院证券监督管理机构和证券交易所报送临时报告。换言之，上市公司对于重大诉讼事项应当“及时”披露，且可以“随时”以临时报告的形式披露。某公司从得知重大诉讼事项到最终披露诉讼期间，先后发布2018年年度报告和2019年半年度报告等定期报告，均未披露上述两起重大诉讼事项，显然是未按照规定依法披露重大诉讼，明显违法。

实践中，关于重大诉讼事项临时报告的具体时点还存在一定争议，如是诉讼事件立案时还是上市公司收到诉讼材料时还是判决宣告或生效时？笔者认为，应坚持第一时间、及时披露的原则。因为重大诉讼的存在对于上市公司经营而言存在一定影响，并且影响投资者的决策，如果上市公司延时披露重要信息，无法实现对相应法益的保护。

（二）刑事追诉中关于重大诉讼事项“重大性”的认定

结合《最高人民检察院、公安部关于公安机关管辖的刑事案件立案追诉标准的规定（二）》规定，应以诉讼标的额作为分子，以诉讼发生时最近一期的净资产作为分母，判断是否属于重大诉讼。本案中，2019年4月29日，某公

司披露2018年年度报告显示净资产2.25亿元，此时两起诉讼标的额2亿余元，已达最近一期披露的净资产的80%以上，但某公司仍未对两起诉讼进行披露，2019年下半年发布的2019年半年度报告也未披露，显然已达立案追诉标准。并且通常来讲，公司当下的资产情况只能依据当时公司的资产状况，而不应当事后另定。本案中，某公司2018年年度报告经过会计师事务所审计，经查，该事务所还是“北京法院对外委托专业机构名册”中的司法鉴定机构。因此，无须另行委托第三方机构再次审计，2018年年度报告中确定的净资产可以作为判断诉讼重大性的定案依据。

编写人：北京市第三中级人民法院　顾珊珊　袁晓北

30

对非法经营同类营业罪“经营”行为的认定[①]

——陈某非法经营同类营业案

【案件基本信息】

1. 裁判书字号

重庆市第五中级人民法院（2023）渝05刑终233号刑事裁定书

2. 案由：非法经营同类营业罪

【基本案情】

一、非法经营同类营业罪

陈某利用担任市粮油总公司总经理、区粮食公司总经理的职务便利，与敖某、王某以粮油公司的名义合伙经营麦麸、有机小麦，三人商定共同出资、经

① 入库案例，参见人民法院案例库2024-18-1-404-003。

营、管理，共担风险，利润平分。2009年至2012年，在陈某的安排下，粮油公司与市粮油总公司平均分配了向某公司供应麦麸的总量。2014年至2020年，陈某将市粮油总公司有机小麦的资质转让给粮油公司，并负责协调向某公司供应有机小麦的资质、指标，为粮油公司提供经营保障，安排区粮食公司收购粮油公司被拒收的有机小麦。陈某个人获取非法利益437.3626万元。

二、贪污罪

2015年8月至2020年6月，陈某利用职务便利，多次伙同郭某、姜某等人以虚增采购粮食单价的方式从区粮食公司套取资金174.79512万元，陈某分得44.45万元。

三、受贿罪

1.2014年7月，钟某请托陈某、郭某利用区粮食公司资金、仓储等条件帮其解决向某公司供应有机小麦资金不足等问题，并通过协议方式承诺事成后送二人“好处费”的比例。2017年至2019年，钟某通过朋友蔡某获得向某公司供应有机小麦的指标后，陈某、郭某利用在区粮食公司任职的便利，提供区粮食公司的资金和场地给钟某使用，安排区粮食公司通过代收、代储、代交等方式帮钟某完成向某公司供应有机小麦的业务，钟某获利690.691398万元，钟某送给陈某、郭某346.1528万元，陈某分得173.0764万元。

2.2011年至2022年，被告人陈某利用职务便利，为罗某、梅某、周某、李某、陈某、张某、敖某、左某等人牟取利益，单独或伙同他人收受前述粮食经销商、供应商给予的好处共计130万元及价值1441.6元的财物，个人实得90万元和价值1441.6元的财物。

【案件焦点】

行为人陈某利用职务便利为钟某经营的同类业务提供帮助并收受钟某钱款的行为是否属于经营行为，是构成受贿罪还是非法经营同类营业罪。

【法院裁判要旨】

重庆市綦江区人民法院经审理认为：被告人陈某在担任市粮食总公司、区粮食公司总经理期间，利用经营管理方面的职务便利，与敖某、王某以粮油公司的名义合伙经营与其所任职的国有企业同类的营业，获取非法利益437.3626万元，数额特别巨大，其行为已构成非法经营同类营业罪；陈某以非法占有为目的，伙同他人套取公司资金174.79512万元，个人分得44.45万元，数额巨大，其行为已构成贪污罪；陈某利用职务便利为他人谋取经济利益，单独或伙同郭某多次收受“好处费”476.1528万元，个人实得263.0764万元及价值1441.6元的财物，数额特别巨大，其行为已构成受贿罪。判决如下：

一、被告人陈某犯受贿罪，判处有期徒刑七年六个月，并处罚金50万元；犯贪污罪，判处有期徒刑四年，并处罚金25万元；犯非法经营同类营业罪，判处有期徒刑二年，并处罚金20万元；数罪并罚，决定执行有期徒刑十二年，并处罚金95万元；

二、扣押在案的非法经营同类营业罪和受贿罪的违法所得及赃款共计700.58316万元依法予以追缴，上缴国库；对陈某贪污所得赃款44.45万元，依法发还被害单位。

一审宣判后，陈某提起上诉，认为其与钟某、蔡某系合作关系，收受钟某钱款不应定性为受贿罪。

重庆市第五中级人民法院经审理认为：虽然郭某与代表陈某和王某一起在利用利达公司向某公司供应小麦的业务中为该项目的完成实施了一些联系某公司以及联系小麦生产基地等联络行为，是与钟某之间为促成该业务实现的合作，但合作并非经营，郭某等人的行为并不是策划、组织和管理行为，并非法律规定的经营行为。陈某接受钟某等人的请托，利用其职务便利为钟某等人提供便利，并收受钟某等人给予的“好处费”，符合受贿罪的构成要件，应当以受贿罪认定。故，原判认定事实和适用法律正确，量刑适当。裁定：

驳回上诉，维持原判。

【法官后语】

《中华人民共和国刑法修正案（十二）》对非法经营同类营业罪进行了修改：一是将犯罪主体由“董事、经理”扩大至“董事、监事、高级管理人员”，与修订后的公司法衔接；二是扩大适用范围至民营企业在内的一般企业，旨在回应对民营企业保护的现实需要。当犯罪主体是国有公司、企业的董事、监事、高级管理人员时，利用职务便利为他人经营的同类营业提供帮助并收受财物构成非法经营同类营业罪还是受贿罪，是司法实践中的难点问题，应围绕是否有经营行为进行区分。

第一，是否有经营行为是非法经营同类营业罪与受贿罪在客观方面上的最大区别。两罪在犯罪行为的表象上存在相似之处，但在犯罪构成上仍有严格区别。非法经营同类营业罪的客观行为判断主要看行为人是否经营了同类营业，是否获取了数额巨大的非法利益。受贿罪客观行为是国家工作人员利用职务上的便利，索取他人财物，或者非法收受他人财物，为他人谋取利益的行为。因此，两罪的实质区别主要是客观上是否有经营同类营业的行为。非法经营同类营业罪必须要有经营行为，而受贿罪则是索取或收受他人财物的行为。与经营行为对应，非法经营同类营业罪中的非法利益带有经营利润性质，行为人非法经营同类营业的收入中部分为自己的经营收入。受贿罪中的非法利益是对行为人职务上作为或不作为的“酬谢”，行为人事实上并未为他人提供经营活动，没有付出劳务，或者付出的劳务与其所得极不对等，其所获得的所谓“报酬”“辛苦费”等只不过是为了掩盖受贿犯罪而使用的各种名目。

第二，经营行为的具体认定应结合行为人是否参与策划、组织、管理等进行综合判断。经济活动中的经营，是指企业在物质生产和商品交换的经济活动中，搞好市场调查与预测，选定产品发展方向，制定长期发展规划，进行科学决策，达到预定的经营目标的过程。就非法经营同类营业罪的经营方式而言，既可以是为自己经营，又可以是为他人经营，还可以是既为自己经营又为他人经营；就其内涵而言，包含筹划、谋划、计划、规划、组织、治理、管理等含义。判断行为人是否参与经营同类营业，一是看实际策划、管理、决策。无论是自己经营还是为他人经营，非法经营同类营业罪通常要求行为人参与策划、管理、决策，仅投资而没有参与策划、管理、决策，不能认定为经营行为。特定情况除外，如行为人利用职务便利为特定关系人投资入股的公司、企业经营活动提供帮助，即使没有参与该公司、企业的管理和决策，也可以认定为该行为人自己经营。二是看盈利和亏损的分配、负担。经营的目的在于避免风险和盈利，参与经营的各方一般会对盈利分配和风险负担作出约定，如果参与的经营无风险或无须负担风险，则很有可能是以经营的形式掩盖不法利益输送。

结合本案，首先，陈某未参与钟某、蔡某经营的事前谋划。蔡某与钟某向某公司供应有机小麦的经营指标系蔡某凭借个人关系取得，陈某并未参与其中，只是蔡某、钟某在缺乏资金、仓储能力的情况下，才请托陈某、郭某帮助。

其次，陈某在钟某、蔡某的经营中无管理行为。在经营中，蔡某负责销售计划订单，钟某负责有机小麦基地相关工作的协调，陈某、郭某帮助解决资金、代收、代储、代交有机小麦的工作，而这恰是陈某在区粮食公司主抓的经营管理工作，可以看出陈某并未实际参与具体管理，只是利用职务便利为钟某、蔡某在资金、代收、代储、代交等业务上提供帮助，从而完成利益的交换。

最后，陈某在与钟某、蔡某的合作中不担风险。在利润分配环节，陈某和郭某分走了利润的绝大部分，但从未与钟某约定如果亏损将如何负担的问题，明显不符合正常经营惯例。

综上，陈某将任职企业的资金、仓库提供给钟某使用，安排任职公司为钟某代收、代储、代交粮食的行为，既然不是策划、组织和管理行为，也就不属于经营行为，其收取钟某给予的好处并非基于经营，该行为不符合非法经营同类营业罪的构成要件，但符合受贿罪的犯罪构成要件，故应以受贿罪论处。

编写人：重庆市綦江区人民法院　徐贤飞　李红梅

31

为亲友非法牟利罪的认定

——刘某某为亲友非法牟利案

【案件基本信息】

1. 裁判书字号

黑龙江省高级人民法院（2021）黑刑终83号刑事裁定书

2. 案由：为亲友非法牟利罪

【基本案情】

被告人刘某某，原某国有公司某分公司副总经理（副厅级），2010年1月，被告人刘某某为解决其子刘某甲就业，安排成立某汽车租赁公司，刘某某与朋友、表弟等出资入股该公司，其中刘某某实际占股约43%，是公司最大股东，刘某甲主要负责该公司财务工作。2012年2月，为拓展业务，刘某某安排某汽车租赁公司出资成立某科贸公司，上述两家公司均由刘某某实际控制，且工作人员相同。2012年年底，刘某某利用担任某国有公司某分公司副总经理的职务便利，推荐其下属公司福州分公司向某科贸公司采购大米，福州分公司以210万元的价格向某科贸公司采购48650公斤五常大米，经鉴定，所采购的大米2013年1月在福州市的市场价格为87.57万元，某科贸公司非法获利122.43万元。该款项后被用于公司购车及日常经营等。

刘某某于2017年7月7日被指定居所监视居住，同年7月17日被刑事拘留，同年8月2日被逮捕。

【案件焦点】

1. 刘某某利用担任某国有公司某分公司副总经理的职务便利，让其下属公司福州分公司以高于市场价向某科贸公司采购48650公斤大米的行为如何定性；2. 刘某某的犯罪金额如何认定。

【法院裁判要旨】

黑龙江省佳木斯市中级人民法院经审理认为：被告人刘某某身为国家工作人员，利用职务便利，非法收受他人财物，为他人谋取利益，数额巨大，其行为已构成受贿罪；被告人刘某某身为国有公司工作人员，利用职务便利，以明显高于市场的价格向自己亲友经营管理的单位采购商品，而使国家利益遭受重大损失，其行为构成为亲友非法牟利罪。被告人刘某某犯数罪，应数罪并罚。被告人刘某某受贿犯罪所得893585.20元，为亲友非法牟利犯罪所得1224300元，合计2117885.2元应予没收，上缴国库。依照《中华人民共和国刑法》第三百八十五条第一款，第三百八十六条，第三百八十三条第一款第（二）项、第二款，第一百六十六条，第五十二条，第五十三条，第六十四条，第六十九条之规定，认定被告人刘某某犯受贿罪，判处有期徒刑四年六个月，并处罚金人民币200000元，犯为亲友非法牟利罪，判处有期徒刑一年六个月，并处罚金人民币20000元，数罪并罚，决定执行有期徒刑五年，并处罚金人民币220000元；扣押在案的被告人刘某某受贿、为亲友非法牟利犯罪所得予以没收，由扣押机关上缴国库，不足部分继续追缴，上缴国库。

刘某某提出上诉。黑龙江省高级人民法院经审理，裁定：

驳回上诉，维持原判。

【法官后语】

本案最大的争议焦点在于如何认定为亲友非法牟利罪。为亲友非法牟利罪主要有以下特征：

第一，国有控股公司中从事公务的人员属于国有公司工作人员。国有控股公司中从事公务的人员属于国有公司工作人员。虽然刑法上的国有公司、企业是指国有独资公司、企业，但“国有公司、企业人员”并非仅指国有独资公司、企业工作人员。经国有公司、企业提名、推荐、任命、批准等，在国有控股、参股公司及其分支机构中从事公务的人员，以及经国家出资企业中负有管理、监督国有资产职责的组织批准或者研究决定，代表其在国有控股、参股公司及其分支机构中从事组织领导、监督、经营、管理工作的人员，一般认定为以国家工作人员论的“国有公司、企业人员”。

第二，通过下属单位负责人的职权，安排以明显高于市场的价格购买商品，属于利用职务上的便利。利用职务上有隶属关系的其他国有公司、企业工作人员的职务便利可以认定其利用了职务便利。《全国法院审理经济犯罪案件工作座谈会纪要》第三条第一项规定，《中华人民共和国刑法》第三百八十五条第一款规定的“利用职务上的便利”，既包括利用本人职务上主管、负责、承办某项公共事务的职权，也包括利用职务上有隶属、制约关系的其他国家工作人员的职权。担任单位领导职务的国家工作人员通过不属自己主管的下级部门的国家工作人员的职务为他人谋取利益的，应当认定为“利用职务上的便利”为他人谋取利益。

具体到本案，刘某某利用担任中国移动福建有限公司副总经理的职务便利，让其下属公司福州分公司以高于市场价向某科贸公司采购48650公斤大米，经佳木斯市发展和改革委员会价格认定五常大米2013年1月在福州市的市场价格为人民币875700元。某科贸公司非法牟利1224300元。因此刘某某的行为应当认定为“利用职务上的便利”为他人谋取利益。

第三，当行为人的行为兼具为自己以及亲友牟利的因素时，以为亲友非法牟利罪定罪更为合理。在具体案件中，应当考虑以下因素：行为人是否具有为亲友非法牟利的意图；行为人的行为是否不同于典型的贪污行为；以为亲友非法牟利罪进行处罚是否具有合理性。

综上所述，在认定为亲友非法牟利罪时，要求主体必须是国有公司、企业、事业单位的工作人员，客观方面表现为利用职务便利，为自己的亲友非法提供便利，致使国家利益遭受重大损害。通过下属单位负责人的职权，安排以明显高于市场的价格购买商品，属于利用职务上的便利，应当认定为亲友非法牟利罪。

编写人：黑龙江省高级人民法院　陈春鑫

（四）破坏金融管理秩序罪

32

本金尚未归还的，应将集资参与人收到的红包、返利、消费补贴等回报，从本金中予以扣减后认定经济损失，同时向恶意第三方追缴违法所得退赔给各集资参与人

——某养老公司、东某非法吸收公众存款案

【案件基本信息】

1. 裁判书字号

广西壮族自治区北海市海城区人民法院（2022）桂0502刑初175号刑事判决书

2. 案由：非法吸收公众存款罪

【基本案情】

2016年6月5日，被告单位某养老公司与某房地产公司签订《商品房买卖合同》，约定由某养老公司以总价款1.23亿元向某房地产公司购买该房地产公司开发的某商业广场3号楼，开发成养老公寓。2016年年始，未经金融主管部门批准，某养老公司通过在北海市区派发宣传单等途径向社会公开宣传，向民众承诺在交纳养老服务费后，可获得养老床位的优惠及每年有8%至12%的消费补贴返还，如签订的合同到期后，不愿意续签的，可以退还之前缴纳的养老

服务费。2016年3月至2019年7月，某养老公司未经有关部门依法批准，以收取养老服务费为名向社会不特定对象299户（涉及351人）吸收资金共计2493.01万元，后通过对公账户以购房款的名义将上述款项交付给某房地产公司。截至2020年3月5日案发，某养老公司通过发放红包、消费补贴等方式给各集资参与人返利共计234.8845万元，给各集资参与人造成直接经济损失共计2258.1255万元。

2016年3月至2017年5月，被告人东某负责某养老公司的经营管理，具体负责某养老公司的事务，期间某养老公司向社会不特定对象吸收资金（收取养老服务费）共计572.11万元。2020年1月16日，东某向上海警方自动投案并如实供述其非法吸收资金的犯罪事实。

另查明，被告人东某因伙同东某华设立某养老服务公司非法募集资金，2022年3月11日上海市长宁区人民法院作出（2021）沪0105刑初1275号刑事判决书，以非法吸收公众存款罪判处被告人东某有期徒刑四年，并处罚金30万元。该判决已经生效。

再查明，2017年6月17日，广西壮族自治区北海市中级人民法院受理对某房地产公司的破产清算申请。同年9月12日，广西壮族自治区北海市中级人民法院裁定对某房地产公司进行重整。2018年7月17日，北海市中级人民法院裁定批准某房地产公司重整计划，终止某房地产公司重整程序。2020年11月3日，北海市中级人民法院裁定终止某房地产公司重整计划的执行，宣告某房地产公司破产。

【案件焦点】

1. 如何认定本案犯罪金额；2. 如何认定本案经济损失，向集资参与人支付的红包、返利、消费补贴、分红等，是否应从本金中予以扣减；3. 如何追赃挽损。

【法院裁判要旨】

广西壮族自治区北海市海城区人民法院经审理认为：被告单位某养老公司违反国家金融管理法律规定，非法变相吸收公众存款共计2493.01万元，数额巨大，扰乱金融秩序，其行为已构成非法吸收公众存款罪。被告人东某自 2016 年 3 月至 2017 年 5 月担任被告单位的法定代表人，是直接负责的主管人员，参与被告单位非法吸收公众存款 572.11 万元的犯罪事实，数额巨大，扰乱金融秩序，其行为已构成非法吸收公众存款罪。东某在上海因犯非法吸收公众存款罪被判处有期徒刑四年，并处罚金三十万元，在判决宣告以后刑罚执行完毕以前，发现其在判决宣告以前还有非法吸收公众存款罪没有判决，应当数罪并罚。某养老公司、东某给集资参与人造成巨额经济损失，社会危害后果严重，均应依法予以严惩。对于某养老公司的犯罪所得共计 2493.01 万元，扣除集资参与人已领取的红包、消费补贴等共计 234.8845 万元，依法应追缴某养老公司转入某房地产公司的非法吸收的资金共计 2258.1255 万元退赔给各集资参与人。东某受其父亲东某华的指使、安排而参与被告单位的经营管理，其作用相对小，且有自首情节，依法可在量刑时予以减轻处罚。

综上，广西壮族自治区北海市海城区人民法院根据被告单位某养老公司、被告人东某犯罪的事实、性质、情节和对社会的危害程度，依照 2015 年修正的《中华人民共和国刑法》第一百七十六条，第十二条，第六十七条第一款，第六十九条，第七十条，第四十五条，第四十七条，第五十二条，第五十三条，第六十四条；《最高人民法院关于审理非法集资刑事案件具体应用法律若干问题的解释》第一条第一款，第三条第二款、第三款；《最高人民法院关于处理自首和立功具体应用法律若干问题的解释》第一条，第三条及参照《最高人民法院、最高人民检察院、公安部关于办理非法集资刑事案件适用法律若干问题的意见》第二条，第三条，第五条第一款、第二款第一项之规定，并经本院审判委员会讨论决定，判决如下：

一、被告单位某养老公司犯非法吸收公众存款罪，判处罚金 100 万元；

二、被告人东某犯非法吸收公众存款罪，判处有期徒刑二年，并处罚金 10 万元；与前罪犯非法吸收公众存款罪，判处有期徒刑四年，并处罚金 30 万元；数罪并罚，总和刑期有期徒刑六年，并处罚金 40 万元；决定执行有期徒刑五年，并处罚金 40 万元；

三、追缴被告单位某养老公司转入某房地产公司的非法吸收的资金共计2258.1255万元退赔给各集资参与人。

案件宣判后，判决已生效。

【法官后语】

本案是以签订“养老服务合同”为名侵害老年人合法权益的典型非法集资类案件。该类案件往往涉集资参与人数众多，且涉案钱款大多是老年人的“养老钱”，备受社会关注。本案的争议焦点在于如何认定犯罪金额，认定经济损失金额时，向集资参与人支付的红包、返利、消费补贴、分红等，是否应从本金中予以扣减以及如何追赃挽损等。

一、关于本案非法吸收资金的犯罪数额问题

《最高人民法院关于审理非法集资刑事案件具体应用法律若干问题的解释》第三条第三款规定，非法吸收或者变相吸收公众存款的数额，以行为人所吸收的资金全额计算，案发前后已归还的数额，可以作为量刑情节酌情考虑。相关报案陈述、报案书、自述材料、养老服务合同、收据、银行流水等证据足以证实某养老公司非法吸收公众存款的资金全额计算为2493.01万元。对于既无报案陈述或报案书，亦无相关养老服务合同、收据等证据予以佐证的6人，属证据不足，不予认定。

东某于2016年3月10日经登记为某养老公司的管理人员，同年4月29日经变更登记为法定代表人、股东，其中法定代表人任职时间至2018年4月8日变更登记为曾某。涉案养老服务合同、会计凭证等证据证明在2016年3月至2017年5月在涉案养老服务合同上盖有东某的法定代表人印鉴共计156份（156户168人），涉案资金共计572.11万元。东某作为被告单位的法定代表人，是依法负有直接责任的主管人员，参与被告单位非法吸收公众存款572.11万元的犯罪事实，应对其担任该公司法定代表人期间该公司非法吸收资金572.11万元的行为承担主管人员的刑事责任。

二、关于本案的经济损失及赃款追缴问题

《最高人民法院、最高人民检察院、公安部关于办理非法集资刑事案件适用法律若干问题的意见》第五条关于涉案财物的追缴和处置问题规定:“向社会公众非法吸收的资金属于违法所得。以吸收的资金向集资参与人支付的利息、分红等回报,以及向帮助吸收资金人员支付的代理费、返点费、佣金、提成等费用,应当依法追缴。集资参与人本金尚未归还的,所支付的回报可予折抵本金”。可见,对于被吸收的本金尚未归还的,集资参与人因资金被吸收所获取的利息、分红等回报可予以折抵本金。

本案中,某养老公司支付红包、消费补贴给集资参与人,集资参与人所领取的红包、消费返利、消费补贴等均系被告单位非法吸收资金后向各集资参与人支付的回报,应从本金中予以扣减后认定经济损失数额。根据在案的银行流水、集资参与人陈述、报案书、自述材料、电话询问记录、养老服务合同、收据、签字折扣单等证据,对照吸收资金的数额,某养老公司非法吸收公众存款金额共计2493.01万元,已通过返还红包、消费补贴等方式支付回报给各集资参与人共计234.8845万元,故各集资参与人的经济损失共计2258.1255万元。

认定经济损失后,追赃挽损工作成为处理该类案件的重中之重。被告公司及被告人名下财产不足以退赔集资参与人经济损失时,如何最大程度为集资参与人追赃挽损是各集资参与人最关心的问题。经梳理银行流水、网上转账受理单、对公客户回单、账户交易明细单回单及证人证言等证据,发现某养老公司向社会不特定对象吸收资金234.8845万元后,扣除已通过返还红包、消费补贴等方式支付给集资参与人的回报,余款2258.1255万元犯罪所得已由某养老公司以购房款的名义给付某房地产公司。而某房地产公司作为某养老公司成立时的发起股东之一,在2016年参与非法吸收公众存款,且该公司的法定代表人、股东东某华同时又是某养老公司的实际控制人,故认定广西某房地产公司获取涉案2258.1255万元资金并非善意取得,广西某房地产公司明知某养老公司通过违法犯罪的手段向社会公众吸取资金仍然恶意收取并使用,依法应向广西某房地产公司追缴涉案2258.1255万元资金退赔给各集资参与人。该举措有效防止空判,破解追赃挽损困局,助力社会矛盾进一步化解。

编写人:广西壮族自治区北海市海城区人民法院　李新敏

33

不能仅靠被告人认罪认罚就认定其具有自洗钱行为的主观故意

——李某非法吸收公众存款案

【案件基本信息】

1. 裁判书字号

广东省潮州市中级人民法院（2022）粤51刑初13号刑事判决书

2. 案由：非法吸收公众存款罪

【基本案情】

2019年6月开始，被告人李某以其网店需要刷单为由，许诺高额利息及佣金，通过网络吸引吴某某等75人在其网络店铺进行虚假交易，后将钱款存放于其提供的微信、支付宝等账户，或以“转账单”“续单”等方式直接吸收吴某某等75人的存款。至2021年9月，被告人李某通过上述方式，先后吸收吴某某等75人资金共计人民币14345199元，其中付还本息共计6065400.19元，至案发还尚有被吸收的资金共计8279798.81元无法归还。

被告人李某于2021年9月25日到公安机关投案。

【案件焦点】

李某对公诉机关的指控认罪认罚，能否据此认定其具有自洗钱行为的主观故意。

【法院裁判要旨】

广东省潮州市中级人民法院经审理认为：被告人李某违反国家金融管理制

度，变相吸收公众存款，数额巨大，其行为扰乱了金融秩序，已构成非法吸收公众存款罪，应依法予以惩处。被告人李某犯罪以后自动投案，归案后能如实供述自己的罪行，是自首，且已偿还部分资金，依法予以从轻处罚；被告人李某认罪认罚，对其予以从宽处罚。据此，判决如下：

一、被告人李某犯非法吸收公众存款罪，判处有期徒刑四年六个月，并处罚金人民币500000元，限于本判决发生法律效力之日起十日内缴纳；

二、责令被告人李某自本判决发生法律效力之日起十日内退赔违法所得人民币8279798.81元给75名集资参与人（详见附表）；

三、随案移送的电脑主机一台、手机三部予以没收，上缴国库。

一审宣判后，判决已生效。

【法官后语】

准确认定洗钱罪，要坚持主观因素与客观因素相统一的刑事责任评价原则，“为掩饰、隐瞒上游犯罪所得及其产生的收益的来源和性质”和“有下列行为之一”（提供资金账户的；将财产转换为现金、金融票据、有价证券的；通过转账或者其他支付结算方式转移资金的；跨境转移资产的；以其他方法掩饰、隐瞒犯罪所得及其收益的来源和性质的）都是构成洗钱罪的必要条件，主观上具有掩饰、隐瞒犯罪所得及其产生的收益来源和性质的故意，客观上实施了掩饰、隐瞒犯罪所得及其产生的收益的来源和性质的行为，同时符合主客观两个方面条件的，应当承担刑事责任，并与上游犯罪数罪并罚。认定上游犯罪和自洗钱犯罪，都应当符合各自独立的犯罪构成，上游犯罪行为人完成上游犯罪并取得或控制犯罪所得后，进一步实施的掩饰、隐瞒犯罪所得及其产生的收益的来源和性质的行为，都属于自洗钱行为。本案的争议焦点是仅凭被告人认罪认罚能否认定被告人具有自洗钱行为的主观故意。

笔者认为，不能仅靠被告人李某认罪认罚及最后供述就认定其具有其主观上具有掩饰、隐瞒犯罪所得及其产生的收益来源和性质的故意，而应结合其供述变化和具体客观行为予以综合评判。理由如下：

1. 被告人李某在2022年10月9日之前的供述中提到转移120万元的目的

是“赚点钱来偿还利息”，直到2022年10月9日认罪认罚时才改称转移120万元的目的是“避免资金被冻结”和“不想把全部资金都返还给刷手”，在庭审时又供述目的是“投资再赚钱，也是以后自己可以做生意”，不管出于何种目的均不符合洗钱罪要求的将赃款来源和性质合法化的主观意图。且供述为“避免资金被冻结”和“不想把全部资金都返还给刷手”的目的明显和事实不符。李某在转账给邱某某后不断取回投资资金并归还各集资参与人，直到将投资的大部分金额取回并归还各集资参与人的行为，表明其主观故意并非为了将赃款的来源和性质合法化。

2. “自洗钱”的本质在于使犯罪所得及其产生的收益形成合法外观之新行为，从而具体地阻碍了对犯罪所得及其产生的收益来源的认定。本案中，被告人李某非法吸收公众存款罪后的投资行为，是对原先变相吸收公众存款行为的自然延续，并没有切断非法吸收公众存款的犯罪所得与集资参与人等资金支付方的关联，被告人李某并没有对集资参与人提出其投资所得与非法集资所得存在来源区分的抗辩理由；被告人李某不断收回投资资金并归还集资参与人的行为，更表明其投资行为并没有阻碍司法机关对其犯罪所得的认定，其行为不符合“自洗钱”的本质要求。

综上所述，被告人李某主观上不具有掩饰、隐瞒犯罪所得及其产生的收益来源和性质的故意，公诉机关指控被告人李某犯洗钱罪的事实不清，证据不足，依法不予认定。

对上游犯罪人员的自洗钱行为以洗钱罪追究刑事责任，是《中华人民共和国刑法修正案（十一）》根据反洗钱形势任务作出的重大调整，在办案过程中，我们需要完整把握刑法规定的犯罪构成条件，坚持主观因素与客观因素相统一的刑事责任评价原则，才能准确认定洗钱罪。非法吸收公众存款罪后的投资行为，往往是正常或单纯地利用不法利益的行为，是对原先变相或非法吸收公众存款行为的自然延续，并未造成金融秩序的紊乱，也未阻碍侦查机关侦查资金去向从而侵犯新的法益。

编写人：广东省潮州市中级人民法院 林书焕

34

非法吸收公众存款罪罚金刑从旧兼从轻原则的适用

——钱某某等非法吸收公众存款案

【案件基本信息】

1. 裁判书字号

北京市第二中级人民法院（2023）京02刑终306号刑事判决书

2. 案由：非法吸收公众存款罪

【基本案情】

被告人钱某某、杨某某、金某某、杜某某、李某于2012年至2019年3月，伙同刘某东等人（另案处理），以投资公司等公司、企业名义，在未经有关部门依法批准的情况下，通过媒体、客户见面会、电话、传单等途径向社会公开宣传，与投资人签订《债权转让及受让协议》等协议，以约定债权转让、线上理财等形式，承诺在一定期限内还本并支付高额回报，向社会公众吸收资金。经审计，钱某某参与非法吸收资金共计500余亿元，违法所得460余万元；杨某某参与非法吸收资金共计200余亿元，违法所得250余万元；金某某参与非法吸收资金共计300余亿元，违法所得90余万元；杜某某参与非法吸收资金共计500余亿元，违法所得100余万元；李某参与非法吸收资金共计900余亿元，违法所得50余万元。钱某某、杨某某、金某某分别于2020年10月9日、10月2日、10月8日被民警抓获到案；杜某某于2020年10月3日经民警电话传唤到案；李某于2020年10月9日到公安机关投案。案发后，钱某某已退赔920万元，杨某某已退赔504万元，金某某已退赔285万元，杜某某已退赔205万元，李某已退赔78.33万元。上述钱款部分扣押于侦查机关，部分扣押于北京市东城区人民法院。

【案件焦点】

《中华人民共和国刑法修正案（十一）》施行之前实施的非法吸收公众存款犯罪，法院是否需适用《最高人民法院关于审理非法集资刑事案件具体应用法律若干问题的解释》第九条关于罚金刑的规定。

【法院裁判要旨】

北京市东城区人民法院经审理认为：被告人钱某某、杨某某、金某某、杜某某、李某违反国家金融管理法律规定，伙同他人向社会不特定对象吸收资金，数额巨大，其行为破坏了金融管理秩序，均已构成非法吸收公众存款罪，依法应予惩处。鉴于被告人钱某某、杨某某、金某某、杜某某、李某均能自愿认罪认罚、积极退赔赃款，且杜某某有自首情节，分别对钱某某、杨某某、金某某、李某从宽处罚，对杜某某减轻处罚。故，判决：

一、被告人钱某某犯非法吸收公众存款罪，判处有期徒刑四年，并处罚金人民币 4 万元；

二、被告人杨某某犯非法吸收公众存款罪，判处有期徒刑三年，并处罚金人民币 3 万元；

三、被告人金某某犯非法吸收公众存款罪，判处有期徒刑三年，并处罚金人民币 3 万元；

四、被告人杜某某犯非法吸收公众存款罪，判处有期徒刑二年六个月，并处罚金人民币 3 万元；

五、被告人李某犯非法吸收公众存款罪，判处有期徒刑三年，并处罚金人民币 3 万元；

六、责令被告人钱某某、杨某某、金某某、杜某某、李某共同退赔投资人经济损失；

七、在案扣押的被告人钱某某退赔款人民币 460 万元、被告人杨某某退赔款人民币 252 万元、被告人金某某退赔款人民币 85 万元并入退赔项执行，未随案移送的扣押款物由扣押机关依法处理。

北京市东城区人民检察院提出抗诉，钱某某、杨某某、金某某、杜某某提出上诉。

北京市第二中级人民法院经审理认为：上诉人钱某某、杨某某、金某某、杜某某、原审被告人李某违反国家金融管理法律规定，伙同他人向社会不特定对象吸收资金，数额巨大，其行为破坏了金融管理秩序，均已构成非法吸收公众存款罪，依法应予惩处。鉴于钱某某、杨某某、金某某、杜某某、李某均能如实供述主要犯罪事实，自愿认罪认罚、积极退赔赃款，且杜某某有自首情节，依法可对钱某某、杨某某、金某某、李某从宽处罚，对杜某某减轻处罚。原判定罪正确，审判程序合法，但对钱某某、杨某某、金某某、李某判处罚金均低于1997年《中华人民共和国刑法》第一百七十六条之规定，属于适用法律错误，依法应予改判。据此，判决如下：

一、维持北京市东城区人民法院（2022）京0101刑初1号刑事判决主文第四项、第六项；

二、撤销北京市东城区人民法院（2022）京0101刑初1号刑事判决主文第一项、第二项、第三项、第五项、第七项；

三、上诉人钱某某犯非法吸收公众存款罪，判处有期徒刑四年，并处罚金人民币12万元；

四、上诉人杨某某犯非法吸收公众存款罪，判处有期徒刑三年，并处罚金人民币10万元；

五、上诉人金某某犯非法吸收公众存款罪，判处有期徒刑三年，并处罚金人民币10万元；

六、原审被告人李某犯非法吸收公众存款罪，判处有期徒刑三年，并处罚金人民币10万元；

七、在案扣押的被告人钱某某退赔款人民币460万元、被告人杨某某退赔款人民币252万元、被告人金某某退赔款人民币85万元并入退赔项、罚金项执行，未随案移送的扣押款物并入罚金项执行，余款由扣押机关依法处理。

【法官后语】

本案非法吸收公众存款的犯罪事实均发生在2021年3月1日《中华人民共

和国刑法修正案（十一）》施行之前，应适用1997年《中华人民共和国刑法》第一百七十六条第一款关于罚金刑的规定。

本案的争议焦点为，《中华人民共和国刑法修正案（十一）》施行之前实施的非法吸收公众存款犯罪，法院在2022年3月以后作出裁判的，是否需适用2022年2月修改的《最高人民法院关于审理非法集资刑事案件具体应用法律若干问题的解释》（以下简称《2022年非法集资解释》）第九条关于罚金刑的规定。一审对杜某某判处有期徒刑二年六个月，并处罚金3万元，其罚金刑符合1997年《中华人民共和国刑法》第一百七十六条第一款的规定，但不符合《2022年非法集资解释》第九条的规定，对其罚金刑适用是否适当。

1997年《中华人民共和国刑法》第一百七十六条第一款规定，非法吸收公众存款或者变相吸收公众存款，扰乱金融秩序的，处三年以下有期徒刑或者拘役，并处或者单处2万元以上20万元以下罚金。《2022年非法集资解释》第九条规定，判处三年以下有期徒刑或者拘役，并处或者单处罚金的，处5万元以上100万元以下罚金。根据《最高人民法院、最高人民检察院关于适用刑事司法解释时间效力问题的规定》，对于司法解释实施前发生的行为，行为时没有相关司法解释，司法解释施行后尚未处理或者正在处理的案件，依照司法解释的规定办理；对于新的司法解释实施前发生的行为，行为时已有相关司法解释，依照行为时的司法解释办理，但适用新的司法解释对犯罪嫌疑人、被告人有利的，适用新的司法解释。

本案非法吸收公众存款犯罪行为发生于《中华人民共和国刑法修正案（十一）》施行之前。2010年《最高人民法院关于审理非法集资刑事案件具体应用法律若干问题的解释》没有规定非法吸收公众存款罪的罚金刑适用标准。本案原则上应适用1997年《中华人民共和国刑法》第一百七十六条和《2022年非法集资解释》的相关规定，但是在罚金刑的司法适用上，《2022年非法集资解释》第九条与1997年《中华人民共和国刑法》第一百七十六条关于限额罚金制的规定相比，大幅提升了罚金刑数额标准，属于不利于被告人的规定。根据《中华人民共和国刑法》从旧兼从轻原则及《最高人民法院、最高人民检察院关于适用刑事司法解释时间效力问题的规定》的精神，对于在2021年3月《中华人民共和国刑法修正案（十一）》施行之前实施的非法吸收公众存款犯罪，法院应当直接依据1997年《中华人民共和国刑法》第一百七十六条规定的罚金刑档次进行处罚，不需要适用《2022年非法集资解释》第九条关于罚金刑的规定。

编写人：北京市第二中级人民法院　丛卓义　邵泓斐

35

私募基金型非法集资犯罪的认定

——徐某某非法吸收公众存款案

【案件基本信息】

1. 裁判书字号

山东省济南市中级人民法院（2022）鲁01刑终379号刑事裁定书

2. 案由：非法吸收公众存款罪

【基本案情】

2010年1月25日，张某某注册成立投资公司，后变更为投资集团。自2015年以来，投资集团以发行私募基金的名义，通过召开沙龙会议或口口相传等方式，承诺高额收益，违规发行私募基金产品募集资金，伪造盈利数据，虚构盈利假象，向社会不特定公众非法吸收资金。在资金兑付出现困难后，继续向社会公众募集资金，用于补偿前期产品的资金缺口。

被告人徐某某于2015年6月到投资集团任职。其间，违反私募基金相关法律法规规定，以口口相传等方式，向社会不特定公众公开宣传投资集团的私募基金产品。经审计，徐某某在职期间推介客户42人，相应非法吸收公众存款为531340000元，其中23人损失303808396.86元。徐某某任营业部主管（团队长）期间，所管理的客户经理推介客户 91 人，在徐某某任职期间非法吸收公众存款为 882000000 元，其中 66 人损失 638445578.73 元。

徐某某在职期间自投资集团领取佣金 17069100 元。

综上，徐某某非法吸收公众存款数额共计 1413340000 元。

【案件焦点】

1. 如何界定一般私募违法行为与虚假私募；2. 虚假私募构成非法集资的认定。

【法院裁判要旨】

山东省济南市历下区人民法院经审理认为：被告人徐某某违反国家金融管理法规，非法吸收公众存款，扰乱金融秩序，数额巨大，其行为构成非法吸收公众存款罪。依照《中华人民共和国刑法》第一百七十六条第一款、第六十四条之规定，以非法吸收公众存款罪，判处徐某某有期徒刑六年，并处罚金 15 万元；追缴徐某某非法所得 1706.91 万元，按比例发还集资参与人。

一审宣判后，被告人徐某某提出上诉，主要上诉理由为，其认为投资集团是正规的私募基金，其只是在推介私募基金过程中出现违规行为，不应对其进行刑事处罚；其未公开宣传，未承诺还本付息或给付回报，其行为不属于非法吸收公众存款。

山东省济南市中级人民法院经审理认为：一审判决定罪准确，量刑适当，审判程序合法，依照《中华人民共和国刑事诉讼法》第二百三十六条第一款第一项之规定，裁定：

驳回上诉，维持原判。

【法官后语】

本案的重点是对私募基金是否构成非法集资的审查。募集资金是否属于非法集资应严格依据非法集资的“非法性、公开性、利诱性、公众性”进行把关。但因私募基金这一金融方式的独特性，其“四性”把握具有相应特征。

私募基金型非法集资“非法性”的认定应着重把握借用合法经营的形式吸收资金这一判断标准。我国私募基金采用登记备案制，因登记备案相较于行政审批更为容易，未申请登记的基金管理人较为罕见，以形式判断标准即未经有关部门依法批准来认定非法性欠缺现实土壤，此时应审查其行为是否属于借用合法经营形式吸收资金，从具体行为本质进行非法性实质判断，即如果突破了私募基金私募性特征或对象特定性特征等，即从本质上否定私募基金性质，直接认定为借用合法经营形式吸收资金。当然，如果未依法登记而自行以私募基金的名义募集资金，直接以形式判断标准认定其具有非法性。

私募基金型非法集资“公开性”的认定应把握宣传方式是否系主动公开宣传，这里既包括为通过媒体、推介会、传单、手机短信等途径向社会宣传、口口相传等传统的非法集资宣传模式，还应注意私募基金本身的特殊性。《私募投资基金监督管理暂行办法》中规定只能向风险识别能力和风险承担能力相匹配的投资者推介私募基金，然而，实践操作中部分私募机构采用问卷调查等方式对投资者进行风险评估，之后规避合格投资者的法律要求，对不达标的客户以合户、代持等方式变通募资，这种情况下，其销售选择、能力评估的行为就背离评估本义，变异为公开宣传，足以认定该募资行为具有公开性。

私募基金型非法集资“利诱性”的认定应着重把握是否存在还本付息、给付回报的承诺及其他变相承诺。私募基金本身属于一种自由选择、盈亏自负的投资方式，《私募投资基金监督管理暂行办法》明确规定私募基金管理人、私募基金销售机构不得向投资者承诺投资本金不受损失或者承诺最低收益，并应制作风险揭示书告知风险。本案中，部分私募基金机构宣称其告知投资后果自负并签署风险告知书等，但又存在鼓吹盈利能力、告知“稳赚不赔、从未亏损、历年收益率非常高”，出具历史收益表等明示或暗示情形的，其实质仍是变相承诺不会亏损，保本付息，足以认定该募资行为具有利诱性。

私募基金型非法集资“公众性”的认定应把握是否违背私募基金合格投资者这一核心要求。私募基金的本质是以特定目标群体募集资金，与非法集资天然相斥，《私募投资基金监督管理暂行办法》以资产数额、年均收入、特定身份等方面对私募基金合格投资者作出强制规定，突破上述规定就背离了私募基金的本质特征，架空私募的特定条件，进而转化为向不特定公众募集资金。私募基金型非法集资案件中，行为人以合户、代持等方式变通募资，任意扩大私募范围等方式，使得募资对象由特定目标群体变为不特定公众，这种情况应认定具有公众性。

本案中，在非法性方面，相关基金产品在登记、管理、记账，使用、投资者审查等多方面均存在大量不合规情况，属于借用合法经营的形式吸收资金，足以认定具有非法性；在公开性方面，投资集团以召开会议或口口相传等方式进行宣传，徐某某主动联系、鼓动投资、放纵口口相传，且将筛选合格投资者的行为架空、异化为对私募基金的宣传，具有公开性；在利诱性方面，投资集团和徐某某鼓吹投资集团盈利能力强，出具历史收益表，明示或暗示客户“稳赚不赔”，具有利诱性；在公众性方面，对达不到投资门槛的客户，徐某某以合户、代持的方式进行“拼单投资”，将私募转化为向不特定公众募资。综上，法院认定是以私募基金之名行非法集资之实，结合其没有非法占有目的，最终认定徐某某的行为构成非法吸收公众存款罪。

编写人：山东省济南市中级人民法院　李广大

36

利用未兑现利好型内幕信息获利的违法所得的认定及量刑考量

——李某某、王某某内幕交易案

【案件基本信息】

1. 裁判书字号

北京市第三中级人民法院（2022）京 03 刑初 63 号刑事判决书

2. 案由：内幕交易罪

【基本案情】

2015 年 7 月至 8 月，被告人李某某、王某某分别伙同 A 公司法定代表人赵某某（已死亡），在 A 公司以拟支付现金方式购买 B 公司 100%股权信息公开披露前，交易 A 公司股票。其中，被告人李某某操作其借用的他人证券账户买入 A 公司股票 1801073 股，成交金额共计人民币 2454 万余元，获利人民币 890 余万元。被告人王某某操作其本人以及他人证券账户买入 A 公司股票 102.5 万股，成交金额共计人民币 1335 万余元，获利人民币 209 万余元。经相关监管机关认定，A 公司公告的上述重大资产重组事项属于《中华人民共和国证券法》规定的内幕信息，内幕信息敏感期为 2015 年 6 月 30 日至 2015 年 12 月 15 日，赵某某为内幕信息知情人。被告人王某某、李某某经民警电话通知，分别于 2021 年 10 月 20 日、10 月 21 日到案。被告人李某某退缴违法所得人民币 897.184769 万元，被告人王某某退缴违法所得人民币 209 万元。

【案件焦点】

利用利好型内幕信息提前买入股票，但利好信息未兑现，信息公布后一段时间全部抛售并实际获利的，违法所得如何认定。

【法院裁判要旨】

北京市第三中级人民法院经审理认为：被告人李某某、王某某分别伙同他人，在涉及对证券交易价格有重大影响的信息尚未公开前，利用该内幕信息进行证券交易，二被告人的行为均已构成内幕交易罪，情节特别严重，依法均应予惩处。鉴于被告人李某某、王某某在与他人共同犯罪中起次要、辅助作用，系从犯，且如实供述主要犯罪事实，自愿认罪认罚，违法所得已全部退缴在案，法院依法对二人减轻处罚并适用缓刑。被告人李某某、王某某在行政处罚阶段已退缴部分违法所得，并缴纳罚款，在量刑时可对其二人酌予从轻处罚，已缴纳的罚款可折抵罚金。对于被告人李某某、王某某的辩护人所提从宽处罚及适用缓刑的相关辩护意见，法院酌予采纳。违法所得是指通过内幕交易行为所获得的利益或者避免的损失。本案中，被告人李某某、王某某利用利好内幕信息集中提前买入A公司股票，虽然利好信息未兑现，但卖出A公司股票时间距离复牌公告时间较短，卖出A公司股票获利与此前买入的违法行为具有因果关系，应当将二被告人卖出A公司股票实际获利金额认定为违法所得。故，对上述辩护意见，法院不予采纳。据此，判决如下：

一、被告人李某某犯内幕交易罪，判处有期徒刑三年，缓刑五年，并处罚金人民币1000万元；

二、被告人王某某犯内幕交易罪，判处有期徒刑二年，缓刑三年，并处罚金人民币300万元；

三、被告人李某某退缴在案的违法所得人民币8304241.33元，依法没收，上缴国库。退缴在案剩余人民币667606.36元，用于执行本判决主文第一项财产刑；

四、被告人王某某退缴在案的违法所得人民币1486315.07元，依法没收，上缴国库。退缴在案剩余人民币603684.93元，用于执行本判决主文第二项财产刑。

案件宣判后，判决已生效。

【法官后语】

违法所得是内幕交易案件中需要查明的重要事实。《最高人民法院、最高人民检察院关于办理内幕交易、泄露内幕信息刑事案件具体应用法律若干问题的解释》规定，违法所得是指通过内幕交易行为所获利益或者避免的损失，但并未对违法所得的认定确立一个总的原则。《中华人民共和国刑法》关于泄露内幕信息、内幕交易罪对罚金的规定是以违法所得为计算基础的，即并处或者单处违法所得一倍以上五倍以下罚金。因此，如何计算违法所得，对内幕交易立案追诉标准、"情节特别严重"的判断以及罚金刑的适用，至关重要。实务中，违法所得的认定常常成为争议焦点与审理难点。

根据内幕信息对内幕交易的影响，可以将内幕信息分为利好型内幕信息和利空型内幕信息。以股票买卖为例，内幕信息知情人员进行内幕交易，其必然是在掌握利好信息时买入股票以谋取股票上涨的利益，也必然是在掌握利空信息时卖出股票以避免股票下跌的损失。[①] 对利好型内幕信息在复牌后兑现的，因复牌后的获利均与利用内幕交易存在因果关系，故不论在复牌日还是复牌日之后抛售股票，均应以抛售后的实际获利认定为内幕交易的违法所得。实践中，违法所得的计算，应以内幕交易行为终止日、内幕信息公开日、行政调查终结日或其他适当时点为基准日期。但当利好型内幕信息因重组失败等原因而未兑现，如何认定内幕交易的违法所得，确定违法所得计算的基准日期，素有较多争议。笔者认为应当坚持实际获利标准，内幕信息对市场的影响是复杂的，是否存在内幕信息影响力耗尽、其他市场介入因素通常难以判断，内幕交易造成的违法后果难以被简单剥离，不能仅因利好信息未兑现就认定因果关系中断；且行为人在利好消息未兑现的情况下选择继续持有股票，并不能排除其是为避免立即抛售股票获利可能面临处罚的情况，也不能就此认定行为人仅因市场供求因素和个人投资决策选择继续持有的想法。

本案即符合利用未兑现利好型内幕信息获利的情形。被告人李某某、王某某分别于2015年8月4日至17日、2015年7月1日至8月28日即内幕信息敏感期内买入A公司股票，8月29日A公司公告停牌，12月15日A公司公告重组消息，后重组失败，A公司股票于2016年1月5日复牌。被告人李某某、王某某分别于2016年3月8日至4月25日、2016年3月3日卖出持有的A公司股票，此时分别盈利898万余元、209万余元。对于违法所得的计算，控辩双方争议较大。公诉机关以被告人卖出股票实际获利计算违法所得，辩护人则认为，A公司于2015年8月29日公告资产重组进行停牌，于2016年1月5日复牌，其间发布终止重组的公告，因为重组终止故并未对市场产生直接影响，应按照复盘日的收盘价计算违法所得，按照该价格计算，本案不存在违法所得。笔者认为，二被告人利用利好型内幕信息集中买入A公司股票，该行为已是违法行为，后卖出时间距离复牌公告仅两三个月，时间较短，二被告人的违法行为已经对证券市场产生了一定影响，此期间持有的增值不能归属于不法分子，

① 罗开卷：《利好型内幕信息复牌后未兑现的违法所得认定》，载《人民司法》2014年第8期。

应属于自然增值，且在此短时间内并无证据显示有其他市场介入因素，故应将二被告人实际卖出股票获利金额认定为违法所得数额。

编写人：北京市第三中级人民法院　方玉　李若柳

37

内幕信息形成时间以相关事实在何时具备很大实现可能性为实质认定标准

——顾某内幕交易案

【案件基本信息】

1. 裁判书字号

上海市第一中级人民法院（2021）沪 01 刑初 95 号刑事判决书

2. 案由：内幕交易罪

【基本案情】

2016 年下半年，某基金对外物色持有信托牌照的收购对象，并接触多家信托公司，但均未谈判成功。2016 年 12 月，被告人顾某向某基金董事长韩某提议收购某集团股权事宜。之后，韩某、顾某与某 1 集团实际控制人钱某、某公司董事长闵某等人，针对合作收购某集团事宜多次商谈，并决定由某基金、某 1 集团及顾某共同增资顾某担任法定代表人的某企业，并通过某企业收购某集团的具体方案。2017 年 1 月下旬至 4 月中旬，某企业与其一致行动人某基金国际分别通过集中竞价系统购入某集团股票，持有某集团 5% 股份。同年 4 月 16 日，某集团发布公告《某企业及其一致行动人某基金国际增持计划》，并于次日停牌，直至同年 8 月 2 日复牌。在上述内幕信息敏感期内，顾某于 2016 年 12 月 28 日至 2017 年 2 月 13 日，多次联系其朋友魏某代为操作顾某本人名下证券账户，并使用顾某自有资金买入某集团股票共计77.2万余股，交易金额977.7万余元，非法获利31.6万余元。

【案件焦点】

如何认定内幕信息的形成时间。

【法院裁判要旨】

上海市第一中级人民法院经审理认为：

1. 应将被告人顾某提议某基金收购某集团股权的初始时间作为内幕信息形成时间。在案证据证明，顾某得知某基金对外物色持有信托牌照的收购对象时，即建议某基金收购持有信托等多块金融牌照的某集团，顾某作为影响内幕信息形成的动议、筹划人员，其动议、筹划的初始时间，应当认定为内幕信息的形成时间。

2. 被告人顾某提议某基金收购某集团股权的初始时间不晚于2016年12月。理由是：（1）证人钱某某、董某某、韩某、闵某等人的证言证明，顾某系在2016年12月初某次饭局上向韩某提议通过收购某集团股权的方式获取信托牌照。2016年12月至2017年1月，前述人员多次就收购方案、计划进行商讨。（2）证人韩某、董某某等人称与顾某参加第一次饭局的时间为2016年11月中旬，之后不久又与顾某参加了第二次饭局，顾某在第二次饭局上明确提出了收购某集团股权的建议。

3. 监管机关认定的内幕信息形成时间不晚于2017年1月18日并非动议时间，而是筹划、决策时间。经查，2017年1月15日，某基金国际就收购某集团进行立项；同年1月19日，某基金投资团队提交审议收购某集团股权的可行性报告。显然，前述时间不可能是动议的时间。

被告人顾某作为内幕信息知情人员，在对证券交易价格有影响的重大信息尚未公开前，买入、卖出该证券，情节严重，其行为已构成内幕交易罪。上海市第一中级人民法院综合考虑顾某具有立功、退赔等情节，故对其以内幕交易罪判处有期徒刑一年六个月，并处罚金人民币158万元。

案件宣判后，判决已生效。

【法官后语】

一、内幕信息形成时间认定的一般判断规则

内幕交易是"抢跑行为"，有效的信息传递和公平的信息竞争是证券市场健康发展的基础，内幕交易犯罪的实质危害在于行为人利用其可以提前获悉内幕信息的信息优势从事证券交易，滥用了应及时向市场所有参与者披露信息的经济价值，严重破坏证券市场交易秩序，损害其他投资者的利益。据此，行为人既然是利用信息优势，则其从事证券交易行为所基于的信息应当具有较高程度的确定性，也就是说，内幕信息形成时间应是相关事实具备很大实现可能性之时。

"具备很大实现可能性"标准可以平衡保护法益的根本目的和刑法谦抑的基本理念，若将相关事实确定发生作为内幕信息形成时间，则在相关事实筹划发展过程中根据掌握信息线索内心确信事实确定发生的人员就难以纳入打击范围，不利于保护法益；若将相关事实仅有可能发生视为内幕信息形成，则可能会有一些利用高度不确定信息进行交易的高风险行为被纳入打击范围，有违刑法谦抑原则。在具体案件中适用该标准时，还要考虑到市场交易行为总是对信息提前反应，而且为了有效压缩内部交易时间、预防内幕交易犯罪发生，对于存在模糊地带的案件，应当坚持价值判断，采取从严认定思路，将内幕信息形成时间适度提前认定。

二、并购重组中内幕信息形成时间的具体判断规则

内幕信息类型复杂，涉及不同的商业行为，可以分类型讨论内幕信息形成时间认定的细化规则。并购重组领域是我国内幕交易犯罪案件的重灾区，依照上述"具有很大实现可能性"标准，可以将并购拟交易双方确定的时间认定为内幕信息形成时间，但是由于具体案件情况较为复杂，有必要根据汇报过程、审批情况等分别讨论。

一是对于"由下至上"汇报讨论型的并购重组案件，原则上以双方高层达成合作意向为内幕信息形成时间。"由下至上"是指先由具体负责人员考察走访了解情况，再将相关信息向管理层汇报，双方管理层由此见面接触并形成合

作意向。这类案件中，由于具体情况已经进行调查分析，各方具体负责人员也会将相关情况向各自管理层汇报，一方提出管理层见面协商，另一方管理层表示同意，且双方在见面商谈后达成合作意向的，后续就是具体工作的落实，可以视为相关事实具有很大实现可能性。

二是对于“由上至下”落实部署型的并购重组案件，原则上以居于主动地位方高层开展客观可见的工作为内幕信息形成时间。“由上至下”是指公司高层先动议，后召集下属并就是否可行、如何实施等具体问题进行讨论。这类案件中，由于公司高层具有决定权，故其决议实施的事项具有实现的较大可能性，但是要达到很大可能性，还需要相关事项具备客观上的可操作性。需要说明的是，以上仅适用于居于主动地位一方，若并购重组需要对方同意才可以实施的，则仍需要双方高层达成合作意向。

三是对于需经监管部门审批才能开展的并购重组案件，原则上以审批通过作为内幕信息形成时间。对于某些国有公司开展并购重组事宜，需要经主管部门批准方可实施，则在主管部门批准之前，并购重组能否开展存在高度不确定性，故应以主管部门同意或者向主管部门汇报作为内幕信息形成时间。

本案就属于由上至下落实部署型的并购重组案件，某基金决议对外物色持有信托牌照的收购对象。2016 年 12 月上旬，被告人顾某作为某基金子公司的股东及法定代表人，向某基金董事长韩某提议收购某集团股权以获取某集团信托牌照，韩某表示同意，且现有证据证明韩某与顾某、钱某某等人亦于 2016 年 12 月上旬商讨具体收购方案。据此，韩某作为收购方董事长因顾某提议而决定收购某集团，并召集下属商讨具体收购方案，并且收购方式为集中竞价，其居于主动地位，故应当以韩某同意顾某提议并商讨收购方案作为内幕信息形成时间。

编写人：上海市第一中级人民法院　李长坤　张金玉

38

场外配资行为及配资人员自行交易的刑法规制与责任承担

——黄某、王某等操纵证券市场案

【案件基本信息】

1. 裁判书字号

上海市高级人民法院（2023）沪刑终55号刑事裁定书

2. 案由：操纵证券市场罪

【基本案情】

2020年5月起，被告人黄某指使其操盘团队人员被告人黄某1、王某某、周某某、姜某等人集中资金优势，使用施某、严某（均另案处理）、被告人王某等人提供的证券账户连续交易“某科技”股票，至2020年8月31日，形成持股优势。2020年10月，黄某为继续操纵“某科技”股票，又从李某、林某（均另案处理）等人处获取资金及相关证券账户，用于该股票的证券交易。2021年1月，在“某科技”股票价格下跌的情况下，黄某通过李某、林某联系相关金融机构人员买入并锁定流通股份，当月机构方陆续买入“某科技”股票。2021年3月10日，黄某操盘团队及机构方大量卖出“某科技”股票，当日上述证券账户持有“某科技”流通股份数量占该证券实际流通股份总量的比例从逾11%大幅下降至约4%，至2021年6月30日降至约1%。

在上述操纵过程中，黄某在操盘团队内全面负责决策、指挥操盘交易，同时寻找配资方，安排保证金、补仓款等资金划转事宜，还通过中间人联系金融机构买入“某科技”股票；王某通过“A”分仓软件向黄某提供与54个个人证券账户关联的分仓账户及配资资金，并约定参与部分分仓账户交易的利润分成，为黄某从李某、林某处获取资金提供担保，代为向相关金融机构人员支付“好处费”等；黄某1、王某某、周某某、姜某根据黄某的指令下单交易证券、对接配资账户风控事宜、操盘团队的财务、后勤事宜等。

经审计，2020年8月31日至9月11日连续10个交易日及2020年11月4日至2021年3月9日连续84个交易日，黄某操盘团队控制的证券账户持有“某科技”流通股份数量达到该证券实际流通股份总量的10%以上，任意连续10个交易日的累计成交量达到同期该证券总成交量20%以上，其中2020年12月25日至2021年2月18日任意连续10个交易日的累计成交量达到同期该证券总成交量的50%以上。2020年8月31日至9月11日，涉案账户交易获利103万余元；2020年11月4日至2021年3月9日，涉案账户交易亏损1753万余元；共计亏损1650万余元。

【案件焦点】

1. 王某明知黄某等人操纵股票，作为配资方之一向黄某提供绑定个人证券账户的分仓账户及配资，应如何确定其罪名及情节；2. 王某在黄某等人操纵期间利用分仓账户绑定的个人账户自行交易同一股票，其自行交易的部分是否应计入全案操纵的交易量，黄某、王某等人对此如何承担责任。

【法院裁判要旨】

上海市第一中级人民法院经审理认为：被告人黄某伙同被告人黄某1、王某某、姜某、周某某等人组建操盘团队，通过被告人王某等人获取大量配资及证券账户，集中资金优势、持股优势连续买卖或者联合买卖“某科技”股票，操纵证券市场，影响该证券的交易价格和交易量，情节特别严重，其行为均已构成操纵证券市场罪，且系共同犯罪。其中，王某明知黄某等人操纵证券市场，提供配资并参与拉取配资等，具有操纵证券市场的共同故意，且对黄某等人的操纵情节可能达到情节特别严重具有概括的认识，王某应对黄某等人操纵的全案情节承担共犯责任；黄某希望或放任王某自行购买同一股票以抬升股价，未对王某提供的证券账户内交易量异常质疑，黄某对王某自行交易的情况应具有概括的认知，故王某自行交易的部分应计入共同犯罪的交易量，王某与黄某等对此应共同承担责任。据此，依法判决：

一、被告人黄某犯操纵证券市场罪，判处有期徒刑五年六个月，并处罚金人民币 100 万元；连同前罪犯逃汇罪，判处有期徒刑一年六个月，决定执行有期徒刑六年三个月，并处罚金人民币 100 万元；

二、被告人王某犯操纵证券市场罪，判处有期徒刑四年，并处罚金人民币 100 万元；

三、被告人黄某 1 犯操纵证券市场罪，判处有期徒刑一年三个月，并处罚金人民币 20 万元；

四、被告人王某某犯操纵证券市场罪，判处有期徒刑一年三个月，并处罚金人民币 10 万元；连同前罪犯逃汇罪，判处有期徒刑一年，决定执行有期徒刑一年九个月，并处罚金人民币 10 万元；

五、被告人姜某犯操纵证券市场罪，判处有期徒刑一年三个月，并处罚金人民币 10 万元；

六、被告人周某某犯操纵证券市场罪，判处有期徒刑一年六个月，缓刑二年，并处罚金人民币 10 万元；

七、违法所得予以追缴，犯罪工具予以没收。

一审判决后，王某提出上诉，称其系从犯，原判量刑过重。

上海市高级人民法院经审理认为：原判的意见正确，应予支持。依照《中华人民共和国刑事诉讼法》第二百三十六条第一款第一项之规定，裁定：

驳回上诉，维持原判。

【法官后语】

一、明知他人操纵证券市场仍然为其配资，具有操纵证券市场的共同故意，通常以操纵证券市场罪共犯论处；对全案操纵情节有概括认知的，提供部分配资亦对全案交易情节承担共犯责任

（一）明知他人操纵证券市场仍然为其配资，通常以操纵证券市场罪共犯论处

场外配资是指通过所谓的借款协议等，约定将自有资金出借给融资方用于

交易股票，在资产市值达到平仓线后强行卖出股票以偿还本息的行为。按照《中华人民共和国证券法》的有关规定，场外配资行为属于融资融券业务，而融资融券属于国家特许经营的金融业务，需要经过监管部门批准并获得业务许可，未经依法批准，任何单位和个人非法从事配资业务均具有行政违法性。依据《中华人民共和国刑法》第二百二十五条的规定，违反国家规定，未经国家有关主管部门批准非法经营证券业务，扰乱市场秩序，情节严重的，应以非法经营罪论处。同时，按照刑法共同犯罪的一般理论，配资人员明知他人操纵证券市场仍然为其配资，其主观上具有操纵证券市场的共同故意，客观上实施了积极提供配资帮助的行为，成立操纵证券市场的共犯。据此，场外配资行为的刑法规制中，可能构成非法经营罪，也可能构成操纵证券市场罪的共犯，同时构成两罪时，根据想象竞合犯的处理规则，择一重罪处理，轻重程度相当则可结合全面评价配资人员的犯罪事实、性质、参与程度、社会危害程度等做出判断。

本案被告人王某向黄某提供配资的方式是将与个人账户随机绑定的虚拟分仓账户交由黄某团队使用，分仓账户中仅能交易"某科技"这一只特定的股票，且王某多次前往黄某操盘交易室，知晓黄某团队使用多个手机下单，故对于黄某团队以规避监管的手法交易"某科技"股票应系明知；王某自2020年9月起与黄某用电话或语音方式进行风控对接规避监管，收到配资账户交易警示函后明知违法仍然继续提供配资。综上，王某明知黄某团队操纵证券市场，仍向黄某提供或促成大量配资，以拉抬股价牟取利益，还与黄某约定了部分配资账户的利益分成，其主观上具有操纵证券市场的共同故意，客观上实施了积极提供帮助的行为，依法应以操纵证券市场罪的共犯论处。

（二）对全案操纵情节有概括认知的，提供部分配资对全案交易情节承担共犯责任

在操纵证券犯罪中，操纵团伙的资金通常来自多个、多层资金方，可能包括配资公司、大配资中介、小配资中介以及民间个人资金提供方，上述资金共同组成操纵资金，得以形成资金优势、持仓优势，实现连续交易等操纵证券市场行为。具言之，客观上，无论是何一层级的配资方，其提供的配资资金均是

操纵资金的重要组成部分，割裂评价任何一方资金可能尚不足实现操纵的效果，甚至达不到入罪标准；主观上，配资人员对操纵人员可能会寻求其他渠道的配资应具有概括的认识，且对此采取希望或放任的主观心理态度。因而操纵证券市场犯罪中的配资行为，不同于传统共同犯罪中帮助行为的犯罪数额、情节以其所提供的帮助部分为限，组成全案操纵情节的配资难以割裂评价，提供部分配资，亦应对全案交易情节承担共犯责任。

本案中，虽然王某（以及其他配资提供人）为黄某团队提供配资的资金是黄某团队操纵证券市场的一部分，但其对于黄某团队操纵证券有概况的共同故意，也应当能够认识到黄某团队操纵证券市场存在达到情节特别严重的可能，故情节特别严重并未超出王某的犯意，王某应当承担操纵证券市场情节特别严重的相应责任。

二、明知他人操纵证券市场提供配资又自行交易所操纵股票，操纵人员对此有概括认识的，相关交易量计入共同操纵的交易量，自行交易的配资人员与操纵人员对此承担共同操纵责任

（一）配资人员明知且自行交易所操纵股票，自行交易部分未超出配资一方共同操纵证券市场的主客观范畴

配资人员同时自行交易所操纵证券，争议的焦点在于该自行交易部分是否具有共同操纵的主观故意。按照刑法的基础理论，共同犯罪故意包含三层含义：一是共同犯罪人认识到自己不是孤立地实施某一犯罪，而是同他人共同实施这一犯罪；二是共同犯罪人预见到共同犯罪行为的性质以及行为所引起的危害结果；三是共同犯罪人对共同犯罪所引起的危害结果都抱有希望或者放任的态度。当配资人员明知他人实施操纵证券市场而同时自行交易所操纵证券时，其首先认识到他与操盘人员均在连续交易该证券，其次其对上述行为违反相关法律法规势必破坏了证券市场交易秩序等也有所认识，最后，其追求所交易证券上涨盈利，表明其希望或放任上述危害后果。综上，可以认定其具有共同操纵的主观故意。关于其没有共同操纵故意而仅仅追求投资盈利的意见，笔者认为，对明知他人操纵证券的配资人员而言，自行交易所操纵股票追求投资盈利目的实现是建立在希

望或放任他人操纵该股票抬升股价的前提基础上的，因而不足以此否认其共同操纵该股票的主观故意。但倘若配资人员不知他人的操纵证券或不具体知晓所操纵证券，仅仅是提供资金帮助收取配资利息，自行交易所操纵证券系出于其他渠道信息或事由的，则不足以认定其主观上具备共同操纵证券市场的故意。

本案的被告人王某，不仅明知黄某等人操纵“某科技”股票，其提供大量配资及账户之外还与黄某约定了部分账户的利益分成等，显然其主观上除了追求配资利息，还希望操纵抬升“某科技”股价盈利，其同时自行交易“某科技”股票，未超出其共同操纵“某科技”的主客观范畴，应对相关交易量承担操纵证券市场的共犯责任。

（二）操纵人员对配资人员自行交易所操纵股票有概括认识的，共同承担责任

对于操纵人员对配资人员自行交易所操纵证券是否承担共犯责任，关键在于操纵人员对配资人员自行交易部分是否存在认识，也即是否明知配资人员自行交易所操纵证券。操纵人员明知配资人员自行交易所操纵证券的，表明其认识到配资人员与其共同实施了交易所操纵证券的行为，并希望或者放任行为后果，符合上述共同犯罪的三层含义，换言之，符合共同故意犯罪的认识因素和意志因素要件，应对配资人员自行交易部分共同承担责任。然而司法实践中通常并非所有的操纵人员都对一同操纵的他人具体交易情况具备清晰准确的了解，也即概括的认识是否能阻碍共同故意犯罪的认定。按照刑法的基本理论，概括的认识是指行为人对于自己以及共同犯罪人的行为对象及所造成的各种不同性质、不同程度的危害结果具有一种概括的认识，或者说具有预见的可能性，在这种情况下，行为人采取了希望或放任的心理态度，则具备共同犯罪的概括故意。由于这种对象、危害结果在行为人的主观概括故意范围之内，或者说在其预见可能性的范围内，故而应当根据客观上实际对象、危害结果等纳入对行为人的行为评价中，这不仅符合主客观相一致原则，同时也更利于全面评价行为人的犯罪行为、性质和社会危害程度等。因而，对配资人员自行交易所操纵股票的明知，既可以是对共同操纵人员的交易情况有清晰的认知，也可以是概括的认知。操纵人员对配资人员自行交易所操纵证券有概括认识的，仍然需要共同承担责任。

关于本案王某私自交易的部分。首先，黄某对王某自行购买“某科技”股票具有概括的认知，其在寻求王某等人配资期间，也希望或放任王某等人购买该股票以抬升股票价格，故王某私下交易没有超出黄某操纵的故意。其次，王某向黄某提供的系绑定个人证券账户的分仓账户，客观上难以区分相关个人证券账户的交易是黄某团队的交易还是王某私下的交易，黄某在使用上述分仓账户时对此明知，其在交易过程中也没有因交易量异常向王某质疑。因此，即便王某存在自行交易的行为，黄某仍应当对王某提供的相关证券账户中的交易承担责任。

编写人：上海市第一中级人民法院　巩一鸣　周婧

39

操纵证券市场犯罪违法所得的司法认定①

——李某某、邱某某操纵证券市场、非法经营案

【案件基本信息】

1. 裁判书字号

上海市第一中级人民法院（2022）沪01刑初13号刑事判决书

2. 案由：操纵证券市场、非法经营罪

【基本案情】

一、操纵证券市场犯罪事实

2019年9月至2020年11月，被告人李某某为谋取非法利益，使用其实际控制的450余个他人名下证券账户，集中资金优势及持股优势，连续买卖“A”“B”“C”等3只股票，操纵相关股票的交易价格和交易量。其间，被告人邱

① 入库案例，参见人民法院案例库2024-04-1-124-001。

某某协助李某某发布交易指令，组织李某、胡某某、唐某某（均另案处理）等人实施下单交易。

2019 年 9 月 18 日至 2020 年 11 月 27 日连续 289 个交易日，李某某控制的证券账户组持有“A”证券的流通股份数量达到该股实际流通股份总量的 10%以上，其中，连续 10 个交易日的累计成交量达同期该股总成交量的 50%以上。2019 年 10 月 8 日至 2020 年 2 月 13 日连续 86 个交易日，李某某控制的证券账户组持有“B”证券的流通股份数量达到该股实际流通股总量的 10%以上，其中，连续 10 个交易日的累计成交量达同期该股总成交量的 20%以上。2020 年 9 月 30 日至同年 11 月 4 日连续 20 个交易日，李某某控制的证券账户组内持有“C”证券的流通股份数量达到该股实际流通股总量的 10%以上，其中，连续 10 个交易日的累计成交量达同期该股总成交量的 20%以上。

二、非法经营犯罪事实

2019 年 3 月至 2020 年 11 月，被告人李某某在其经营的资产管理公司未经国家有关主管机关批准、未取得证券经纪、融资业务资质的情况下，以缴纳一定比例保证金即可提供 1∶3 至 1∶10 比例不等的配资为名，组织陈某、雷某、张某（均另案处理）等人以微信发布信息、口口相传等方式招揽客户，通过 MC 软件为客户开设子账户的方式提供证券经纪服务，赚取交易手续费及配资利息。经审计，资产管理公司软件账户收取保证金合计 1332 万余元，配资金额合计 9792 万余元，证券交易总额 9.0876 亿余元。

2020 年 3 月至 2020 年 11 月，被告人李某某等人以前述手段招揽客户，通过直接出借他人证券账户的方式为客户提供配资，并收取配资利息。经审计，李某某等人采用该模式收取保证金合计 4387 万余元，配资金额合计 2.6497 亿元。

【案件焦点】

本案中，李某某、邱某某操纵证券市场行为的违法所得数额如何认定。

【法院裁判要旨】

上海市第一中级人民法院经审理认为：被告人李某某、邱某某集中资金优势及持股优势，连续买卖股票，操纵证券交易价格和交易量，情节特别严重，其行为均已构成操纵证券市场罪；违反国家规定，未经国家有关主管部门批准非法经营证券业务，扰乱市场秩序，情节特别严重，其行为均已构成非法经营罪。李某某全程参与并策划、指挥本案操纵证券市场及非法经营行为，在共同犯罪中起主要作用，系主犯；邱某某按照李某某的指令安排他人操作证券账户、监管配资账户、提供证券经纪服务等，在共同犯罪中起次要、辅助作用，系从犯。李某某、邱某某到案后能够如实供述操纵证券市场的犯罪事实，均具有坦白情节。综合考虑李某某、邱某某的认罪悔罪态度，退赔部分钱款等事实、情节，对其从宽处罚的辩护意见。据此，判决如下：

一、被告人李某某犯操纵证券市场罪，判处有期徒刑六年，并处罚金人民币1000万元；犯非法经营罪，判处有期徒刑五年六个月，并处罚金人民币200万元，决定执行有期徒刑九年六个月，并处罚金人民币1200万元；

二、被告人邱某某犯操纵证券市场罪，判处有期徒刑三年六个月，并处罚金人民币50万元；犯非法经营罪，判处有期徒刑三年，并处罚金人民币10万元，决定执行有期徒刑五年，并处罚金人民币60万元；

三、违法所得予以追缴，犯罪工具予以没收。

案件宣判后，判决已生效。

【法官后语】

根据《最高人民法院、最高人民检察院关于办理操纵证券、期货市场刑事案件适用法律若干问题的解释》的规定，操纵证券市场的违法所得是指通过操纵证券市场所获利益或者避免的损失。

一、操纵证券市场违法所得的期间认定

操纵行为获利的本质是通过扭曲市场价格机制收益，因此，应当将证券交易价量因操纵行为受到影响的期间，作为违法所得计算的依据，行为人在该期间的不法获利即为违法所得。在判定操纵期间时，需要关注行为人持有涉案股票的时间段内，该股在日收益率、有效价差、换手率和交易规模等市场指征方面的异常表现，以异常交易日作为关键时间节点，结合证人证言、被告人供述等在案证据综合判断行为人是否具有操纵的主观故意，以主客观相统一的原则判定。

操纵终止日原则上以操纵影响消除日认定，即便此前操纵行为已经停止，只要市场股价波动仍与操纵行为存在因果关系，行为人仍应对后续产生的影响负责。但在交易型操纵犯罪中，操纵行为可能因行为人被采取刑事强制措施而中断。考虑到行为人此时已无法继续滥用优势控制市场，以操纵行为结束日作为操纵终止日更能体现操纵行为与市场影响的因果关系。

二、操纵证券市场违法所得的内容涵摄

操纵证券市场的不法获利主要包括交易价差、余券收益等。关于交易价差，对于已出售的股票，收益应为卖出价与买入价的差值。关于余券收益，在涉案账户仍持有余券的情况下，期末余券的获利也应当计入违法所得金额。

违法所得的计算过程中，还应合理确定金额扣减因素。首先，操纵证券市场犯罪中受其他市场因素影响产生的获利原则上不予扣除。证券市场中股价变动往往是多种因素共同作用的结果，某一项因素产生的具体影响难以被准确界定。民事案件中采取的是高度盖然性证据标准，法院可就双方举证情况，对其他市场因素导致的不法获利数额进行自由裁量。但刑事案件的事实查明有更严谨的要求，对市场因素影响不宜采取估算的方式。且行为人在实施操纵行为时，对于其他市场因素会导致价格波动有主观明知，亦是试图通过操纵行为与其他市场因素的交织对证券市场产生影响并从中获利。因此，在刑事案件中，受其他市场因素影响产生的获利原则上不予扣除。其次，交易费用属于证券市场中合法合理的手续费用，并非操纵行为影响下优势滥用的价值转化，应在计算时予以扣除。

三、操纵证券市场违法所得的适用场域

在以违法所得对犯罪情节进行评价时，应当严格遵循“优势滥用的经济价值转化”原则，将违法所得金额限定为操纵期间内的不法获利，以体现对操纵行为危害结果的客观评价。而在以违法所得对行为人进行财产追缴时，则需按照亏损产生的具体原因区分认定应追缴的违法所得金额。对于因行为人自身原因导致股票未能及时抛售的，对其以操纵期间的获利金额进行追缴。对于因侦查行为等客观因素导致股票未能及时抛售的，剔除终止日后形成但与操纵行为密切关联的余券亏损，以客观获利实际为依据对行为人追缴违法所得，避免过度追缴。

编写人：上海市第一中级人民法院　李长坤　吕璺清

40

骗购外汇与逃汇行为交织时的司法认定

——A公司等骗购外汇、逃汇案

【案件基本信息】

1. 裁判书字号

福建省泉州市中级人民法院（2023）闽05刑终359号刑事判决书

2. 案由：骗购外汇罪、逃汇罪

【基本案情】

2010年至2013年，被告人苏某作为A公司、B公司、C公司的实际经营者、直接负责的主管人员，利用虚假的海关保税区进境货物备案清单、货权证明等材料，虚构转口贸易业务，以上述公司名义或委托其他公司通过向银行申请信用证，信用证到期后向境外公司付汇，付汇来源为自有外汇及以同样事由向银行申购的外汇。经查，三被告单位以上述手段共计付汇达478990840.07美元，其中包含向银行骗购的外汇156996139.17美元。

被告人苏某对上述犯罪事实供认不讳，还如实供述公安机关尚未掌握的其利用A公司、B公司、C公司等公司进行的其他逃汇犯罪事实。

【案件焦点】

骗购外汇罪与逃汇罪的行为交织重叠时，对以逃汇为目的的骗购外汇行为，应当适用牵连犯择一重罪原则按骗购外汇罪定罪量刑，而对以自有外汇逃汇的，应当认定为逃汇罪，由于两部分犯罪行为不完全重合，对该两部分行为是否应当实行数罪并罚。

【法院裁判要旨】

福建省石狮市人民法院经审理认为：被告单位 A 公司、B 公司、C 公司违反国家规定，虚构转口贸易，致使境内外汇被非法转移至境外，逃汇数额分别为 240093740.47 美元、38214001.6 美元、200683098 美元；上述逃汇数额中，分别有 68837395.5 美元、15532378.55 美元、72626365.12 美元系以虚假的海关单据、货权证明等凭证骗购的外汇，三被告单位的行为均已构成逃汇罪和骗购外汇罪，均属逃汇数额巨大、骗购外汇数额特别巨大；被告人苏某作为上述三被告单位的实际经营者，属单位犯罪中直接负责的主管人员，其行为亦构成逃汇罪和骗购外汇罪，属逃汇数额巨大、骗购外汇数额特别巨大。综上，依照《中华人民共和国刑法》第一百九十条，第六十九条，第六十七条第二款、第三款以及《全国人民代表大会常务委员会关于惩治骗购外汇、逃汇和非法买卖外汇犯罪的决定》第一条第一款的规定，判决如下：

一、被告单位 A 公司犯逃汇罪，判处罚金人民币 5500 万元；犯骗购外汇罪，判处罚金人民币 2200 万元，决定执行罚金人民币 7700 万元；

二、被告单位 B 公司犯逃汇罪，判处罚金人民币 730 万元；犯骗购外汇罪，判处罚金人民币 500 万元，决定执行罚金人民币 1230 万元；

三、被告单位 C 公司犯逃汇罪，判处罚金人民币 4100 万元；犯骗购外汇罪，判处罚金人民币 2400 万元，决定执行罚金人民币 6500 万元；

四、被告人苏某犯逃汇罪，判处有期徒刑五年；犯骗购外汇罪，判处有期徒刑十年，决定执行有期徒刑十二年。

一审宣判后，A 公司、B 公司、C 公司、苏某提出上诉。

福建省泉州市中级人民法院经审理认为：上诉单位 A 公司、B 公司、C 公司违反国家规定，虚构转口贸易，致使境内外汇被非法转移至境外，逃汇数额分别为 240093740.47 美元、38214001.6 美元、200683098 美元；上述逃汇数额中，分别有 68837395.5 美元、15532378.55 美元、72626365.12 美元系以虚假海关单据、货权证明等凭证骗购的外汇，三上诉单位的行为均构成逃汇罪和骗购外汇罪，均属逃汇数额巨大、骗购外汇数额特别巨大；上诉人苏某作为三上诉单位实际经营者，属单位犯罪中直接负责主管人员，其行为亦构成逃汇罪和骗购外汇罪，属逃汇数额巨大、骗购外汇数额特别巨大。A 公司、B 公司、C 公司及苏某均犯有数罪，应当实行数罪并罚。B 公司、C 公司具有自首情节，分别予以从轻处罚。苏某归案后如实供述犯罪事实，对 A 公司及苏某分别予以从轻处罚。三上诉单位部分涉案外汇已收回，对三上诉单位及苏某分别酌情从轻处罚。三上诉单位因本案被行政机关处罚所缴纳罚款应在本案判处罚金时予以抵扣。原判定罪及适用法律准确，对三上诉单位判处罚金适当。审判程序合法。据此，依照《中华人民共和国刑事诉讼法》第二百三十六条第一款第一项、第二项的规定，判决如下：

一、驳回上诉单位 A 公司、B 公司、C 公司上诉，维持福建省石狮市人民法院（2022）闽 0581 刑初 76 号刑事判决的第一项、第二项、第三项；

二、撤销福建省石狮市人民法院（2022）闽 0581 刑初 76 号刑事判决第四项中对上诉人苏某量刑部分的判决；

三、上诉人苏某犯逃汇罪，判处有期徒刑五年；犯骗购外汇罪，判处有期徒刑十年，决定执行有期徒刑十年六个月。

【法官后语】

《全国人民代表大会常务委员会关于惩治骗购外汇、逃汇和非法买卖外汇犯罪的决定》是我国一部单行刑法。近年来，跨境资金流动的不确定性增大，外汇违法犯罪活动明显上升，利用虚构转口贸易新型犯罪案件频发，犯罪模式的变化给刑事司法的事实认定、法律适用带来了挑战，相关法律问题亟待研究和解决。

一、骗购外汇罪的司法认定

本案中，三被告单位及被告人苏某利用虚假的海关保税区进境货物备案清单、货权证明等材料，虚构转口贸易业务向银行申购外汇的行为，逃汇数额多达478990840.07美元，但既没有伪造、编造报关单、进口证明，也没有使用外汇管理部门核准件，该行为是否属于“以其他方式骗购外汇”值得研究。

首先，外汇犯罪是典型的行政犯，需要考察是否违反前置行政法的规定。《中华人民共和国外汇管理条例》第四十条规定，以虚假、无效的交易单证等向经营结汇、售汇业务的金融机构骗购外汇等非法套汇行为的，应予以行政处罚，构成犯罪的依法追究刑事责任。本案中，三被告单位及被告人苏某使用虚假的进境货物备案清单、货权证明等材料到银行购汇，属于该条款中的非法套汇行为，具有前置的行政法依据。

其次，兜底条款所涉内容必须与刑法明示内容具有同质性。对于经济犯罪兜底条款所涉的符合构成要件的行为判断，必须是行为人的行为与构成要件所要求的内容具有行为的同质性。从客观行为来看，本案中三被告单位及被告人苏某用以购汇的进境货物备案清单、货权证明等材料均是虚假的。从主观故意上看，三被告单位及被告人苏某是利用虚假转口贸易购买外汇，其主观上是积极追求犯罪的直接故意。从危害后果上看，利用虚假转口贸易购买外汇与伪造、变造或者重复使用相关凭证、单据一样，均破坏了外汇管理秩序。因此，本案中行为人虚构转口贸易到银行购汇的行为与《全国人民代表大会常务委员会关于惩治骗购外汇、逃汇和非法买卖外汇犯罪的决定》明示的行为方式具有同质性，应当认定为骗购外汇罪。

二、逃汇罪的司法认定

本案中三被告单位及被告人苏某以虚假材料向银行申请外汇，但其目的并非单纯地将外汇资金转移至境外，而是为了套用银行外汇周转资金、储备境外资金等，其付汇的大部分外汇有回流，此种行为将外汇转移至境外后再收汇入境，与传统的逃汇行为有所区别。我们认为，以虚假转口贸易将外汇资金转移境外时逃汇行为已经既遂，行为人转移外汇后再收汇入境的行为不影响逃汇罪的认定理由如下：

首先，从保护法益的角度来看，该行为侵害了国家外汇管理制度。《中华人民共和国外汇管理条例》第十二条规定，经常项目外汇收支应当具有真实、合法的交易基础。本案中，三被告单位及被告人苏某采用虚构转口贸易的方式，向银行提供了虚假的材料，让银行误以为是正常的贸易融资，其行为已经违反了国家规定，造成了外汇统计数据上的失真。

其次，该行为实际上已经将外汇非法转移至境外，符合逃汇罪的构成要件。在客观行为上，逃汇行为除要达到数额较大的要求外，还应该考察行为的实质违法性，即外汇收支是否具有真实性、合法性的基础。本案中，三被告单位及被告人苏某以转口贸易的形式将外汇资金电汇至境外公司，而其转口贸易所依据的单据均是虚假的，在银行将外汇资金电汇后，该外汇实际上已经转移至境外，构成逃汇罪的既遂。虽然之后汇至境外的外汇资金大部分有回流至境内，但外汇资金脱离国家监管已成事实，该行为将使得银行面临巨大的风险，甚至影响国家外汇宏观政策，不利于正常贸易的开展。

三、外汇犯罪罪数的认定

司法实践中，骗购外汇罪与逃汇罪的行为有诸多交织重叠之处。例如，本案中，三被告单位及被告人苏某虚构转口贸易业务向银行申购外汇并转移至境外公司，该行为同时触及两个罪名的构成要件，此时如何准确认定行为的性质及犯罪罪数，同样是值得研究的问题。

首先，骗购外汇罪与逃汇罪的界限问题。骗购外汇罪与逃汇罪均属于行政犯、数额犯，均以外汇为犯罪对象，侵犯的法益均是国家外汇管理制度，有必要在构成要件上对二者予以区分。在客观行为上，骗购外汇罪表现为使用虚假交易单据向金融机构骗购外汇，逃汇罪表现为擅自将外汇存放境外或将境内的外汇非法转移到境外，前者指向获取外汇的行为，强调的是采取欺骗手段骗购外汇，后者指向转移外汇的行为，强调的是外汇非法外流。

其次，骗购外汇罪与逃汇罪牵连犯的问题。在外汇犯罪中，实施骗购外汇犯罪同时又触犯其他罪名的情况经常发生，在本案中，行为人实施了三个行为：一是以欺骗手段取得银行的信用证；二是使用虚假交易单据虚构转口贸易向银行骗购外汇；三是违反规定将外汇转移至境外。此时骗取信用证、骗汇是手段行为，逃汇是目的行为，三个行为并非相互独立，而均指向外汇这一犯罪对象和外汇管理秩序这一法益，应理解为同一行为链条上的不同环节，虽然触及骗取金融票证罪、骗购外汇罪和逃汇罪三个罪名，但成立牵连犯，应按“从一重罪处断”的原则适用法定刑较重的骗购外汇罪。

本案中，三被告单位及被告人苏某既有将自有外汇非法转移至境外，又有以虚假交易单证骗取银行的外汇后，非法转移至境外的行为。笔者认为，只有目的行为能够涵盖手段行为时才能适用牵连犯的原则，反之则不能适用。本案中逃汇的外汇两部分来源并不完全重合，以逃汇为目的骗购外汇的部分可以适用牵连犯择一重罪，而自有外汇逃汇的部分，因该部分不存在骗购外汇这一环节，因此无法适用牵连犯。故，本案中，应当区分两部分逃汇外汇的来源，并实行数罪并罚。

编写人：福建省石狮市人民法院　陈莉莉　曾佳乐

41

虚假转口贸易中“内保外贷”套利型逃汇行为的认定

——艾某某等逃汇案

【案件基本信息】

1. 裁判书字号

广东省广州市天河区人民法院（2022）粤0106刑初632号刑事判决书

2. 案由：逃汇罪

【基本案情】

2015年始，艾某某与同案人夏某某（另案处理）在经营被告单位某公司期间，为牟取人民币理财利息与外汇贷款资金成本之间的利差等利益，利用其控制的某 1 公司等多家境内外公司，以虚假销售合同、海运提单等材料，虚构转口贸易背景，多次向金融机构购买理财产品并抵押申请远期信用证，办理购付汇业务，将 493897788.35 美元非法转移至境外，后再以转口收汇等形式收回资金。其中，姜某某、张某出资并提供某 2 公司等多家境内外公司与某 3 公司等互为上下游公司；陈某某、谢某某受某公司安排负责操作涉案转口贸易事宜；刘某负责提供虚假海运提单。2020 年 5 月，某外汇管理局发现某 1 公司等在银行办理离岸转手买卖项下付汇业务时提供虚假提单逃汇，遂向公安机关移交线索。案发后，艾某某、陈某某、姜某某、张某、刘某分别退出违法所得人民币 348 万元。

【案件焦点】

1. 虚假转口贸易中“内保外贷”套利型逃汇行为的认定；2. 犯罪主体身份的认定。

【法院裁判要旨】

广东省广州市天河区人民法院经审理认为：某公司以虚假转口贸易，采取“内保外贷”方式流转资金，利用境内外货币汇率差以及利率差实现融资性套利行为，主观上为利用境内人民币与外汇利率差攫取非法利益，客观上利用虚假转口贸易模式，使外汇从境内流出，再从境外流回，反复套利，使转口贸易空转，挤兑了有限外汇资源，影响宏观经济判断与调控，扩大境内外金融信贷风险，违反了《中华人民共和国外汇管理条例》等前置性行政法律法规，侵害了外汇管理秩序，具有明显的社会危害性。而艾某某、陈某某、姜某某、张某、刘某、谢某某对于上述虚构转口贸易背景，将外汇非法转移至境外赚取利差的事实均系知情并积极作为，故某公司以及作为公司其他直接责任人员的艾某某、陈某某、姜某某、张某、刘某、谢某某均具有逃汇的主观故意和实施了逃汇的客观行为，依法均构成逃汇罪。广东省广州市天河区人民法院判决：

综上，依照《中华人民共和国刑法》第一百九十条、第五十二条、第五十三条、第二十五条、第二十七条、第六十七条第三款、第七十二条、第七十三条、第六十四条的规定，判决如下：

一、被告单位某公司犯逃汇罪，判处罚金人民币18000万元；

二、被告人艾某某犯逃汇罪，判处有期徒刑三年，缓刑五年；

三、被告人陈某某犯逃汇罪，判处有期徒刑三年，缓刑四年；

四、被告人姜某某犯逃汇罪，判处有期徒刑三年，缓刑四年；

五、被告人张某犯逃汇罪，判处有期徒刑三年，缓刑四年；

六、被告人刘某犯逃汇罪，判处有期徒刑二年，缓刑三年；

七、被告人谢某某犯逃汇罪，判处有期徒刑一年，缓刑二年；

八、被告人艾某某、陈某某、姜某某、张某、刘某退出的违法所得共计人民币348万元予以没收，上缴国库。

案件宣判后，判决已生效。

【法官后语】

本案审理过程中，对被告人行为的定性有不同观点。第一种意见认为，不构成逃汇罪。主要理由为：被告单位、被告人虽然通过虚假转口贸易，以内保外贷形式逃汇，并套取利差，但实际上并未造成外汇损失，且转口贸易天然不排斥汇率利差，案发时国家外汇紧缺，银行变相鼓励涉外经营。逃汇罪的立法目的是打击以掏空外汇储备方式扰乱外汇管理秩序的情节严重行为，而本案外汇流转处于闭环状态，被告单位、被告人的行为不具有实质意义上的社会危害性。第二种意见认为，构成逃汇罪。主要理由为：被告单位的行为区别于纯套利型转口贸易行为，通过虚假的转口贸易和内保外贷方式逃汇，不以真实国际贸易为基础，客观上使转口贸易外汇统计失实，影响宏观经济数据，挤占正常转口贸易范围，乃至劣币淘汰良币，有扩大金融风险之虞，涉案数额近5亿美元，较为严重地破坏了国家外汇管理秩序，应以逃汇罪论处。笔者同意第二种意见。具体理由如下。

一、刑法意义上的逃汇行为：以虚假转口贸易逃汇谋取利差行为的评价

逃汇罪是指公司、企业或者其他单位，违反国家规定，擅自将外汇存放境

外，或者将境内的外汇非法转移到境外，数额较大的行为。首先，从双重违法性角度把握刑法意义上的逃汇行为。逃汇罪的犯罪对象是外汇。从立法沿革看，外汇犯罪经历了一个“犯罪化→非犯罪化→犯罪化”的发展过程，犯罪规制、刑事政策与外汇管理形势紧密关联。逃汇罪是行政犯抑或秩序犯，属《中华人民共和国刑法》第三章第四节破坏金融管理秩序罪章节，行为需达到行政与刑事不法的双重违法性，且社会危害性超越行政违法程度，方纳入刑法评价范畴，罪与罚的界限既存在量的累积，也有质的区别，其刑法调控范围与我国社会经济发展形势息息相关。从《中华人民共和国刑法》第一百九十条规定的逃汇罪的罪状描述看，该罪具有两种表现形式：一是违反国家规定，将境内的外汇非法转移到境外；二是违反国家规定，擅自将外汇存放到境外。需注意的是，无论是转移境外抑或存放境外，转移或存放的对象既可以是境外银行，也可以是境外单位或个人。从司法实践和国家外汇管理局通报的外汇违规案件来看，逃汇行为一般以前者居多，后者较为少见。《中华人民共和国外汇管理条例》作为前置行政法规，明确了逃汇行为的行政违法性，并为区分罪与罚预留了行政处罚空间。例如，第三十九条规定有违反规定将境内外汇转移境外，或者以欺诈手段将境内资本转移境外等逃汇行为的，由外汇管理机关责令限期调回外汇，处逃汇金额30%以下的罚款；情节严重的，处逃汇金额30%以上等值以下的罚款；构成犯罪的，依法追究刑事责任。正如，有观点认为：逃汇罪是为了保护外汇储备，行为人将境内的外汇非法转移至境外，随即迅速又转向境内的，不认定犯罪。罪与罚的界限需要考量外汇安全、主观动机、持续时间以及交易真实性等多层面秩序侵害程度因素，审慎厘定刑法介入调整的合理范围，以衡平打击与保护、规范与引导。

其次，如何评价以虚假转口贸易并采取内保外贷逃汇套利行为？转口贸易又称中转贸易，是指我国居民将从非居民处购买的货物销售给其他非居民，该货物直接由生产国运往消费国，全程不经过我国境内，无海关报关数据作为货物贸易真实性支撑的贸易业务。[①] 真实转口贸易中的单纯套利行为与逃汇罪有

---

① 王蕊：《转口贸易风险防范浅析》，载《中国货币市场》2020年第1期。

明显区别，诚然正常转口贸易抑或转口贸易类融资并不排斥附带的套利行为，以真实的国际贸易为基础，金融资金风险较小，对金融秩序造成影响不大。即便如此，将转口贸易套利融资，也不应提倡，毕竟会影响到整体经济运行数据和进一步的外汇调控政策，一定程度上也侵害了外汇管理秩序，尤其是以之为业的，虽不至于纳入逃汇罪规制范围，但可能构成行政违法抑或其他犯罪。

具体到虚假转口贸易而言。根据《中华人民共和国外汇管理条例》第四十条规定，明确以虚假、无效的交易单证等向经营结汇、售汇业务的金融机构骗购外汇等非法套汇行为。使用虚假贸易协议或者单证，便属于此种情形。虚假转口贸易中的逃汇行为的可罚性考量，往往不仅是质上，还包括量上的区别。如果说转口贸易真实与否是判断罪与罚的“质”的分界，那么通过转口贸易将外汇非法转移至境外时间长短、有无影响外汇储备以及对外汇管理秩序侵害程度，则为罪与罚的“量”的要素。囿于转口贸易属于中间贸易形式，由传统发展为网络化、融资化的前提下，加之资金流与货物流分离，尤其是难以在境内对应匹配，以致常出现贸易真实性的判断困境。有观点认为：只要外汇没有实质减少，如先外流再等额回流，不宜纳入逃汇罪规制范畴。从实质角度看，无论是假单据型虚假贸易，或者真单据型虚假贸易如一货多用、利用单仓凭持漏洞等，均系虚假转口贸易。非法从事抑或变相从事外汇结算等经营业务，属于非法经营行为，能够从事该结算业务的一般为银行或非银行金融机构，以虚假转口贸易利用外汇套利，与变相从事外汇结算具有一定的同质性特征，具有刑法规制的相当性。虚假转口贸易中套利行为，客观上造成转口贸易统计数据虚增，使本就有限的外汇资源，成为不法分子获取非法利益的工具，增加了金融信贷风险，乃至劣币淘汰良币，不仅影响国家宏观经济判断以及调控，也扰乱外汇管理秩序以及行业规范发展。易言之，以逃汇罪合理规制虚假转口贸易逃汇牟利行为，有行政违法性、刑事违法性以及客观必要性。

本案中，被告单位某公司的主要模式为“内保外贷”型虚假转口贸易，即向境内银行购买理财产品后抵押开具远期信用证，后境内银行向境外银行开具远期信用证，境外银行向境外出货方公司贴现付款，境外出货方公司向境外购货方公司“发货”，境外出货方公司向被告单位付款。除上述基本模式外，还存在境外多家公司流转的情况。单纯从其内保财产本身看，确系银行自控型理财产品，具有一定的保障性和预期性，属于较为优质的抵押资产。区别于部分不良企业以利用国家支持进出口贸易外汇、信贷政策，将不良乃至虚假资产作为内保资产，造成国家外汇处于无序风险状态的严重侵害外汇秩序与安全的行为。也应看到，即便是形式上优质的内保财产，也不能保证稳赚不赔，同样有转嫁风险之虞。经国家外汇管理局数字外管平台查询，被告单位转口贸易存在“先收后支”模式，即先收到外汇，通过远期信用证再支付外汇。被告人供述、证人证言及境外汇款申请书、贸易合同、发票、海运提单、货物报关单、银行账户明细清单、微信聊天记录等证据，证实被告单位向银行故意提供虚假提单、合同等材料，虚构转口贸易背景，致使银行将外汇付至境外的事实，后再以转口收汇等形式收回资金，长期以之赚取利差。被告单位本身从事石油转口贸易，以虚假转口贸易方式逃汇套利，使贸易融资政策空转，既不利于正常贸易和实体经济的发展，也不利于促进人民币国际结算正常拓展。综上，被告单位已构成逃汇罪，鉴于内保外贷中的资产具有保障性，未造成外汇损失，在量刑上可酌予从宽考量，正是基于此，并结合从犯、认罪等情节，对涉案被告人适用缓刑。

二、犯罪主体的特征考量：基于单位犯罪特征视域下的实质与形式审查

从立法沿革来看，逃汇罪的犯罪主体呈逐渐扩大的趋势。1997年刑法将逃汇罪的犯罪主体限定为国有公司、企业或者其他国有单位，《全国人民代表大会常务委员会关于惩治骗购外汇、逃汇和非法买卖外汇犯罪的决定》将该罪犯罪主体确定为公司、企业或者其他单位，从仅规制国有单位到全范围的单位犯罪。随着社会发展，行政处罚和刑事司法需要关注当前逃汇行为中的个人行为。逃汇罪是刑法罪名中较少的纯正单位犯罪，与同为纯正单位犯罪的私分国有资产罪不同，仍采取双罚制，一般个人不能成为逃汇罪的主体。根据《中华人民共和国外汇管理条例》的规定，个人外汇储蓄存款，实行存款自愿、取款自由、存款有息、储户保密的原则。因此，个人携带大量外汇或外币支付凭证、

有价证券等出境，逃避海关监管，符合走私条件的，按照国家有关规定处理。[①] 2007年实行的《个人外汇管理办法》规定，境内个人年度购汇总额为5万美元。单位或单位与个人关联逃汇行为通常具有以下类型：一是单位利用个人年度购汇额度分拆购付汇；二是单位对外付汇无对应进口货物；三是单位虚构贸易抑或虚构转口贸易，提供或使用虚假单证方式对外付汇。[②] 实践中，以第三种类型居多，本案便属于第三种类型，即通过虚假转口贸易、内保外贷逃汇套利。逃汇罪特殊主体的限制，并不代表个人一定不构成逃汇罪，从共同犯罪类型角度，主要包括以下三种类型："单位+个人""个人+单位""单位+单位"。

就个人构成逃汇罪共犯而言，除单位内部的直接负责的主管人员和其他直接责任人员外，还可能包含个人主导性共犯、合作性共犯，在特定情况下并不是说除单位内部共犯外，一定属于帮助行为抑或合作行为，还有较为特殊的主导型共犯，下文详细阐述单位主体否定后自然人主导型逃汇行为，在此不再赘述。本案中，实际上提供帮助的还有境外的公司或其他个人，从逃汇罪的罪状描述上看，既可以是境外银行，也可以是境外单位或个人。被告人姜某某、张某并非被告单位某公司的员工，按照某公司安排提供部分资金、注册公司，协助某公司实施逃汇行为，负责整个逃汇过程的部分环节，即主要参与内保外贷的远期信用证关联的虚假"货主""购货"单位以及资金流转，如刑法未规定对适格主体适用从轻或者从重的处罚，相对不适格主体一般按照从犯地位适用刑罚，二人属合作型、协助型共犯。

以逃汇为目的设立单位抑或单位设立后以逃汇为主要业务能否认定为该罪？刑法规范、司法解释留有可供解释的空间，司法人员才能发挥主观能动性，在罪刑法定原则基础上灵活而非机械地适用，衡平共性与特性处断规则，找到价值与目的的最佳结合点。[③] 首先，从目的解释角度来看。单位犯罪的主体资格

---

① 陈伶俐、于同志、鲍艳：《金融犯罪前沿问题审判实务》，中国法制出版社2014年版，第156页。

② 徐子麟、任尚肖：《逃汇行为主体的刑法适用》，载《上海公安学院学报》2022年第6期。

③ 储槐植：《刑事一体化论要》，北京大学出版社2007年版，第159页。

否定与公司法揭破公司民事的内涵和外延均不一致，具体到逃汇罪的单位属性，其单位之范围远大于公司抑或企业法人，两者之间即便有一定重合，重合部分也不属于法律秩序统一的前置法考量范畴。《最高人民法院关于审理单位犯罪案件具体应用法律有关问题的解释》（以下简称单位解释）第二条规定，个人为进行违法犯罪活动而设立的公司、企业、事业单位实施犯罪的，不以单位犯罪论处。设置该条的目的主要是避免自然人通过单位名义规避刑罚制裁，而不是将主观和行为恶性更严重的犯罪行为排除在刑法规制范畴之外。其次，从体系解释角度来看。《全国人民代表大会常务委员会关于〈中华人民共和国刑法〉第三十条的解释》明确，公司、企业、事业单位、机关、团体等单位实施刑法所规定的危害社会的行为，刑法分则和其他法律未规定追究单位的刑事责任，对组织、策划、实施该社会危害性行为的人依法追究刑事责任。反向理解，不规定单位犯罪的追究个人，以单位名义实施的逃汇行为，对单位和行为人追究责任与单位解释第二条的规定并无冲突。另外，从罪责刑相适应角度来看，《中华人民共和国刑法》分则一些罪名规定的单位犯罪，只处罚直接负责的主管人员和其他直接责任人员，而不对单位判处罚金，如《中华人民共和国刑法》第一百六十二条“妨害清算罪”。[①] 同样，举轻以明重，如逃汇罪中的直接负责的主管人员和其他直接责任人员被追究刑事责任，却因某些行为人完全借用单位名义实施个人犯罪反而被豁免，无疑后者的主观和行为恶性更大，不仅违背罪责刑相适应原则，也背离民众朴素的法律观念。

概言之，逃汇罪犯罪特征中的犯罪主体需要有单位之形式要件，而实质上即便系属单位解释第二条的排除情形，亦不能否定逃汇罪成立；同时，在量刑上应对后者较之前者从严惩处，既符合罪责刑相适应原则，也更契合刑罚的社会价值导向。

三、定罪量刑评判要素与标准：不唯犯罪数额论的定性定量参照系衡量

司法实践中，在数额犯罪没有规定上档标准的情况下，出于关联性、相当性考量，一般参照同章节近似罪名的上档标准的倍数作从宽考量。逃汇罪的同

---

① 王爱立主编：《中华人民共和国刑法释义》，法律出版社2021年版，第57页。

章节罪名中入罪到上档情节五倍居多，考虑上述因素，并结合社会发展情况以及逃汇数额的累积性特征，更宜从严掌握上档的数额标准。本案中，被告单位涉案数额近5亿美元，达到入刑标准的100倍，持续时间长，不仅虚构交易，还合作设立境内外协作单位等，足以认定系数额巨大。

外汇损失是否为逃汇罪的罪质及定量要素？如前文所述逃汇罪系秩序犯，客观上严重侵害了外汇管理秩序符合该罪构成要件，成立该罪并不要求造成外汇损失。换言之，造成外汇损失不是逃汇罪的罪质要素。无论是违反国家规定擅自将境内外汇存放境外，还是将境内的外汇转移到境外，实际上逃汇行为中的用而不损和既用又损之间，秩序危害程度孰重孰轻不言而喻，造成损失是逃汇更为严重的后果之一，体现为刑法规制的提前，一定程度上旨在以规制行为来防范更为严重的造成外汇损失的结果情形。该罪名罪状描述中既举述了数额较大、数额巨大，也举述了数额巨大相对应的其他严重情节，该“其他严重情节”应当包括造成外汇损失要素，该理解不仅符合该罪名的规制目的，也不超出刑法预测范围。因此，在上档情节判断中应当考量造成外汇损失的情节。当然，在入刑标准上虽罪状描述仅有数额较大，但外汇损失同样可以成为量刑的考量因素，并全面评价行为性质、犯罪手段、主观动机，以之构建全面、完备的量刑参照。本案中，被告单位虽虚构转口贸易，结合其先支后付的犯罪手段，具有相对可控性、相当兑现性资产作底的内保外贷模式，无证据证实造成外汇储备量减少，抑或造成外汇损失，鉴于此在量刑上对被告单位尤其是各被告人予以适当宽宥性考量。

综上所述，被告单位、被告人虚构转口贸易，致境内外汇被非法转移至境外，数额巨大，人民法院以逃汇罪定罪量刑，是妥当的。

编写人：广东省广州市天河区人民法院　罗成

（五）金融诈骗罪

42

非法集资行为人主观目的及客观行为特征的认定

——许某集资诈骗案

【案件基本信息】

1. 裁判书字号

福建省泉州市中级人民法院（2023）闽05刑终357号刑事裁定书

2. 案由：集资诈骗罪

【基本案情】

2019年1月至2021年10月18日，被告人许某经营某通讯店并成为某通讯公司晋江分公司签约经销商，其虚构向某通讯公司投资“刷单冲业绩赚积分”的事实，并以每个月2分至2.8分的高额利息为诱饵，诱骗被害人尤某等19名被害人进行投资，骗取上述被害人钱款共计2495593.59元。2021年12月7日，公安机关抓获被告人许某，从其处扣押手机1部、账本25本、通讯店营业执照1本、农商银行卡和招商银行卡各1张。

【案件焦点】

1. 本案被告人许某主观上是否具有非法占有目的；2. 被告人向多人集资是否符合非法集资诈骗犯罪“公开性”要件。

【法院裁判要旨】

福建省晋江市人民法院经审理认为：被告人许某以非法占有为目的，使用诈骗方法非法集资，数额巨大，其行为已构成集资诈骗罪。公诉机关指控罪名成立。被告人许某归案后如实供述自己的主要犯罪事实，可以从轻处罚。综合考虑被告人许某的犯罪事实、犯罪性质、对社会的危害程度及认罪态度、悔罪表现，判处被告人许某犯集资诈骗罪，判处有期徒刑七年九个月，并处罚金人民币 20 万元；责令被告人许某退赔各被害人相应经济损失共计人民币 2495593.59 元；暂扣于晋江市公安局的作案工具手机 1 部及银行卡 2 张，由扣押机关予以没收，上缴国库。

一审宣判后，被告人许某提出上诉。

福建省泉州市中级人民法院经审理认为：许某的上诉意见不能成立，原判定罪准确，量刑适当，审判程序合法。据此，裁定：

驳回上诉，维持原判。

【法官后语】

被告人许某主观上是否具有非法占有目的，以及本案实施行为是否具有非法集资犯罪的四个特征直接关系到其行为定性。是否具有非法占有目的是区分其行为是否具有诈骗性质的重要标准；行为人如在非法占有目的支配下实施骗取他人财物的行为，那么该行为是否符合非法集资犯罪的四个特征是区分集资诈骗罪与普通诈骗罪的关键因素。

一、关于被告人许某主观非法占有目的的认定问题

“非法占有目的”系财产犯罪的重要构成要件，其系行为人的一种主观意图，蕴藏于行为人的客观行为之中。在司法实务中，对于这种主观意图的探究，一般依托于行为人的供述，再以其他客观证据进行佐证，但在行为人不主动供述的情况下，只能借助外在的客观情形加以推定，一般是通过客观上实施的行为进行推定。关于非法集资犯罪，集资行为人对集资财物在主观上是否具有非法占有目的，也是司法实践中的一个难点，对此，《最高人民法院关于审理非

法集资刑事案件具体应用法律若干问题的解释》第七条第二款列举了七种可以认定为“非法占有为目的”的情形，即使用诈骗方法非法集资，具有下列情形之一的，可以认定为“以非法占有为目的”：（1）集资后不用于生产经营活动或者用于生产经营活动与筹集资金规模明显不成比例，致使集资款不能返还的；（2）肆意挥霍集资款，致使集资款不能返还的；（3）携带集资款逃匿的；（4）将集资款用于违法犯罪活动的；（5）抽逃、转移资金、隐匿财产，逃避返还资金的；（6）隐匿、销毁账目，或者搞假破产、假倒闭，逃避返还资金的；（7）拒不交代资金去向，逃避返还资金的，并以兜底形式规定了“其他可以认定非法占有目的的情形”。从内容上看，构成集资诈骗罪的情形主要落脚在无法返还或逃避返还资金上，以上规定系根据司法审判实践经验总结而来的，系采用司法推定的方式认定主观非法占有目的，从总体上来讲，推定行为人主观上是否具有非法占有目的，主要是根据集资后资金的运用方式作为认定标准。但在司法实践中，在无法归还集资款的情况下，具体情形可能更为复杂，还是应该综合判断，不能单从无法返还这一事实本身推断行为人主观上具有“非法占有目的”，否则会混淆集资诈骗罪与非法吸收公共存款罪的界限，使“非法占有目的”在司法判断中流于客观实质化。笔者认为，在司法实践中，认定是否具有非法占有目的，应当坚持主客观相一致的原则，既要避免单纯根据损失结果客观归罪，也不能仅凭被告人的供述判断，而应当根据案件具体情况具体分析。就本案而言，被告人许某并没有雄厚的经济基础，在明知自己没有实际归还能力的情况下，向被害人虚构联通刷单冲业绩业务并许诺按期给予高额固定投资回报且到期还清投资本金，并让被害人通过“口口相传”的方式介绍他人投资或通过被害人相互介绍，欺骗被害人向其投资，并采用拆补的方式将资金用于归还之前的投资款、利息，且挪用钱款用于家庭开支，没有实际用于其所宣称的投资项目，最终导致他人的巨额钱款无法返还，故可以认定被告人许某主观上具有非法占有的故意，其实施的系诈骗行为。

本案对被告人许某主观上具有非法占有目的的认定系以司法推定的方式进行认定，但司法推定允许反驳，推定的基础事实与推定结论之间并不具有必然的联系，因此，司法推定必须严格遵守一定的规则，否则有沦为司法擅断的危险。大致说来，司法推定应该遵守以下几项规则：已知事实必须确定，并且一般不能是一个推定的事实；司法推定必须符合经验法则、社会常理；充分保障行为人的反驳权。司法实践中，对于集资人是否具有非法占有目的，“不推而定”是一个比较常见的极端，但是另一个极端也不容忽视，即轻易否定集资人的非法占有目的，如集资人制订了非常详细的还款计划，但这并不表明集资人一定不具有非法占有的目的，因为这完全可能是集资人的反侦查措施。因此，司法机关必须综合各种事实，设身处地、身临其境地考察集资人的所作所为，全面审查各种证据，尤其是集资人关于自己犯罪目的的供述，找出其中的矛盾之处，并试着从正反两个方面不断对这些矛盾进行合理的解释，进而作出科学的判断。

二、关于被告人许某的行为定性问题

本案被告人许某系在非法占有主观目的的支配下实施了骗取他人财物的行为，其行为特征决定了其行为定性问题，本案公诉机关原指控被告人许某构成诈骗罪，后经过庭审后，公诉机关认为被告人许某的行为符合集资诈骗罪的构成要件，故变更起诉指控被告人许某构成集资诈骗罪。

集资诈骗罪具有四个行为特征即“非法性”“公开性”“利诱性”“社会性”。本案中，被告人许某未经有权机关批准对外吸收数额巨大的款项，其行为违反了国家的金融管理法规，符合“非法性”特征；被告人许某采用以高回报率为诱饵进行非法集资，向被害人承诺的分红远远高于银行同期存贷款利率，且承诺返本付息，已经超出了正常市场经济规律可以承受的范畴，符合“利诱性”特征；被告人许某虽然没有通过新闻媒介、在公开场所张贴宣传材料等方式宣传其投资模式，但其系通过被害人向其他人员宣传其投资模式，此系一种口口相传、以人传人的宣传方式，通过口口相传向社会公众非法集资的，是一种变相的向社会公开宣传形式，其行为符合“公开性”的特征；被告人许某系通过亲友口口相传、以人传人的公开宣传方式进行宣传，实质上要求、希望并放任亲友向社会介绍，通过亲友间接向社会公众吸收资金，不影响其向社会公众吸收资金的认定，符合“社会性”特征。综上，被告人许某以高额回报的方式非法吸收社会上的资金的行为影响了金融资金的流向，破坏了国家的金融管理制度；其虚构投资项目以资金用于投资可获得高额回报的名义诈骗他人钱财，非法占有他人资金，严重侵犯了公私财产所有权，其行为符合集资诈骗罪的四个要件，应以集资诈骗罪论处。

编写人：福建省晋江市人民法院　廖文斌

43

虚拟“矿机”租赁挖币返利模式的行为定性

——贾某某集资诈骗案

【案件基本信息】

1. 裁判书字号

北京市第三中级人民法院（2023）京03刑终225号刑事裁定书

2. 案由：集资诈骗罪

【基本案情】

2019年年底，被告人贾某某委托网络科技公司负责人刘某制作L平台，该平台投资方式为通过A币在该平台购买“矿机”挖矿产生K币。投资人也可通过推荐其他人进行投资获得推荐奖励获取投资利润。

被告人贾某某在明知K币无法在二级市场实际交易且无任何价值的情况下，在微信群内以高额回报为诱饵对该平台进行虚假宣传，骗取投资人信任。同时，被告人贾某某自行调控后台数据控制K币与A币的兑换比例、自行控制K币的涨跌，吸引投资人投资。被告人贾某某对投资人提现申请设置审核，自行控制投资人提现。2020年11月，被告人贾某某以系统升级为由在后台设置禁止提现，至2021年1月，L平台无法登陆导致大量投资人损失，被告人贾某某共骗取244名投资人37012842.37元人民币。其中，用于购买“矿机”、支付矿场的电费、“矿机”的托管费及维护费共计人民币30933505.76元。

另查明，2020年10月，被告人贾某某向李某1银行账户转账人民币70万元用于购买平谷区某小区房产。

2021年4月21日，被告人贾某某被公安机关查获。

【案件焦点】

1. 虚拟货币是否符合非法集资犯罪对募集对象的要求，贾某某的行为是否构成非法集资犯罪；2. 贾某某客观上是否使用了诈骗方法，主观上是否具有非法占有目的。

【法院裁判要旨】

北京市平谷区人民法院经审理认为：被告人贾某某以非法占有为目的，使用诈骗方法非法集资，数额特别巨大，其行为已构成集资诈骗罪，依法应予惩处。被告人贾某某给集资参与人造成的经济损失，依法应予退赔；在案冻结、扣押、查封之款、物，依法处理。故，判决：被告人贾某某犯集资诈骗罪，判处有期徒刑十五年，剥夺政治权利三年，并处罚金人民币50万元。

一审判决后，被告人贾某某不服，提出上诉。

北京市第三中级人民法院经审理认为：上诉人贾某某以非法占有为目的，使用诈骗方法非法集资，数额巨大，其行为已构成集资诈骗罪，依法应予惩处。北京市平谷区人民法院根据贾某某犯罪的事实，犯罪的性质、情节及对于社会的危害程度所作出的判决，事实清楚，证据确实、充分，定罪正确，量刑适当，审判程序合法，应予维持。据此，依照《中华人民共和国刑事诉讼法》第二百三十六条第一款第一项之规定，裁定：

驳回上诉，维持原判。

【法官后语】

虚拟“矿机”租赁挖币返利模式，是指行为人自建虚拟货币平台出租虚拟货币挖“矿机”，投资人将人民币兑换为主流虚拟货币（以下简称主流币）投入到平台上租赁虚拟“矿机”挖出仅能在平台内部流通的虚拟货币（以下简称内部币），平台往往会承诺“矿机”产出的内部币会按照一定的比例上涨或承诺高额回报，诱导投资人进行投资。这一行为模式在本质上属于变相ICO（首次代币发行），司法实践中可能会涉嫌组织、领导传销活动罪，非法吸收公众存款罪或集资诈骗罪等。本案中，并不存在收取或变相收取入门费的情形，且参与者并非“直接或间接以发展人员的数量作为计酬或者返利依据”，故该行为不构成组织、领导传销活动罪，对此各方均无异议。本案争议焦点主要有两点：（1）虚拟货币是否符合非法集资犯罪对募集对象的要求，贾某某的行为是否构成非法集资犯罪；（2）贾某某客观上是否使用了诈骗方法，主观上是否具有非法占有目的。

一、虚拟货币系作为非法集资过程中法定货币的价值载体，符合非法集资犯罪对募集对象的要求

2010年《最高人民法院关于审理非法集资刑事案件具体应用法律若干问题的解释》首次明确规定非法吸收公众存款罪的规制对象是“资金”。针对虚拟货币是否属于解释中规定的“资金”这一问题，司法实践中主要存在两种观点：第一种观点认为，根据文义解释，虚拟货币不属于“资金”范畴，只有当犯罪行为对象针对法定货币时，才会破坏金融秩序。第二种观点认为，主流虚拟货币已成为现金的替代品，属于广义的“资金”范畴。笔者认为，虚拟货币虽然不属于资金，但仍能成为非法集资犯罪的对象。理由如下。

其一，从本案“矿机”租赁挖币模式的本质看，其本质为变相ICO，虚拟货币系作为吸收人民币的媒介或渠道。所谓ICO，学界一般称其为“首次代币发行”或“代币首次公开发售”，是一种依托于区块链技术，利用区块链去中心化的特征以及分布式账本的特点，在区块链上记录交易过程、发行自己的数字代币，向不特定的投资者募集数字货币，再将数字货币兑换成法定货币的集

资行为。[①] 通俗来讲，就是集资者以自己新发行的虚拟货币作为回报，吸收不特定网民所持有的主流虚拟货币的行为。本案中，投资人的投资模式为通过人民币在APP上购买A币，用A币在L平台租赁虚拟“矿机”挖矿产生K币，再把K币转换成A币，卖出A币变现。该“矿机”租赁挖币返利模式中，投资人投入资金存在一个转化过程，即“人民币—主流币—内部币”，投资人赎回资金过程为“内部币—主流币—人民币”。由此可见，虽然平台吸收的是虚拟货币，不属于法定货币或资金，但是虚拟货币只是吸收资金的媒介或道具，其最终是通过人民币兑换实现自身的价值。因此，人民币的价值是通过附着在虚拟货币上在投资人和集资者之间流动，虚拟货币在非法集资过程中是作为法定货币的价值载体存在，当然符合非法集资犯罪对募集对象的要求。

其二，从维护金融市场安全角度来看，认可虚拟货币符合非法集资犯罪对募集对象的要求有利于保障金融安全。我国在立法和司法实践中已经注意到了虚拟货币市场存在较大风险隐患并极大限制虚拟货币市场发展。2022年修正后的《最高人民法院关于审理非法集资刑事案件具体应用法律若干问题的解释》第二条第八项明确规定以虚拟货币交易等方式非法吸收资金的可以构成非法吸收公众存款罪。然而，在司法实践中，总有一些不法分子利用刑事规制的空白，利用虚拟货币实施非法集资活动。因此，当我们探讨如何保护金融管理秩序和维护金融市场交易安全时，不可能亦不应当对虚拟经济置之不理，固守货币本位立场的非法集资犯罪并不适应当前经济发展现状。

二、被告人的行为符合非法集资行为的“四性”特征

被告人的行为构成集资诈骗罪的前提条件是符合非法集资的四个基本要件，即非法性、公开性、利诱性、社会性。贾某某组建多个微信群，在微信群内公开宣传L平台，并通过网络宣传、线下活动等方式向不特定对象公开推介，以高额回报、返本付息等为诱饵吸引投资人投资，其行为当然具有公开性、利诱性和社会性。判断“矿机”租赁挖币返利模式是否具有非法性应当进行实质判

---

① 何隽铭：《ICO商业模式的法律性质分析及监管模式优化——基于九国ICO监管现状》，载《上海金融》2018年第2期。

断和个案分析。

根据《最高人民法院关于审理非法集资刑事案件具体应用法律若干问题的解释》第一条规定，违反国家金融管理法律规定是构成非法集资类犯罪的前提条件。关于国家金融管理法律规定的内涵，根据《最高人民法院、最高人民检察院、公安部关于办理非法集资刑事案件若干问题的意见》第一条之规定，国家金融管理法律规定原则上以国家金融管理法律法规为依据，但对于国家金融管理法律法规仅作原则性规定的，部门规章或者国家有关金融管理的规定、办法、实施细则等规范性文件亦可作为参考依据。本案中，贾某某的行为具有非法性主要体现在两个方面。

第一，《关于防范代币发行融资风险的公告》第一条、第二条指出，代币发行融资是指融资主体通过代币的违规发售、流通，向投资者筹集比特币、以太币等所谓虚拟货币，本质上是一种未经批准非法公开融资的行为，任何组织和个人不得非法从事代币发行融资活动。本案中，被告人贾某某通过自建虚拟货币挖矿的L平台，在平台上发行K币，承诺投资K币可获得高额回报，同时投资人可以在平台上花费K币购买商品或者服务，本质上相当于在L平台上创设了一种虚拟内部币，代替了法定货币的付款义务。因此，贾某某的行为具有非法性。

第二，根据《中华人民共和国商业银行法》第十一条规定，未经国务院银行业监督管理机构批准，任何单位和个人不得从事吸收公众存款等商业银行业务。经查，L平台钱包地址为以太坊公链自动生成，钱包地址入金后会自动转入归集地址，归集地址也是以太坊公链自动生成。故，贾某某在“矿机”租赁挖币返利模式中事实上形成了资金池，贾某某可以实际控制资金，符合“未经有关部门依法许可或者借用合法经营的形式吸收资金”的非法性特征。

三、被告人主观上具有非法占有目的，应认定为集资诈骗罪

针对贾某某主观是否具有非法占有目的的争议较大，一种观点认为，贾某某将投资人的大部分资金用于购买实体“矿机”进行挖矿、缴纳“矿机”电费管理费等，足以证明其主观上不具有非法占有目的，贾某某的行为构成非法吸收

公众存款罪。另一种观点认为，贾某某将大部分钱款用于投资实体“矿机”并不能否定其主观上具有非法占有目的，贾某某的行为构成集资诈骗罪。笔者认同第二种观点。

第一，L平台发行的内部币不具有真实性和价值性。贾某某隐瞒其系L平台的实际控制人，虚构L平台具有国外背景和某集团投资背景。贾某某虚构K币的实际价值，通过在后台操作充值电话费、加油卡等行为，虚构K币可以在二级市场实际交易的事实，但实质上K币根本不具有公允价值，且只能在平台内部流通，无法在第三方平台自由流转。贾某某通过调控后台数据控制K币的产生数量以及K币和A币的兑换比例，控制K币的涨跌，营造出K币价格呈上涨趋势的假象，骗取投资人进行投资，后自行在后台设置禁止提现，造成集资参与人重大财产损失。

第二，贾某某对资金使用的决策极不负责任，造成资金缺口巨大。根据被告人贾某某供述，其前期将集资款项投资于虚拟交易平台，后期用于购买实体“矿机”“挖矿”。对此，贾某某自述其长期从事虚拟货币交易，其应明知我国对虚拟货币及“挖矿”活动的风险防范、整治政策，而贾某某未经有关部门批准，建立L平台向社会不特定公众吸取资金，并将数额巨大的集资款项投资于虚拟交易平台或用于购买实体“矿机”“挖矿”，其行为无视法律风险、收益风险，体现了对资金使用决策的极不负责任，并最终导致集资参与人损失巨大。

第三，贾某某存在隐匿财产、逃避返还资金的行为。根据在案证据显示，贾某某实际控制的L平台无法提现后，其向集资参与人隐瞒自己是平台实际控制人的事实，谎称自己是受害人，要带集资参与人到天津维权。在L平台崩盘后，贾某某未及时退赔，反而欲通过新的平台继续吸收资金，维持非法集资骗局。在被公安机关查获后，贾某某经多次讯问，均否认自己与L平台的关系，拒不交代集资款项去向。直到公安机关通过案外人才得知其购有大量实体“矿机”的事实。同时，贾某某在一审期间通过辩护律师告知其母亲找案外人处置部分“矿机”，变卖款项亦挪作他用。

综上，本案中的投资人并非“直接或间接以发展人员数量作为计酬或者返利依据”，可首先排除组织、领导传销活动罪的适用。“矿机”租赁挖币返利本质上为变相ICO，虚拟货币系法定货币的价值载体，符合非法集资犯罪对募集对象的要求。具体判断行为人构成非法吸收公众存款罪还是集资诈骗罪时，应当通过审查平台发行的虚拟货币是否具有真实性和价值性、行为人是否对资金使用决策极不负责、行为人是否存在隐匿财产或逃避返还资金的事后行为等因素综合判断行为人主观上是否具有非法占有目的，确保案件定性准确，量刑适当。

编写人：北京市第三中级人民法院　王世洋　于晓航

44

销售数字藏品时借用合法经营形式非法吸收公众资金构成集资诈骗罪

——张某某、刘某集资诈骗案

【案件基本信息】

1. 裁判书字号

上海市闵行区人民法院（2023）沪 0112 刑初 1200 号刑事判决书

2. 案由：集资诈骗罪

【基本案情】

2022 年 6 月，被告人张某某起意并与被告人刘某商议利用二人实际经营的某公司设立某平台，将购买或从网络免费下载的图片包装为“数字藏品”在该平台销售。某平台具体运营由被告人张某某全权负责。

被告人张某某指使他人通过网络渠道，面向社会不特定对象推广某平台上的“数字藏品”，谎称该平台系与某文化协会联合打造，并与多家博物馆合作联合发布“数字藏品”，虚假承诺该平台将定期以双倍价格回购特定“数字藏品”，购买者还可享受未来平台手续费分红、元宇宙土地优先购买权等权益，虚构购买特定“数字藏品”可合成稀有高溢价“数字藏品”，购买“数字藏品”盲盒进行积分冲榜可兑换现金、手机、名酒等功能及玩法，开放二级市场交易，营造购买该平台“数字藏品”可获高额回报的假象，吸引公众下载某平台 APP，注册账户并充值、购买、交易“数字藏品”。该平台用户资金均进入被告人张某某所实际控制的账户后进行流转。

同年 7 月下旬，被告人张某某还通过控制他人账户、雇佣外包炒作团队，在某平台的二级市场中自买自卖，虚增“数字藏品”交易量及价格，营造该平台“数字藏品”交易火爆且有升值空间的假象，进一步吸引用户交易“数字藏品”。

其间，被告人张某某陆续将用户支付的钱款提现并与被告人刘某分赃，同时仍谎称某平台将与某 1 公司开展合作，后续藏品均在某 1 公司上架。同年 9 月底，被告人张某某停止服务器续费致使某平台被关闭，造成用户无法提现、无法查看“数字藏品”。同时，被告人张某某还解散相关网络群聊。经审计，该平台吸收数千名用户资金共计人民币 134 万余元，造成被害人损失共计 41 万余元。

2023 年 2 月 23 日，被告人张某某、刘某被公安机关抓获，到案后均如实供述上述事实。在审理期间，被告人张某某、刘某均自愿认罪认罚并全额退赃。

【案件焦点】

两名被告人的行为如何定性。

【法院裁判要旨】

上海市闵行区人民法院经审理认为：被告人张某某、刘某构成集资诈骗罪，理由如下：（1）从涉案“数字藏品”的来源，欣赏、收藏价值及其在某平台上无具体应用场景等因素综合来看，被告人张某某、刘某并未提供实质意义上的商品作为用户支付资金的对价。该平台用户购买上述“数字藏品”以获取预期收益为目的。用户购买、出售上述“数字藏品”并提现的行为实质为投资理财行为。二名被告人利用某平台归集、沉淀资金，形成流动资金池，其行为实质是以商品回购、二级市场交易等方式变相吸收公众资金。（2）被告人张某某指使他人通过互联网的各种渠道向社会不特定的对象公开宣传某平台上的“数字藏品”，所吸收的资金亦来自不特定的公众。其行为带有明显的公开性、社会性特征。（3）被告人张某某虚构事实、隐瞒真相，导致他人产生错误认识而投资购买某平台发行的“数字藏品”，其行为带有明显的欺骗性、利诱性特征，主要体现在以下几个方面：①虚构“数字藏品”来源并虚假承诺返利。被告人张某某指使他人虚假宣传，谎称该平台系与亚洲文化协会联合打造，并与多家博物馆合作联合发布“数字藏品”，实际上则利用从网络免费下载的图片或者从他人处购买的普通绘画作品来制作“数字藏品”。其虽承诺定期以翻倍价格回购特定“数字藏品”（创世勋章）、购买“数字藏品”盲盒进行积分冲榜可兑换高价礼品等利益，但最终均未兑现。②虚构“数字藏品”升值预期。被告人张某某利用某平台等渠道宣称用户购买特定“数字藏品”可合成稀有“数字藏品”，开放二级市场供用户交易，给用户强烈的升值预期。③虚假交易营造升值假象。被告人张某某在二级市场通过自买自卖的方式，虚增“数字藏品”交易量及价格，营造该平台“数字藏品”交易火爆且有升值空间的假象，进一步吸引被害人交易“数字藏品”。本案多名被害人的陈述及报案材料亦能证实，被害人系受高额回报虚假宣传的影响而投资购买涉案“数字藏品”。从本案侵犯的法益来看，二名被告人的行为不仅破坏了金融秩序，而且侵犯了被害人的财产权。（4）二名被告人具有非法占有的目的。被告人张某某提取被害人支付的钱款与被告人刘某瓜分，并关闭某平台，造成被害人无法提现、无法查看“数字藏品”。据此，足以认定二名被告人具有非法占有的目的。据此，判决如下：

一、被告人张某某犯集资诈骗罪，判处有期徒刑三年，缓刑三年，并处罚金人民币10万元；

二、被告人刘某犯集资诈骗罪，判处有期徒刑二年六个月，缓刑三年，并处罚金人民币10万元；

三、违法所得予以追缴，不足部分责令退赔，所得款项按比例发还各被害人。

案件判决后，判决已生效。

【法官后语】

本案的争议焦点在于两名被告人的行为定性。集资诈骗罪与诈骗罪属于特殊罪名与普通罪名的关系，两罪都表现为实施欺骗行为使他人陷入错误认识后处分财产，区分二罪的关键在于，行为人是否利用诈骗的方法非法集资。

非法集资的非法性具体表现为未经有关部门依法批准借用合法经营的形式吸收资金。在审判实务中，行为人以确定的存款期限、利率，面向社会公众吸收存款的形式比较容易识别，但借用合法经营的形式变相吸收公众资金的具体表现形式复杂多样。其行为到底是正常经营活动还是以经营之名行非法集资之实，往往难以分辨，尤其是以前沿科技为载体的经营模式更具迷惑性。在正常的商品经营活动中，销售方在获得资金的同时也为购买者提供了相应价值的商品或者服务，二者属于等价交换。在金融活动中，出资方并不是以得到等价商品或者享受服务为目的，而是为了获取资金的未来收益。接受投资的一方并无实质意义的商品或者服务作为对价提供给投资人，出资方预期收益具有很大的不确定性。区分正常经营活动与融资行为主要在于两个方面：一是有无真实的商品或者服务内容；二是是否以未来的回报为目的。

本案两名被告人通过销售“数字藏品”、用户充值、提供交易平台等方式从平台众多注册用户处获得资金，从表面上看属于正常的商品交易行为，但实质上属于借用合法经营形式变相吸收公众存款。具体理由是：

第一，本案两名被告人从用户处获取资金时，未向用户提供实质意义上的商品。

“数字藏品”是一种基于NFT（区块链技术）而产生的加密数字资产。“数字藏品”业态具体表现为通过区块链、智能合约等技术手段，将数字内容确定为特定的交易对象并在NFT交易平台进行交易流转。在实体作品交易中，买家可以直接取得实体作品的所有权，而“数字藏品”交易则体现为数字资产法律关系的链上交易。“数字藏品”交易作为新兴文化业态，推动了数字艺术市场的发展和繁荣，逐渐成为虚拟世界（元宇宙）中的重要财产形态。但是，由于“数字藏品”属于非标准化的数字资产，尚未形成公认的价值确认体系，价格极易被操纵。因此，“数字藏品”交易存在炒作、洗钱、非法金融活动等风险隐患。本案中的两名被告人就是利用“数字藏品”进行炒作来非法牟利。本案中，被告人铸造“数字藏品”所使用的素材多是从互联网免费下载的图片或者从他人处以极其低廉的价格购买的普通绘画作品。每件藏品的发行数量达几千份，而且还可以无限量发行，成本极低。用户购买上述“数字藏品”后，除了能够在被告人设立的某平台上看到相关图片以及图片映射到区块链后生成的哈希值以外，再无其他用途。这些“数字藏品”图片能被任何人自由、无限复制，并不具备一般商品的稀缺性特征。涉案平台也并未构建其宣称的能与现实世界映射与交互的元宇宙，上述“数字藏品”在虚拟空间根本没有具体的应用场景。从涉案“数字藏品”的网络地址来源，欣赏、收藏价值、应用场景的可拓展性，发行方的运营能力，底层区块链的影响能力等因素综合来看，二名被告人并未提供实质意义上的商品作为用户支付资金的对价。

第二，该平台用户购买“数字藏品”是以获取预期收益为目的。本案多名被害人的陈述均证实，用户购买上述“数字藏品”时，根本不关心所购“数字藏品”实际用途和价值，而只关注所购“数字藏品”未来升值空间，期待尽快出售套现获利。由此可见，用户购买上述“数字藏品”并出售、提现的行为也并非商品交易行为，而实际上是投资理财行为。

两名被告人的行为实质是利用某平台，以商品回购、二级市场交易等方式变相吸收公众资金。涉案“某平台”发行的“数字藏品”不过是两名被告人非法吸收公众资金的幌子。两名被告人针对不特定的对象公开宣传，所吸收资金来源于不特定对象，对用户所作的承诺具有欺骗性、利诱性，导致用户产生错误认识而投资购买某平台发行的“数字藏品”。本案中，两名被告人并未将吸收的资金用于生产经营，而主要是用于借新还旧，并将部分资金直接占为己有，足以认定二名被告人具有非法占有的目的。综上，两名被告人的行为具备非法性、公开性、利诱性、社会性特征，构成集资诈骗罪。

编写人：上海市闵行区人民法院　卢进

45

P2P（点对点网络借款）网络借贷平台与大额借款人共谋欺诈借款的认定[①]

——李某某等集资诈骗案

【案件基本信息】

1. 裁判书字号

新疆维吾尔自治区高级人民法院（2023）新刑终8号刑事判决书

2. 案由：集资诈骗罪

【基本案情】

被告人李某某为向社会融资，与被告人张某某、陈某、桑某等人，于2014年12月17日成立金融公司。金融公司在未经有关部门批准从事金融业务的情况下，于2015年2月委托制作网站平台（以下简称“某平台”）并上线运营。金融公司于2016年至2017年先后成立并实际控制9家子公司。金融公司违反国家金融管理法律规定，通过网络、微信公众号、APP（手机应用软件）等途径向社会公开宣传，由金融公司及9家子公司分别在各自负责区域收集有资金需求的借款人资料，并在“某平台”发布借款标的公告，以承诺高息（10.8%~15%不等的年化利率）为诱饵，向社会不特定群体募集资金。被告人赵某、张某某、陈某、桑某、韩某、被告单位咨询公司等大额借款人，以他人名义或他人公司名义在“某平台”发布虚假借款标的，在无法归还借款时，继续发布虚假标的进行借新还旧。为控制后期虚假标的所募集资金用于归还之前借款，金

① 入库案例，参见人民法院案例库2023-04-1-134-004。

融公司通过委托收款方式，将募集资金存至公司员工或其他关联人员银行卡为公司设立资金池。经审计，金融公司及其实际控制的9家子公司在2014年12月17日至案发，通过“某平台”非法募集资金累计351319万余元，造成集资参与人损失47783万余元。

2014年12月至2017年7月28日，被告人李某某为金融公司实际控制人；2017年7月29日至案发，被告人张某某为金融公司法定代表人、实际控制人（2014年12月起担任金融公司总经理）。被告人王甲、张某、郭某分别担任金融公司信贷风控部总监、市场部总监、运营部总监，分别负责借款人资质审核、发标、催收业务、宣传推广、客户服务、网站运营维护、数据整理、对接存管方等工作。被告人王乙、张某、白某涛分别担任相关大额借款人的客户经理，负责上述大额借款人的建标、发标、催收及维护等工作。被告人韩某于2015年6月入职金融公司市场部，2016年4月任某公司法定代表人、总经理。

【案件焦点】

公司实际控制人、高管在明知大额借款人长期、反复借新还旧的情况下，仍然大肆伙同大额借款人在P2P网络借贷平台上虚构借款人信息、虚构资金用途、发布虚假标的进行欺诈借款的行为如何定性。

【法院裁判要旨】

新疆维吾尔自治区乌鲁木齐市中级人民法院经审理认为：被告人张某某等13人、被告单位咨询公司违反国家金融管理法律、法规，收集借款人资料在平台发标，承诺高息作为回报，以公开让社会不特定群体在“某平台”投标的方式吸收资金，14名被告人及被告单位均构成非法吸收公众存款罪，且系共同犯罪；被告人张某某以非法占有为目的，使用诈骗方法进行非法集资，其行为还构成集资诈骗罪。据此，以被告人张某某犯非法吸收公众存款罪、集资诈骗罪，数罪并罚判处有期徒刑十八年，并处罚金人民币100万元；以非法吸收公众存款罪，分别判处其他12名被告人三年至七年不等的有期徒刑及5万元至10万元不等的罚金；判处被告单位咨询公司罚金50万元。

一审宣判后，张某某等 8 人提出上诉。

新疆维吾尔自治区高级人民法院经审理认为：各上诉人、原审被告人、原审被告单位以非法占有为目的，使用诈骗方法进行非法集资，数额巨大，其行为均构成集资诈骗罪。原判认定的事实清楚，证据确实、充分，审判程序合法。但定性有误，应予纠正。根据《中华人民共和国刑事诉讼法》中上诉不加刑原则的规定，并结合各上诉人在共同犯罪中的地位、作用，对相关上诉人的刑期不予改判加重。据此判决：

一、维持新疆维吾尔自治区乌鲁木齐市中级人民法院（2021）新 01 刑初 26 号刑事判决第十五项，即在案扣押、冻结款项分别按比例发还集资参与人；在案查封、扣押的房产、车辆、股权、物品等变价后分别按比例发还集资参与人，不足部分责令本案被告单位、被告人继续退赔并按照同等原则分别发还；

二、撤销新疆维吾尔自治区乌鲁木齐市中级人民法院（2021）新 01 刑初 26 号刑事判决第一项至第十四项各上诉人、原审被告人定罪、量刑部分；

三、各上诉人、原审被告人等 13 人犯集资诈骗罪，分别判处三年至十五年不等的有期徒刑及 5 万元至 50 万元不等的罚金；原审被告单位犯集资诈骗罪，判处罚金人民币 50 万元。

【法官后语】

本案定性的关键在于如何把握集资诈骗罪中非法占有目的的认定以及 P2P 网络借贷平台与大额借款人共谋的认定。

一、集资诈骗罪中非法占有目的的认定

集资诈骗罪中非法占有目的的认定，既要审查被告人实施的行为是否符合相关司法解释明确列举的非法占有目的的情形，还要审查非法募集资金的去向。

具体到本案，金融公司先后在李某某、张某某的实际控制下，违反国家金融管理法律规定，通过网络、微信公众号、APP 等途径向社会公开宣传，以承诺高息（10.8%~15%不等的年化利率）为诱饵，向社会不特定群体募集资金。李某某、张某某先后负责公司经营管理，王甲、张某、郭某、王乙、白某涛分别负责业务推广、网站维护、资质审核、借款催收、客户服务等非法集资全链条工作。上述公司实际控制人、高管的行为符合非法集资的违法性、公开性、利诱性、社会性特征，应认定为非法集资行为。

大额借款人募集的资金并未用于生产经营活动，而主要用于放贷、偿还银行贷款、个人债务、购买股权、个人购房等，借款后明知其盈利能力不具有支付全部本息的现实可能性并在平台多次督促还款亦无法归还借款时，仍继续通过虚构借款人信息、发布虚假标的等虚构事实、隐瞒真相的形式，骗取集资参与人投资款用于归还前期借款本息，导致数额巨大的投资款不能返还，综合集资行为的真实性、募集资金的目的、资金去向、还款能力等，上述大额借款人使用诈骗方法非法集资的行为符合《最高人民法院关于审理非法集资刑事案件具体应用法律若干问题的解释》等规定的“集资后不用于生产经营活动或者用于生产经营活动与筹集资金规模明显不成比例”“明知没有归还能力而大量骗取资金”“归还本息主要通过借新还旧来实现”等认定非法占有目的的情形，应认定其具有非法占有目的，各上诉人、原审被告人行为均构成集资诈骗罪。

二、P2P（点对点网络借款）网络借贷平台与大额借款人共谋的认定

P2P网络借贷平台与大额借款人共谋的认定，应注意审查公司实际控制人、高管等对于大额借款人发布虚假借款标的进行欺诈借款是否明知。本案中，赵某、张某某、陈某、桑某、韩某、咨询公司等为某平台大额借款人。赵某假借90余家、张某某假借30余家、陈某假借50余家、桑某假借30余家、韩某假借或伪造9家、咨询公司假借130余家单位及个人名义，通过虚构资金用途、发布虚假借款标的形式进行欺诈借款。公司实际控制人、高管明知某平台不具备盈利能力，大额借款人亦长期、反复借新还旧，客观上不可能归还逐渐累积的借款利息，非法募集的资金链必然会断裂，仍然大肆伙同上述大额借款人在平台上虚构借款人信息、发布虚假标的进行欺诈借款；且在自治区金融监管机构向金融公司发出整改意见后，使用虚假公司借款代替虚假个人借款进行虚假整改；在后期出现大额借款人怠于借新还旧时，又主动帮助其发布虚假标的进行

借新还旧，不断扩大借款范围，主观上均有基于骗取投资人钱款的故意，客观上实施了以诈骗方法非法集资的行为，应认定为与大额借款人共谋实施集资诈骗犯罪。

编写人：新疆维吾尔自治区高级人民法院　毕玉超

46

贷款诈骗罪的认定及与相关罪名的区分与界定

——周某某等贷款诈骗案

【案件基本信息】

1. 裁判书字号

河南省信阳市中级人民法院（2023）豫15刑终158号刑事裁定书

2. 案由：贷款诈骗罪

【基本案情】

被告人周某某、扶某为骗取银行贷款，伪造了国有建设用地使用权出让合同，编造了采购、收购、买卖合同和订货清单。2016年7月27日，被告人刘某利用其担任新县国土资源局副局长的便利，为周某某、扶某办理了虚假的他项权证。2016年7月29日，周某某、扶某、刘某共同来到某信用社，周某某与某信用社签订了个人借款合同（内容为：（1）借款金额1500万元。（2）借款用途：采购原材料；还款来源：销售收入。（3）贷款期限自2016年7月29日至2019年7月29日）和抵押合同。周某某和扶某于2016年7月29日当天骗得1500万元贷款，该1500万元贷款由被告人周某某、扶某实际控制并使用，被告人周某某、扶某既没有将贷款用于其编造的采购原材料上，也未将贷款用于其他生产经营，而是将骗取的贷款先后转入方某某、扶某、江某、周某某等人银行账户内，又流向江某、阮某某、周某某、扶某等人的银行账户中，在短短数月时间内，该1500万元贷款被周某某、扶某挥霍殆尽，其中大部分用于借贷和为三被告人偿还债务。贷款到期后，某银行经过催要和民事诉讼，被告人周某某、扶某仍未归还。

【案件焦点】

1. 被告人是否构成贷款诈骗罪，即是否具有“非法占有目的”的犯罪意图；2. 三被告人是否构成共同犯罪。

【法院裁判要旨】

河南省息县人民法院经审理认为：被告人周某某与扶某、刘某以非法占有为目的，经过共同预谋、分工合作、相互配合，采用一系列虚假手段诈骗银行贷款，数额特别巨大，诈骗资金到账后，被告人既没有将贷款用于贷款合同中所述的采购原材料上，也未将贷款用于其他生产经营，而是将其中大部分用于借贷和偿还债务，被告人周某某、扶某、刘某的行为构成贷款诈骗罪，且系共同犯罪。公诉机关指控成立，本院予以支持。周某某与扶某均具体实施了该罪的主要实行行为，对于贷款诈骗的犯罪得逞起到了主要作用，均应认定为主犯，被告人刘某在共同犯罪中起辅助作用，系从犯。三被告人到案后均拒不交代主要犯罪事实，认罪、悔罪态度较差，故对周某某辩护人提出周某某构成自首及扶某的辩护人提出扶某系坦白的意见不予采纳；周某某、扶某无犯罪前科，系初犯，可酌情从轻处罚；刘某系从犯，应当从轻、减轻处罚；刘某在缓刑考验期间（因犯滥用职权罪于2018年6月12日被河南省信阳市中级人民法院判处有期徒刑两年，缓刑三年，缓刑考验期自2019年8月8日始自2022年8月7日止）发现漏罪，应当撤销缓刑，数罪并罚。

河南省息县人民法院依照《中华人民共和国刑法》第一百九十三条、第二十五条、第二十七条、第五十二条、第五十三条、第六十四条、第七十七条第一款的规定，经本院审判委员会讨论决定，作出如下判决：

一、被告人周某某犯贷款诈骗罪，判处有期徒刑十三年，并处罚金40万元

（未缴纳）；

二、被告人扶某犯贷款诈骗罪，判处有期徒刑十二年，并处罚金30万元（未缴纳）；

三、被告人刘某犯贷款诈骗罪，判处有期徒刑六年，并处罚金18万元；

四、责令被告人周某某、扶某、刘某在本判决书生效后十日内退赔被害人某银行11388310元。

一审宣判后，被告人周某某、扶某、刘某提出上诉。

河南省信阳市中级人民法院经审理认为：本案争议焦点有两条，其一，三被告人在贷款过程中是否具有以非法占有为目的，实施了虚构事实，隐瞒真相，共同骗取银行贷款行为；其二，三被告是否属于相互分工合作，互相配合构成贷款诈骗罪共犯。对于争议焦点一评析如下：第一，周某某全程参与了伪造国有建设用地使用权出让合同，编造采购、收购、买卖合同，订货清单及办理虚假的他项权证，依此骗取了银行工作人员的信任，通过了贷款核验。在诈骗资金1500万元到位后，由周某某和扶某共同支配和使用，大部分资金既没有用于贷款合同中所述的采购原材料，也没有用于其他合法经营，而是用于偿还债务和借贷，致使银行贷款得不到偿还保证。故，周某某在无偿还能力、无还款保证的情况下，诈骗银行巨额贷款的行为具备非法占有的故意。周某某明知自己的行为会扰乱金融秩序和安全，仍然实施了以欺骗手段取得金融机构贷款的行为，且造成了重大损失，其行为构成贷款诈骗罪，周某某辩称其对贷款使用的是虚假抵押物不知情、自己没有非法占有该笔贷款的目的及其辩护人提出的周某某主观上没有非法占有故意，不构成贷款诈骗罪，应定为骗取贷款罪的理由与查明事实不符，本院不予采纳。第二，贷款是以周某某的名义申请，很多活动周某某出面是符合常理的，根据一审查明的事实与证据，足以认定扶某对周某某实施贷款诈骗是明知且参与了谋划和实施，具有非法占有银行贷款的目的，并在贷款发放后参与了分赃。故，关于扶某未参与贷款诈骗，没有非法占有目的的理由本院不予采纳。第三，他项权证审批表及刘某的供述证明，审批表上的签字确为刘某所签，并且刘某明知该建设用地尚未出让，根据一审查明的事实与证据，足以认定刘某主观上明知周某某、扶某使用虚假的抵押物诈骗贷款，客观上为贷款诈骗提供了帮助行为。故，刘某提出的未参与贷款诈骗，不构成贷款诈骗罪的理由本院不予采纳。对于争议焦点二评析如下，周某某、扶某、刘某三人在贷款过程中分工合作，互相配合，实施了虚构事实或者隐瞒真相的欺诈行为中的一个或数个，进而利用这些欺诈行为对银行进行贷款诈骗，均具有以非法占有为目的，数额特别巨大，其行为构成贷款诈骗共同犯罪。

河南省信阳市中级人民法院依照《中华人民共和国刑事诉讼法》第二百三十六条第一款第一项之规定，裁定：

驳回上诉，维持原判。

【法官后语】

一、贷款诈骗中“以非法占有为目的”的认定

贷款诈骗罪是目的犯，是否具有“以非法占有为目的”，是认定贷款诈骗行为罪与非罪、此罪与彼罪的界线。

作为行为人的一种主观心理状态，非法占有目的的证明相较于其他客观犯罪事实存在一定难度。在司法实践中，认定行为人是否具有非法占有目的，应当坚持主客观相一致的原则，既要避免单纯根据损失结果客观归罪，也不能仅凭被告人自己的供述，而应当根据案件具体情况具体分析。

1. 贷款时行为人的偿债能力。贷款时行为人的偿债能力可根据其本人负债情况、资产多少、个人征信、担保价值等来体现。若行为人明知自己偿债能力不足，还采取欺骗手段骗取贷款，且到期后不能偿还的，一般会被认定为存在非法占有目的。如果行为人没有认识到自己的偿债能力，不能仅根据偿债能力这一项内容就认定行为人有非法占有目的，还需结合后续还款情况以及后续偿债能力来综合认定。

2. 取得贷款后行为人的实际用途。此类犯罪中，贷款用途被虚构是比较常见的情形。如果骗取贷款的目的是用于生产经营，并且大部分的资金确实被运用于生产经营，则认定骗取贷款罪的可能性更大一些；如果骗取贷款的目的是用于个人挥霍，或者用于偿还个人债务，或者用于单位或个人拆东墙补西墙，

则认定贷款诈骗罪的可能性更大一些；若偿债能力本来就不足，获取贷款后又全都用于或主要用于偿还之前的债务，致使银行贷款到期后无力偿还，这种情况下被认定具有非法占有目的的可能性较大。司法实践中，还存在无法查明资金流向且行为人无法说明其真实去向的情形，此时便可能被认定为贷款诈骗罪。

另外，“以贷还贷”的借款合同一般会在民法上认定为有效，由于刑事制裁的谦抑性，一般也不会以刑法加以规制。但如果行为人多次贷新还旧，每次换据都有增加贷款金额，在偿还上一笔贷款本息后，将剩余款项归为个人使用，在首次贷款不能偿还的情况下，又多次继续通过新的贷款不断占有银行更多资金拒不偿还，严重侵害了金融管理秩序，仍然存在构成贷款诈骗罪的空间。

3. 行为人后续还款情况。从后续还款阶段的表现情况来看，认定非法占有目的，一方面要从行为人的还款行为来认定，另一方面还要结合行为人的偿债能力，还款意愿真实性、还款积极性来认定。即使行为人没有偿还全部贷款，但种种行为表明，其在贷款后一直在努力经营，努力提高自己的偿债能力，积极筹集资金偿还贷款，那便能排除其非法占有目的。贷款到期并经银行催要后仍拒不归还，且行为人通过处置自己的财产得到了一定资金，但却不用于偿还到期贷款，此时非法占有目的就比较明显了。另外，不能仅因为行为人到期没有还款就认定其具有非法占有目的，无法偿还的原因也需进一步调查，若全部或部分资金都投入了正常合法的生产经营活动，但因经营不善等行为人意志以外的原因无法偿还，则可排除其非法占有目的。

本案中，被告人周某某全程参与了伪造国有建设用地使用权出让合同，编造采购、收购、买卖合同，订货清单及办理虚假的他项权证，依此骗取了银行工作人员的信任，通过了贷款核验。在诈骗资金1500万元到位后，由周某某和扶某共同支配和使用，大部分资金既没有用于贷款合同中所述的采购原材料，也没有用于其他合法经营，而是用于偿还债务和借贷，致使银行贷款得不到偿还保证。故，周某某在无偿还能力、无还款保证的情况下，诈骗银行巨额贷款的行为具备非法占有的故意。扶某对周某某实施贷款诈骗是明知且参与了谋划和实施，具有非法占有银行贷款的目的，刘某主观上明知周某某、扶某使用虚假的抵押物诈骗贷款，客观上为贷款诈骗提供了帮助行为。三人均有非法占有目的的主观意图。

二、贷款诈骗行为中共同犯罪的认定

贷款诈骗共同犯罪是指由两人及以上进行的犯罪，并且二人之间有共同犯罪的故意；双方有联络意思，可以都是贷款诈骗罪的实行犯，也可以是其中有主犯、从犯或有具体分工。

（一）行为人与任意自然人串通共同诈骗的情形

在这种情形下，行为人与任意自然人勾结实施贷款诈骗，共同实施贷款诈骗行为中的任意一个方面，只要二者具有共同故意，即明知或者应当知道行为人不是一个人单独实施，并且具有共同的非法占有贷款的目的，并实施了编造引进资金、项目等虚假理由、使用虚假的经济合同、使用虚假的证明文件、使用虚假的产权证明作担保、超出抵押物价值重复担保或者以其他方法等虚构事实或者隐瞒真相的欺诈行为中的一个或数个，进而利用这些欺诈行为对银行或其他金融机构进行贷款诈骗，即构成贷款诈骗罪的共犯。不论行为人共同实施完毕所有的构成要件行为还是在共同犯意形成后的任意时间退出但并未阻止犯罪最终完成，都构成贷款诈骗罪共犯的既遂。根据共同犯罪的理论，甚至只要共同犯罪人在行为实施过程中加入犯罪的实施，也构成贷款诈骗罪的共犯。

（二）行为人串通银行工作人员共同实施诈骗的情形

对于银行或者其他金融机构的工作人员与实施贷款诈骗行为的犯罪分子事前通谋，为贷款诈骗活动提供帮助的，一般是以贷款诈骗罪的共犯论处。在有国家工作人员身份的银行工作人员与外部人员相勾结的情形下，如果外部行为人的行为所表现出来的贷款诈骗的故意即使没有银行内部工作人员的职务利用行为的配合也能单独完成，银行工作人员仅仅是做了附带的、帮助性的作用，对利用职务或职权行为非法占有的故意只是概括的、从属于以贷款诈骗非法占有的，全案的故意应当认定为贷款诈骗的非法占有的故意。相反，如果银行工作人员的职务利用行为出于积极主动的，且对贷款诈骗行为起到诱导、支配甚亘利用的作用，则应当认定为贪污的故意。

（三）行为人与担保人相串通的情形

1. 担保人提供虚假担保的情形。行为人意图诈骗贷款而由保证人提供虚假担保的，即利用保证人的信用进行诈骗。保证人因而成立共犯的，只存在于保证人明知行为人意图诈骗贷款的情形。如果保证人仅对行为人诈骗贷款明知，而对其非法占有目的并无认识或不应当有认识，则不能成立共犯，因为在这种情形下，其与行为人之间不具有成立共犯的“共同故意”。

2. 担保人提供的担保是真实的情形。从贷款诈骗罪的构成来看，只要行为人实施了“编造引进资金、项目等虚假理由、使用虚假的经济合同、使用虚假的证明文件、使用虚假的产权证明作担保、超出抵押物价值重复担保或者以其他方法”中的任何一个行为，使银行陷入认识错误并处分了银行资金，行为人即构成贷款诈骗。另外，行为人在请求担保人对其贷款作担保之时，已经对担保人进行了欺骗，并进而利用担保人的财产、信誉或者其他可担保事项对银行进行贷款，只是对担保人的欺诈而没有欺诈银行。但是当担保人知道或者应当知道行为人以非法占有的目的而欺骗自己为其提供担保之后主动或与行为人共谋隐匿担保财产，从而形成事后的共同故意和共同行为，应当认定为贷款诈骗罪的共同犯罪。

本案中，周某某明知自己的行为会扰乱金融秩序和安全，仍然实施了以欺骗手段取得金融机构贷款的行为，且造成了重大损失，其行为构成贷款诈骗罪，扶某对周某某实施贷款诈骗是明知且参与了谋划和实施，刘某对周某某、扶某实施贷款诈骗的行为主观上明知，客观上提供了帮助行为。三人以非法占有为目的，虚构事实，隐瞒真相，分工合作，互相配合，共同骗取银行巨大贷款，其行为构成贷款诈骗罪共同犯罪。周某某与扶某均具体实施了该罪的主要实行行为，对于贷款诈骗的犯罪得逞起到了主要作用，均应认定为主犯，被告人刘某在共同犯罪中起辅助作用，系从犯。

编写人：河南省息县人民法院　杜辉

47

实施车贷诈骗后，虚构事实转售该车的行为构成洗钱罪

——李某某等贷款诈骗、洗钱案

【案件基本信息】

1. 裁判书字号

安徽省滁州市中级人民法院（2023）皖11刑终148号刑事裁定书

2. 案由：贷款诈骗罪、洗钱罪

【基本案情】

李某某让马某某联系人员以按揭贷款方式购买车辆后再出售，以骗取车贷。马某某于2022年4月初与章某联系，商议由章某使用身份信息及征信记录到车辆金融公司以按揭贷款方式购买车辆，再将购买的车辆出售给他人以骗取车贷。章某同意后，马某某告知李某某，李某某遂联系耿某并告知骗取车贷的事情，同时要求耿某联系人员提供办理车贷所需的首付款，耿某联系田某，告知此事后由田某垫付购车首付款。

章某到达河北保定后，李某某联系汽车贸易公司订购了一辆价值19.495万元的黑色轿车，田某于2022年4月18日给章某8.495万元用于交首付款，章某以自己名义从上海汽车集团财务有限责任公司贷款11万元，后李某某、章某将该车辆从汽车店提出。因系车贷购车，车辆的购置发票、合格证均在汽车店保管，李某某通过网络联系他人购买假合格证和假购车发票，由田某、耿某使用假合格证、假购车发票到某车管所登记上牌，致使财务公司无法对该车辆设置抵押。后经各被告人商议，由耿某联系二手车商将该车辆以19.2万元的价格出售，售车款汇入田某的银行卡内，田某扣除其支付的首付款、办假证费用和其

他费用后，剩余的资金分给各被告人。在分配资金时李某某等人为掩盖贷款诈骗的行为，要求章某偿还三个月的车辆贷款（章某实际偿还三个月车贷）。

2022 年 5 月初，李某某联系安徽合肥的汽车店订购一辆价值 26.99 万元的白色商务车，田某提供首付款 16.706 万元，首付款通过章某的银行卡汇至汽车店，并向汽车金融公司办理车贷 9.1843 万元，章某签署车贷合同后，汽车店将车辆的购车发票、合格证邮寄至保定市。后章某联系拖车将该车辆运输至某县，田某、耿某携带购置发票和合格证到某县车管所进行登记上牌，登记上牌时未设置抵押，而是直接将该车辆送回至保定市，以 25.4 万元将该车辆出售给二手车商，将出售资金进行分配，并要求章某偿还三个月的车贷（章某实际偿还二个月车贷）。

【案件焦点】

李某某等人是否构成洗钱罪。

【法院裁判要旨】

安徽省来安县人民法院经审理认为：李某某等人以非法占有为目的，诈骗金融机构的贷款，数额较大，其行为均已构成贷款诈骗罪；在通过按揭贷款骗购车辆后，为掩饰、隐瞒犯罪所得的来源和性质，将车辆出售转换为现金，五人行为均构成洗钱罪，应数罪并罚。依照《中华人民共和国刑法》第一百九十三条第五项、第一百九十一条第一款第二项之规定，作出判决如下：

一、李某某犯贷款诈骗罪，判处有期徒刑二年一个月，并处罚金人民币 5 万元；犯洗钱罪判处有期徒刑一年，并处罚金人民币 1 万元。数罪并罚，决定执行有期徒刑三年，并处罚金人民币 6 万元；

二、马某某犯贷款诈骗罪判处有期徒刑一年八个月，并处罚金人民币 5 万元；犯洗钱罪判处有期徒刑九个月，并处罚金人民币 1 万元。数罪并罚，决定执行有期徒刑二年三个月，并处罚金人民币 6 万元；

三、田某犯贷款诈骗罪判处有期徒刑一年六个月，并处罚金人民币 5 万元；犯洗钱罪判处有期徒刑八个月，并处罚金人民币 1 万元。数罪并罚，决定执行有期徒刑二年一个月，并处罚金人民币6万元；

四、章某犯贷款诈骗罪判处有期徒刑一年六个月，并处罚金人民币5万元；犯洗钱罪判处有期徒刑八个月，并处罚金人民币1万元。数罪并罚，决定执行有期徒刑二年一个月，并处罚金人民币6万元；

五、耿某犯贷款诈骗罪判处有期徒刑一年四个月，并处罚金人民币5万元；犯洗钱罪判处有期徒刑七个月，并处罚金人民币1万元。数罪并罚，决定执行有期徒刑一年七个月，并处罚金人民币6万元；

六、对案涉赃款予以追缴，发还被害人；对被公安机关依法扣押的作案工具及随案移送的章某手机一部予以没收。

章某不服上述判决，提出上诉。

安徽省滁州市中级人民法院经审理认为：上诉人章某、原审被告人李某某、马某某、田某、耿某犯贷款诈骗罪、洗钱罪的事实清楚，证据确实充分。原审法院根据章某等原审被告人的犯罪事实、情节及对社会危害程度，依法作出判决，定罪准确、量刑适当、审判程序合法。对上诉人关于从轻处罚的意见依法不予采纳。

依照《中华人民共和国刑事诉讼法》第二百三十六条第一款第一项的规定，裁定：

驳回上诉，维持原判。

【法官后语】

实施毒品犯罪、黑社会性质的组织犯罪、走私犯罪、贪污贿赂犯罪、破坏金融管理秩序犯罪、金融诈骗犯罪后通过洗钱来掩饰、隐瞒相关犯罪所得及收益犯罪手段、形式呈现多样化、隐蔽性、复杂性，洗钱犯罪不但助长了七类上游犯罪活动，还严重危害国家金融管理秩序以及经济安全，社会危害性极其严重。

《中华人民共和国刑法修正案（十一）》对第一百九十一条洗钱罪作出重大调整，扩大了洗钱罪的犯罪主体，将“自洗钱”单独规定为犯罪，即行为人自己实施七类上游犯罪后为了掩饰、隐瞒犯罪所得及其产生的收益的来源和性质，侵害金融管理秩序和司法机关的正常活动，通过金融活动将赃款合法化的行为，应当以洗钱罪定罪处罚，与上游犯罪实行数罪并罚。目前，我国出台一系列鼓励和促进汽车消费的相关政策，但也让一些不法分子钻了漏洞，利用汽车按揭分期贷款手续简单、标准宽松等情况，实施贷款诈骗犯罪。

本案争议的焦点主要是：以非法占有金融机构贷款为目的，购买按揭车辆后隐瞒车辆有抵押贷款的事实，转售他人再取现分赃的行为是否构成自洗钱。

第一种意见认为，根据《中华人民共和国民法典》规定的平等原则，民事主体在民事活动中的法律地位一律平等，本案中李某某等人具有平等参与民事活动的权利。章某两次按揭购车分别支付了汽车全款的至少43%和61%的首付款，并提交真实的个人身份信息和征信记录来按揭贷款，贷款直接支付给汽车店，章某提出新车。轿车作为一种特殊动产，本质上具有动产的属性，根据《中华人民共和国民法典》关于动产物权的规定，章某自提车时享有该车的所有权，有权处置转售轿车。整个按揭贷款购车的过程中章某虽然提交没有实体经营的店面证明自己有收入能力，但虚构材料事实等给新车登记上牌、隐瞒车辆有抵押的情况属于民事欺诈，违反市场经济的公平、诚信原则，且后期章某已偿还至少两期贷款。故，本案应当认定为民事经济纠纷，可以通过民事途径来解决所欠金融机构贷款的问题。

第二种意见认为，本案李某某等人以非法占有金融机构贷款为目的，事前通谋、分工明确地形成“金融车套现业务”犯罪团伙，犯意提出、按揭贷款购车、转售车辆取现分赃等行为是整个犯罪过程的不同阶段，提车后将车辆出售给他人变现的行为是行为人从犯意开始就谋划达到如此目的，故该行为具有期待可能性，属于事后不可罚的范围，李某某等人转售新车变现的行为可以被贷款诈骗罪包含评价，不宜再定洗钱罪。

第三种意见认为，本案李某某等人以非法占有金融机构贷款为目的，通过先行支付首付款按揭购买车辆，金融机构将贷款付款至约定账户，行为人将新车提出时，贷款诈骗犯罪既遂，后意图逃避司法机关追究，将犯罪所得“洗白”，隐瞒轿车有按揭抵押的事实，将轿车转售他人再取现分赃的行为系“自洗钱”，构成洗钱罪，应当与贷款诈骗罪数罪并罚。

笔者同意第三种意见。交易型诈骗犯罪是以一定形式的市场交易为载体，行为人以出售或者购买特定商品、服务为名，诈骗公私财物的犯罪类型。本案是一起典型的交易型诈骗犯罪，行为人形成有组织、有体系的“金融车套现业务”犯罪团伙，事前通谋、分工明确，实施一系列“假购车，真套现”诈骗行为，最终将按揭贷款车辆转售取现分赃获取非法利益，不仅给提供购车贷款的金融机构造成巨大损失，也严重破坏了正常的金融管理秩序和司法机关的正常活动。如何评价李某某等人的行为主要从以下几点重点审查。

一、贷款民事欺诈与贷款诈骗罪的区别

实践中，对于确有证据证明行为人不具有非法占有的目的，因不具备贷款的条件而采取了欺骗手段获取贷款，案发时有能力履行还贷义务，或者案发时不能归还贷款是因为意志以外的原因，如因经营不善、被骗、市场风险等，不应以贷款诈骗罪定罪处罚。贷款民事欺诈是指行为人在申请、获取银行或其他金融机构贷款时故意将不真实的情况当作真实的情况加以表示，使银行或其他金融机构产生误解进而做出意思表示发放贷款，因此出现金融借贷纠纷，需要双方协商或者民事诉讼等渠道解决。贷款诈骗罪是以非法占有为目的，用虚构事实或隐瞒真相的方法，诈骗银行或其他金融机构的贷款，数额较大的行为。贷款民事欺诈和贷款诈骗罪在主观上都意图欺骗银行或金融机构，客观上亦实施了一定程度的欺诈行为，二者区别的关键在于行为人是否具有非法占有金融机构贷款的目的。市场经济活动中，行为人可能或多或少使用欺诈手段来达成交易目的，判断行为人是否有非法占有金融机构贷款的目的，不能简单以行为人是否用欺诈手段获得贷款，或者不偿还到期贷款就决断认定主观上具有非法占有的目的，因犯罪意图是看不见、摸不着的一种内部心理活动，具有隐蔽性和抽象性，故司法实践中应当综合行为人的购买目的、实际用途、经济状况、生活工作经历、还贷情况等，准确认定行为人的主观意图。本案中，李某某等人均供述是以非法占有金融机构贷款为目的，且让沉溺赌博、急需用钱的章某以个人信息征信贷款，在贷款过程中章某虚构没有实体经营的店铺欺骗车贷公司的贷款，新车提出后采取异地登记上牌，隐瞒车辆有抵押的事实，没有实际使用该车，遂寻找买家将车辆卖出，还贷过程中虽然还了至少两期贷款但也是为了规避司法机关的追查，并试图将犯罪行为伪装成民事金融借贷纠纷，免于刑事责任。故，以上可以看出李某某等人具有非法占有金融机构贷款的目的，不是贷款民事欺诈，应当以贷款诈骗罪定罪处罚。

二、贷款诈骗罪既遂标准及自洗钱行为评价

贷款诈骗罪在犯罪主观方面要求行为人以非法占有为目的故意骗取银行或其他金融机构的贷款；在犯罪客观方面要求行为人采用虚构事实、隐瞒真相的方法，诈骗银行或其他金融机构的贷款，数额较大的行为；在犯罪主体上要求达到刑事责任年龄、具有刑事责任能力的自然人；在犯罪客体上侵犯的是双重客体，既侵犯了银行或者其他金融机构对贷款的所有权，又侵犯了国家金融管理制度。贷款诈骗罪是结果犯，要求实施的行为造成特定的结果才能成立犯罪既遂，即是否成功骗取了银行或其他金融机构的贷款。本案中，李某某等人骗取金融机构贷款自按揭贷款支付至约定账户、购车人实际占有车辆时即造成损害结果，此时李某某等人已是犯罪既遂形态，根据《中华人民共和国刑法》第一百九十三条第五项的规定，行为人均构成贷款诈骗罪既遂。

洗钱罪在犯罪主观方面要求故意掩饰、隐瞒上游犯罪的所得及其产生的收益的来源和性质；在犯罪客观方面要求行为人实施了掩饰、隐瞒毒品犯罪、黑社会性质的组织犯罪、走私犯罪、贪污贿赂犯罪、破坏金融管理秩序犯罪、金融诈骗犯罪的违法所得及其产生的收益的来源和性质的行为；在犯罪主体上要求达到刑事责任年龄、具有刑事责任能力的自然人和单位；在犯罪客体上侵犯的客体是国家金融管理秩序和司法机关的正常活动。行为人通过各种手段切断与上游七类犯罪的联系，从而改变犯罪所得的性质和来源，这是带有明显“漂白”性质的洗钱行为，以此切断了犯罪所得与上游七类犯罪的关联性，已不再是上游七类犯罪的自然延伸，超出“事后不可罚”的范围，而这种“漂白”行为不仅助长了上游七类犯罪的性质，还因犯罪所得再次投入流通的行为，破坏了经济、金融市场的完整性、稳定性，影响良性竞争。本案中，李某某等人实施贷款诈骗获得轿车后没有直接占有、使用汽车，而是为了规避公安机关侦查追究，逃避刑事责任，通过虚构购车手续材料、拒不配合金融机构给车辆设置抵押权，私自给新购车辆异地登记上牌，再将按揭车辆转售他人，后取现分赃的行为不是本案贷款诈骗罪的构成要件，超出了贷款诈骗犯罪期待可能性的范畴。自新购车辆被提出的后续一系列行为不是对犯罪所得的占有、获取、窝藏等纯物理性的财产转移行为。而是意在切断与贷款诈骗犯罪之间的关系，掩饰、隐瞒资金流向，竭尽全力改变贷款诈骗资金的来源、形态、性质等，使犯罪所得的形态发生变化，让公安机关无法追查、甄别，侵害金融管理秩序和上游犯罪的保护法益，在性质上属于自洗钱行为，不能被贷款诈骗罪所包含和评价，因而不属于重复评价，根据《中华人民共和国刑法》第一百九十一条第一款第二项的规定，李某某等人构成洗钱罪，应当与贷款诈骗罪进行数罪并罚。综上，根据李某某等人的犯罪事实、情节及认罪悔罪态度等，作出上述判决。

编写人：安徽省来安县人民法院　郭娟娟

48

单位犯保险诈骗罪对单位及其直接负责主管人员以及其他直接责任人员的定罪量刑

——李某等保险诈骗、交通肇事案

【案件基本信息】

1. 裁判书字号

四川省宜宾市中级人民法院（2023）川 15 刑终 158 号刑事判决书

2. 案由：保险诈骗罪、交通肇事罪

【基本案情】

被告单位某公司登记成立后，被告人孙某某为负责人，被告人刘某某与公司有技术合作关系，并将自己所有的小型普通客车租给公司使用。2020 年 5 月某日，被告人李某作为某公司当天带队负责人，驾驶小型普通客车搭乘被告人邱某某、钟某某（二人均为某公司实习生）等人开展土地测量工作。早餐期间，邱某某无证驾驶小型普通客车去加油，加完油后在道路上与其他车辆发生交通事故，造成四名行人受伤及三车受损的交通事故。其中一名行人经医治无效死亡。事故发生后，李某明知是邱某某无证驾驶车辆，却指使在场有驾驶证的被告人钟某某顶替邱某某接受民警的调查，主动向保险公司报险。后李某打电话将发生了交通事故一事告诉了孙某某，但未汇报“顶包”的情况。孙某某随即到现场并前往医院了解伤者情况，并将发生交通事故一事以及需委托专人处理保险理赔业务告知了刘某某，刘某某同意委托专人处理保险理赔业务。孙某某联系被告人周某某处理保险理赔事宜。后孙某某、刘某某均得知了虚假报险等真相，在经周某某通知后，刘某某与钟某某以车主和驾驶人身份到保险公司申请用商业险垫付伤者医药费。2020 年 8 月，周某某从李某、孙某某处得知交通事故真相后，仍然隐瞒事实真相并催促保险公司垫付医药费，又陆续从钟某某处收取处理事故劳务费。之后事故责任认定钟某某承担事故主要责任，货车驾驶员承担事故次要责任，四名行人不承担此事故责任。伤者、死者家属先后向法院提起诉讼，法院开庭进行了审理，刘某某作为车主参加了其中一次死者家属提起的诉讼，钟某某参加了全部诉讼，造成不应理赔的两家保险公司共计损失 92 万余元。后钟某某主动到公安机关投案，并如实供述了犯罪事实，公安机关立案后，其余被告人陆续归案。

【案件焦点】

1. 本案是个人犯罪还是单位犯罪；2. 钟某某是否构成包庇罪；3. 李某是否构成交通肇事罪；4. 本案是否区分主从犯；5. 某公司是否认定自首；6. 刘某某是否为某公司负责人，在单位犯罪中是否为直接负责的主管人员或其他直接责任人员。

【法院裁判要旨】

四川省宜宾市叙州区人民法院经审理认为：被告单位某公司对发生的保险事故编造虚假的原因和隐瞒真实情况，骗取保险金 92 余万元，数额巨大，其行为已构成保险诈骗罪。被告人刘某某、孙某某系单位直接负责的主管人员，被告人周某某、李某、钟某某系其他直接责任人员，应当以保险诈骗罪追究刑事责任。被告人李某指使被告人邱某某违反交通运输管理法规，无证驾驶机动车，发生致一人死亡，三人受伤的重大交通事故，并为帮助邱某某逃避法律追究，而隐瞒肇事者身份，指使被告人钟某某“顶包”邱某某，李某和邱某某的行为属于交通肇事逃逸，构成了交通肇事罪，被告人李某一人犯数罪，应实行数罪并罚。公诉机关起诉指控被告人钟某某犯包庇罪不能成立。据此，四川省宜宾市叙州区人民法院以保险诈骗罪，分别判处被告单位某公司罚金人民币 10 万元；判处被告人刘某某有期徒刑三年，缓刑三年；判处被告人孙某某有期徒刑三年，缓刑四年；判处被告人周某某有期徒刑三年，缓刑四年；判处被告人钟某某有期徒刑三年，缓刑四年。以保险诈骗罪、交通肇事罪，数罪并罚，判处被告人李某有期徒刑五年六个月。以交通肇事罪，判处被告人邱某某有期徒刑三年，缓刑四年。没收被告人周某某退缴的违法所得 83050 元，上缴国库。

一审宣判后，刘某某和李某提出上诉。

四川省宜宾市中级人民法院经审理认为：原判认定原审被告单位和原审被告人孙某某、钟某某、周某某和上诉人李某、刘某某犯保险诈骗罪的事实清楚、证据确实充分。但认定上诉人李某犯交通肇事罪的证据不足，认定刘某某系单位犯罪直接负责的主管人员的证据不足，未认定单位自首不当。鉴于刘某某和周某某是从犯，且刘某某具有更多其他同案犯不具有的从轻情节。据此，判决如下：

一、维持四川省宜宾市叙州区人民法院（2022）川 1521 刑初 77 号刑事判决的第三项、第五项、第六项、第八项，即对原审被告人孙某某、钟某某、邱某某的定罪量刑部分以及对原审被告人周某某的没收非法所得部分；

二、撤销四川省宜宾市叙州区人民法院（2022）川 1521 刑初 77 号刑事判决的第一项、第二项、第四项、第七项，即对原审被告单位某公司、上诉人李某、刘某某和原审被告人周某某的定罪量刑部分；

三、原审被告单位某公司犯保险诈骗罪，判处罚金人民币 9 万元；

四、上诉人李某犯保险诈骗罪，判处有期徒刑三年四个月；

五、原审被告人周某某犯保险诈骗罪，判处有期徒刑二年六个月，缓刑三年；

六、上诉人刘某某犯保险诈骗罪，判处有期徒刑二年，缓刑二年。

【法官后语】

本案的争议焦点在于：(1) 李某是否构成交通肇事罪。(2) 能否认定刘某某系某公司负责人、能否认定刘某某与孙某某是某公司的合伙人以及能否认定刘某某是单位犯罪中直接负责的主管人员或其他直接责任人员。(3) 本案是否区分主从犯。(4) 某公司是否认定自首。

一、李某是否构成交通肇事罪

在车辆如何交由邱某某驾驶的细节上，虽然邱某某自始供称系李某停好车子后，把车钥匙交给他，喊他去给车子加油的，但李某自始辩称，其仅是对先下车的人说哪个先吃完面就去加油，然后就去吃面去了，不知道是哪个把车子开去加油的；钟某某供称，不晓得咋个邱某某就将车子开去加油站加油去了；证人马某称，李某就说哪个是吃了早饭的把车子开去加油，邱某某就将车子开去加油站加油去了；证人刘某证称，不晓得是哪个开的车。上述被告人和证人证言对该细节的供述和陈述，不足以证明李某有“指使、强令”无证的邱某某驾驶肇事车辆的行为。不符合《最高人民法院关于审理交通肇事刑事案件具体应用法律若干问题的解释》第七条的规定，其行为不构成交通肇事罪。

二、刘某某是否为某公司负责人，在单位犯罪中是否为直接负责的主管人员或其他直接责任人员

首先，某公司的总公司出具的情况说明称刘某某要求成立某公司，因刘某某是教师，不便担任某公司登记负责人，故委托合伙人孙某某担任某公司负责人。并提供了一份与刘某某签订的合作协议书，该合作协议有聘任刘某某为某公司唯一负责人，刘某某向总公司支付 10 万元履约保证金以及独立经营、自负

盈亏等内容。同案人孙某某称其与刘某某是合伙关系，其担任某公司负责人系因刘某某是教师，不便担任公司登记负责人；李某称刘某某是公司股东；邱某某称孙某某、刘某某均是公司老总；钟某某称孙某某、刘某某均是公司老板；证人马某称公司法人是孙某某，老板有两个，一个是孙某某，一个是刘某某。刘某某辩称其与宜宾分公司系技术合作关系，参与了项目技术管理，财务上他有过问项目分红，其余没有参与，其与其他公司的合作均是这种模式。其虽是教师，但可以创办企业，曾经也开过公司。其只是介绍孙某某与总公司老总认识并由孙某某成立某公司，其与总公司签订合作协议时类似于保证人角色，但其与总公司签订的合作协议并未实际履行，其也未交纳履约保证金。在签订合作协议前一天，总公司即已任命孙某某为某公司负责人，工商注册登记也表明孙某某才是某公司负责人，显然也未按合作协议的约定履行。且某公司没有注册资本金，不能证实刘某某与孙某某有共同的资金投入，某公司的办公场所也系总公司划拨。故，总公司的情况说明以及孙某某的证言，不足以证明刘某某是某公司负责人，不足以证明刘某某与孙某某合伙成立某公司。其次，虽然李某、马某、钟某某、邱某某称刘某某系某公司股东或老板、老总，但并未陈述基于什么原因认为刘某某系宜宾分公司股东或老板、老总。某公司内部日常管理的签批材料、工资发放、公章管理、请示报告、微信聊天记录等书证证实，刘某某的确未参与公司的经营管理活动，员工也系向孙某某汇报而非请示刘某某。刘某某辩称其可以在职开办公司有政策依据，其与某公司仅是在项目上进行技术合作与其自身所具有的专业背景吻合。刘某某与某公司进行技术合作，并非法律意义上的合伙人，更不能据此认定刘某某是宜宾分公司负责人，其不是某公司负责人，即不能成为单位犯罪中直接负责的主管人员，且其与某公司在项目上的合作模式，有盈利就分红，没盈利就不分红，其也不属某公司的员工，也不适宜以单位犯罪的其他直接责任人员的身份被追究刑事责任。最后，虽然刘某某在事故处理过程中，孙某某与他商量过委托专人处理保险理赔业务，其也同意，并且在事故处理过程中给付了部分资金，但其同时也是肇事车辆的车主，其上述行为不能得出其自认系某公司合伙人或负责人的结论。

三、本案是否区分主从犯

本案单位犯罪中，作为直接负责的主管人员孙某某和其他直接责任人员的李某、钟某某作用相当，不宜区分主从犯，依法按各自所起作用进行处罚。刘某某与周某某帮助被告单位某公司骗取保险赔偿金，二人均属从犯，依法可以从轻或减轻处罚。

四、某公司是否认定自首

钟某某主动投案并如实供述犯罪事实，被告人周某某、李某在公安机关立案侦查前主动供述犯罪事实，刘某某、孙某某经公安机关通知到案接受讯问并如实供述犯罪事实，均构成自首。被告某公司因其负责的主管人员自首，也构成自首，依法可以从轻处罚。

编写人：四川省宜宾市中级人民法院　康艳秋

四川省宜宾市叙州区人民法院　张静之

（六）危害税收征管罪

49

单位犯逃税罪的应纳税种及税额认定

——置业公司、程某逃税案

【案件基本信息】

1. 裁判书字号

江苏省沛县人民法院（2022）苏 0322 刑初 125 号刑事判决书

2. 案由：逃税罪

【基本案情】

2010年4月12日，被告人程某注册成立置业公司，经营范围包括房地产开发、房屋销售。税务局进行税务检查时发现，2013年至2014年度置业公司通过不申报或虚假申报的方式，逃避缴纳税款3920398.1元。其中，2013年逃避缴纳税款649913.67元，占当年应纳税额3484551.99元的18.65%；2014年逃避缴纳税款3270484.43元，占当年应纳税额3293127.95元的99.31%。2018年4月10日，该局对置业公司作出《税务行政处罚决定书》并送达给程某，同年4月26日发出《限期缴纳税款通知书》，置业公司和程某仍拒不缴纳。

2019年7月12日刑事立案审理期间，置业公司分多次全部退缴税款3920398.1元。

【案件焦点】

置业公司犯逃税罪的应纳税种以及数额认定。

【法院裁判要旨】

江苏省沛县人民法院经审理认为：被告单位置业公司违反税收管理法规，进行虚假申报或者不申报，逃避缴纳税款数额巨大且占应纳税额30%以上，其行为已构成逃税罪。被告人程某作为被告单位直接责任人员依法应当承担相应的刑事责任。被告人程某到案后如实供述犯罪事实，系坦白，可以从轻处罚。

江苏省沛县人民法院判决如下：

一、被告单位置业公司犯逃税罪，判处罚金人民币50万元；

二、被告人程某犯逃税罪，判处有期徒刑三年，缓刑三年，并处罚金人民币10万元。

案件宣判后，判决已生效。

【法官后语】

单位逃税行为中，对于认定逃税的税种以及数额，实践中存在两种不同的观点：第一种观点认为，应依据税务机关出具的行政处罚决定书认定置业公司逃避缴纳的税种及税款数额；第二种观点认为，虽然税务机关出具了相关证明，但其中的教育费附加、地方教育附加、罚款及滞纳金、尚未代为扣缴的个人所得税不应纳入逃税的范畴。因此，认定单位逃税罪的税种和数额是本文讨论的重点。

一、明确单位犯逃税罪“税”的范围

1. 单位逃税常见税种。根据《中华人民共和国刑法》第二百零一条、第二百零四条规定，逃税罪是指纳税人采取欺骗、隐瞒手段进行虚假纳税申报或者不申报，逃避缴纳税款数额较大并且占应纳税额10%以上的行为，或者缴纳税款后，以假报出口或者其他欺骗手段，骗取所缴纳的税款的行为，以及扣缴义务人采取欺骗、隐瞒等手段，不缴或者少缴已扣、已收税款，数额较大的行为。该罪侵害的法益是我国的税收征收管理秩序，犯罪对象是各类税款。根据《中华人民共和国税收征收管理法》等法律法规的规定，单位逃避缴纳的常见税种包括企业所得税、增值税、城市维护建设税、印花税、契税、耕地占用税、土地增值税、城镇土地使用税、代扣代收的个人所得税等。

2. 本案逃税数额的认定。根据《中华人民共和国刑法》第二百零一条的规定，逃税罪除要求具有欺骗、隐瞒手段进行虚假纳税申报或者不申报等客观行为外，还有“数额+比例”的要求，即逃避缴纳税款数额较大并且占应纳税额10%以上。其中，“数额”是指“逃避缴纳税款数额”，即行为人在一个纳税期间所逃的各种税的总额。“比例”是指“逃避缴纳税款数额”占“应纳税额”的比例。逃税涉及两个以上税种的，只要其中一个税种的逃税数额比例达到法定标准的，即可构成逃税罪，其他税种的逃税数额累计计算。司法实务中，虽然税务机关出具的行政文书或调查报告是司法机关认定行为人逃税的重要依据，但司法机关不能不加审查地照搬照抄，仍然应当根据在案证据以及相关税法的规定，准确认定涉案企业应纳税种及数额和占比，或者作为扣缴义务人未缴或少交税款的数额，对企业不应当承担的范围及不符合《中华人民共和国刑法》规定逃税范畴的税种应当予以扣除。本案中，置业公司逃税数额应根据税务机关出具的行政处罚决定书和调查报告，并未将其中涉及的教育费附加、地方教育附加、罚款、滞纳金及尚未扣缴的个人所得税予以扣除和认定。

二、单位缴纳的“费”“罚款”“滞纳金”等不应纳入逃税范畴

1. 教育费附加及地方教育附加作为“费”，不属于逃税罪调整的范畴。根据《征收教育费附加的暂行规定》，凡缴纳消费税、增值税、营业税的单位和个人，除按照规定缴纳农村教育事业费附加的单位外，都应当依照规定缴纳教育费附加。教育费附加是国家为扶持教育事业发展，计征用于教育的政府性基金。教育费附加以单位和个人实际缴纳的增值税、营业税、消费税的税额为计征依据。虽然教育费附加是由税务机关负责征收，但却不属于“税”而是“费”的范畴，本质系政府规费，属于财政管理范围。故，本案中公诉机关指控的教育费附加以及地方教育附加不应认定为逃税罪的税款数额。

2. “税”与“费”的区别。税收是指国家为满足社会公共需要，凭借公共权力，按照法律所规定的标准和程序，参与国民收入分配强制无偿地取得财政收入的一种方式。而“费”是政府有关部门为单位或居民个人提供特定服务，或被赋予某种权利而向直接受益者收取的对价。“税”与“费”区别在于其征收主体不同，“税”的征收主体为税务、海关、财政等部门，而“费”的征收主体为行政事业单位、行业主管部门，实务中也存在税务机关代收的情况；“税”与“费”的特征不同，“税”具有无偿性、稳定性的特点，而“费”具有补偿性、灵活性的特点；在用途上，“税”一般用于社会公共需要支出，“费”一般具有专款专用的性质。

3. 行政处罚的罚款及滞纳金不应纳入逃税范畴。《中华人民共和国刑法》第二百零一条第四款作为出罪条款是刑法唯一规定附条件不予追究刑事责任的条款。根据该特别条款的规定，对于逃税罪的初犯，虽然其逃税行为已经符合《中华人民共和国刑法》第二百零一条第一款或第二款规定，但若能够在税务机关依法下达追缴通知后，补缴应纳税款，缴纳滞纳金，已受行政处罚的，不予追究刑事责任。该特别条款规定的目的在于寻求刑法手段与行政手段综合治理的优势，体现了宽严相济刑事政策与行政执法的有机衔接。事实上，税务机关的罚款及滞纳金是基于被告单位不积极履行缴税义务，因迟延缴纳税款引起

的行政处罚措施，是一种行政责任承担形式，并不是单位所逃税款数额。故，本案中公诉机关指控的行政罚款及滞纳金不应认定为逃税罪的税款数额。

4. 罚款与滞纳金的属性和目的。罚款是行政处罚手段之一，是行政执法单位对违反行政法规的个人和单位给予的行政处罚。滞纳金是指行政机关对不按期履行金钱给付义务的相对人，增加新的金钱给付义务的方法。就目的而言，罚款的目的是对纳税人的行政违法行为的经济制裁，起到教育其不再违法的目的，具有告诫作用；滞纳金是以促使纳税人自觉履行纳税义务为目的。

三、不应当将尚未代为扣缴的个人所得税纳入逃税范畴

《中华人民共和国个人所得税法》第九条规定，个人所得税以所得人为纳税人，以支付所得的单位或个人为扣缴义务人。据此，个人所得税本身不是企业应缴税种，而是企业作为扣缴义务人代为扣缴的税种之一。《中华人民共和国税收征收管理法》第六十三条第二款规定，扣缴义务人采取前款所列手段，不缴或者少缴已扣、已收税款，由税务机关追缴其不缴或者少缴的税款、滞纳金，并处不缴或者少缴的税款50%以上5倍以下的罚款；构成犯罪的，依法追究刑事责任。《中华人民共和国刑法》第二百零一条第二款规定，扣缴义务人采取前款所列手段，不缴或者少缴已扣、已收税款，税额较大的，依照前款的规定处罚。根据上述规定，扣缴义务人不缴或者少缴的对象必须是已扣、已收税款，如果税款尚未已扣、已收，则不存在不缴、少缴问题，进而不构成逃税罪。本案中，置业公司虽是个人所得税扣缴义务人，但会计凭证账目等证据证实程某所用款项属于企业应收账款，程某与置业公司之间系借款关系，税务机关仅根据该款项没有在纳税年度内归还而视为股息红利分配。事实上，置业公司未经过股东大会决议进行分红，程某主观目的是转移款项对外投资其他项目，而非自己红利所得。因此，从主客观方面均不应当将该款项作为个人所得税的征收依据，置业公司没有实际扣缴到个人所得税，就不存在不缴或者少缴税款的行为，故本案中公诉机关指控的尚未代为扣缴的个人所得税不应认定为逃税罪的税款数额。

编写人：江苏省徐州市沛县人民法院　张野　王康

50

链条式虚开增值税专用发票案中享有合法进项的第一手企业“卖票”行为构成虚开增值税专用发票罪

——李某某、石油化工公司虚开增值税专用发票案

【案件基本信息】

1. 裁判书字号

重庆市第一中级人民法院（2023）渝 01 刑终 162 号刑事裁定书

2. 案由：虚开增值税专用发票罪

【基本案情】

童某某、杨某某、武某某等三人（均已另案判决）实际控制了某甲实业有限公司（经营范围不含石油类商品销售）、某乙实业有限公司（经营范围不含石油类商品销售）等 23 家公司，以“倒卖”增值税专用发票为主要活动，先以票面金额 2%~3%的“点子费”向被告单位石油化工公司等上游企业购买虚开的进项增值税专用发票，后通过内部循环开票的方式开具下游受票企业需要的增值税专用发票，再以票面金额 8%~11%的“点子费”向下游受票企业出售。

2019 年 3 月至 11 月，某甲实业有限公司、某乙实业有限公司以票面金额 3%的“点子费”向被告单位石油化工公司、被告人李某某非法购买虚开的石油类商品销项增值税专用发票 464 张。其中，某甲实业有限公司 446 张，涉及税额 5760097.14 元，价税合计 49392620.5 元；某乙实业有限公司 18 张，涉及税额 231526.58 元，价税合计 2012500 元。被告单位石油化工公司、被告人李某某从中非法获取“点子费”1542153.61 元［合计票面金额（49392620.5+

2012500）元×3%］。某甲实业有限公司从成立至2020年6月8日，共对外开具增值税专用发票168617284.06元，其中有133192605.23元发票已认证抵扣。经查，某甲实业有限公司、某乙实业有限公司等23家公司向机械制造公司等15家下游受票企业出售虚开的433份增值税专用发票，已被受票企业在真实销售货物中认证抵扣税款，给国家造成税款损失共计6417991.75元。

另外，被告单位石油化工公司已被税务机关处以没收非法所得1542153.61元和罚款500000元的行政处罚，且被告单位石油化工公司于2021年8月16日向税务机关缴纳罚款100000元。

【案件焦点】

享有合法进项的第一手企业即石油化工公司为赚取“点子费”“卖票”的行为应当如何定性。

【法院裁判要旨】

重庆市沙坪坝区人民法院经审理认为：在“被告单位石油化工公司为赚取‘点子费’‘卖富余票’→某甲、某乙实业有限公司（中间商）为满足客户需求‘倒票’→机械制造公司等骗取抵税企业为抵扣税款‘用票’”虚开链条中，被告单位作为享有合法进项的第一手企业，为牟取非法利益，违反国家税收征管法规，为他人虚开增值税专用发票，且虚开的增值税专用发票经某甲、某乙实业有限公司（中间商）“倒票”后，被机械制造公司等骗取抵税企业用于抵扣税款，造成国家税款损失明显超过250万元，虚开的税款数额巨大，构成虚开增值税专用发票罪。被告人李某某作为被告单位的法定代表人，安排实施虚开增值税专用发票，系直接负责的主管人员，亦构成虚开增值税专用发票罪。被告单位、被告人李某某具有自首情节，其对认定虚开增值税专用发票罪的罪名有异议，但不影响认罪认罚的认定。据此，以虚开增值税专用发票罪，判处被告单位石油化工公司罚金50万元（折抵已向税务机关缴纳的10万元罚款，尚需缴纳罚金40万元），并追缴其违法所得1542153.61元；判处被告人李某某有期徒刑六年六个月。

一审宣判后，被告人李某某以其构成非法出售增值税专用发票罪，不构成虚开增值税专用发票罪及量刑过重为由提出上诉。

重庆市第一中级人民法院经审理认为：原判认定事实清楚，适用法律正确，量刑适当，审判程序合法。二被告主观上明知增值税专用发票的用途和功能，为获取不法利益，在没有真实交易的情况下，为他人虚开增值税专用发票，其行为符合虚开增值税专用发票罪的构成要件。原审被告单位石油化工公司、上诉人没有直接骗取税款，可作为量刑情节酌情考虑，但不影响行为性质的认定。据此，裁定：

驳回上诉，维持原判。

【法官后语】

企业在实际经营过程中，会因购买方不需要增值税专用发票等原因，产生多余的销项即“富余票”。为赚取“点子费”，第一手企业可能将“富余票”虚开给开票公司（中间商），后开票公司（中间商）再向骗取抵税企业进行虚开，因享有“富余票”的企业与骗取抵税企业之间不存在直接的虚开行为，被告人及其辩护人、检察院、法院对享有“富余票”的企业的行为定性时常发生分歧，本案即是如此。本案中，控辩双方、人民法院对享有合法进项的第一手企业即石油化工公司为赚取“点子费”“卖票”的行为是构成非法出售增值税专用发票罪还是虚开增值税专用发票罪，存在较大争议。

第一种观点认为，构成非法出售增值税专用发票罪。理由有二：其一，被告单位石油化工公司与某甲实业有限公司、某乙实业有限公司之间没有真实的交易，不会产生增值额，不具备征税条件，不会导致国家税款损失。其二，某甲、某乙实业有限公司与机械制造公司等骗取抵税企业之间的虚开行为是否造成国家税款损失与被告单位石油化工公司无关。

第二种观点认为，构成虚开增值税专用发票罪。理由有二：其一，机械制造公司等骗取抵税企业用于抵扣合法销项税额的进项税额实际源于被告单位石油化工公司，其虚开行为与国家税款损失之间存在法律上的因果关系；其二，被告单位石油化工公司的直接目的虽是赚取“点子费”，但对虚开行为最终造成国家税款损失持放任态度。[①]

笔者同意第二种观点，即构成虚开增值税专用发票罪，具体评析如下。

一、被告单位石油化工公司的行为客观上造成国家税款损失

一是国家征收增值税的条件和造成国家税款损失的环节。增值税是以商品（含应税劳务）在生产、流转过程中产生的增值额作为计税依据而征收的一种流转税。销售方是纳税人，购买方支付货款获取的进项增值税专用发票金额包含销售方已向国家缴纳的税款，产生进项税额。购买方在生产、流转过程中向下游受票企业开出销项增值税专用发票时，产生销项税额，因重复缴纳了进项价款中已向国家缴纳的税额，可以用合法进项税额向税务机关申报抵扣合法销项税额。据此，在构成虚开增值税专用发票罪的案件中，必然存在虚开和抵扣两个环节。本案中，虚开模式为链条式，存在两个虚开行为，被告单位石油化工公司将在真实货物交易中获得的合法进项税额，通过虚开方式转移给某甲实业有限公司、某乙实业有限公司；某甲实业有限公司、某乙实业有限公司根据机械制造公司等公司的实际需要，通过变票处理后，又通过虚开方式将进项税额转移给机械制造公司等公司；机械制造公司等公司用非法获取的进项税额抵扣其与下家真实交易中合法产生的销项税额，进而导致国家税款损失，且损失金额明显超过250万元。

二是虚开链条上的第一手企业的行为与国家税款损失之间存在法律上的因果关系。本案中，只有一个环节存在税款损失，即机械制造公司等骗取抵税企业，在真实交易过程中，将非法购买的进项税额抵扣合法产生的销项税额，其余环节因不存在真实的交易或纳税义务人系卖方，并不存在国家税款损失。但虚开链条的开端始于合法进项，末端终于合法销项，某甲实业有限公司、某乙实业有限公司仅是起到牵线搭桥、中间商的作用，无论经历多少中间环节，最终用于抵税的进项税额是源于被告单位石油化工公司，故其虚开行为与最终的国家损失存在法律上的因果关系。

---

① 傅忆文：《虚开增值税专用发票罪的保护法益及其运用》，载《中国检察官》2021年第6期。

二、被告单位石油化工公司对其合法享有的进项税额非法流转至下游企业且非法被用于抵扣销项税额、造成国家税款损失持放任态度

虚开增值税专用发票罪既遂要求行为人主观上具有骗取抵扣国家税款的故意，客观上造成国家税款损失。[①] 从虚开增值税专用发票罪的立法原意和构成要件看，该罪的主观方面为故意。在行为人具有多重目的或者链条式虚开增值税专用发票案件中，行为人的主观目的难以探究，若只有直接故意方可构成此罪，势必会导致虚开行为与抵扣行为的割裂，不利于打击妨碍增值税征管秩序的犯罪行为。故，虚开增值税专用发票罪的主观方面既包括直接故意，也包括间接故意。[②] 本案中，被告单位石油化工公司明知某甲实业有限公司、某乙实业有限公司未开展实际经营，不具有销售石油类商品的资质，以"倒卖"增值税专用发票为业，向其购买增值税专用发票不可能是用于虚增业绩、融资、贷款等非骗税目的，且明知虚开的增值税专用发票最终可能被用于抵扣税款，但为了赚取"点子费"，仍进行虚开将其合法享有的进项税额转移给某甲实业有限公司、某乙实业有限公司，可以认定其对虚开行为造成国家税款损失持放任态度，具有间接故意。

综上所述，享有"富余票"的第一手企业，明知开票公司（中间商）"倒卖"增值税专用发票，仍向开票公司虚开，再由开票公司（中间商）向下游骗取抵税企业虚开，该链条式虚开行为的社会危害性与第一手企业直接向骗取抵税企业进行虚开的社会危害性并无二致，甚至因开票公司（中间商）的存在，整合了第一手企业赚取"点子费"、下游企业骗取抵扣国家税款的需求，让虚开增值税专用发票的犯罪行为更为频繁、猖獗。所以，本案判处被告单位石油化工公司构成虚开增值税专用发票罪，符合罪刑法定原则与罪责刑相适应原则。

编写人：重庆市沙坪坝区人民法院　黄燕　毕汇林　田昆

① 张明楷：《刑法学》，法律出版社2021年版，第1059页。

② 最高人民法院中国运用法学研究室编：《人民法院案例选》（第154辑），人民法院出版社2021年版，第152页。

（七）侵犯知识产权罪

51

避开技术保护措施行为构成侵犯著作权罪的刑法规制路径

——刘某某侵犯著作权案

【案件基本信息】

1. 裁判书字号

上海市普陀区人民法院（2023）沪 0107 刑初 155 号刑事判决书

2. 案由：侵犯著作权罪

【基本案情】

某有限公司及其关联公司享有某安全系统、算码器软件等某品牌医疗设备维修工具软件、升级功能软件、维修手册及加密文件等作品著作权，并授权某投资公司在中国境内行使。某安全系统及其加密狗系著作权人为保护上述作品著作权采取的技术措施。他人需经权利人许可后使用加密狗工具通过某安全系统核验，方能接触使用被加密隐藏的各类计算机软件功能、维修手册及加密文件等。

2020 年 3 月至 2022 年 7 月，被告人刘某某以营利为目的，未经著作权人许可，从闫某（已判刑）、彭某（另案处理）等人处购入破解版加密狗、获取某品牌算码器软件、维修手册等作品，并利用互联网等渠道，故意向他人发行提供用于避开技术措施的破解版加密狗，通过信息网络向公众传播销售某品牌算码器软件、维修手册等作品。被告人刘某某非法经营数额合计人民币 15 万余元。

2022年7月，公安机关在被告人住处扣押加密狗5套、手机1部、移动硬盘1个。经鉴定，在刘某某住处查获的5套加密狗、以及刘某某向证人马某某出售的1套加密狗均能够规避权利人为其作品采取的技术保护措施；刘某某百度网盘账户、以及刘某某向证人马某某出售的笔记本电脑中存储、安装的部分软件、文件，与权利人享有著作权的作品一致。

2022年7月，被告人刘某某被公安机关抓获，到案后如实供述上述犯罪事实。审查起诉期间，刘某某退出违法所得并预缴罚金人民币8万元。

【案件焦点】

1. 厘清"技术措施"之内涵，判断被控侵权行为是否构成避开技术保护措施行为；2. 判断被控侵权行为是否符合民事侵权和刑事犯罪构成要件，能否以侵犯著作权罪入罪。

【法院裁判要旨】

上海市普陀区人民法院经审理认为：被告人刘某某以营利为目的，未经著作权人许可，故意避开权利人为其作品采取的保护著作权的技术措施，利用互联网等渠道发行、通过信息网络向公众传播作品，并有其他严重情节，其行为已构成侵犯著作权罪，依法应予惩处。公诉机关指控的犯罪事实和罪名成立。

据此，以侵犯著作权罪判处被告人刘某某有期徒刑一年二个月，缓刑一年二个月，并处罚金人民币8万元。

案件宣判后，判决已生效。

【法官后语】

《中华人民共和国刑法修正案（十一）》将规避技术措施行为纳入"侵犯著作权罪"的规制路径，实现《中华人民共和国刑法》与《中华人民共和国著作权法》的衔接，扩大了对著作权的保护范围，亦顺应数字经济时代规制新型网络犯罪之需要。判断侵权行为的规制路径，应从民事侵权和刑事犯罪构成要件两个方面论处。判断过程中，既要完善知识产权的刑法保护体系，又需谨慎界定数字领域的刑法保护边界。

一、判断是否构成民事侵权，首先需厘清“技术措施”之内涵

1. 技术措施由著作权人或相关权利人用于作品或其他受保护客体。本案中，权利人采取“某安全系统+加密狗”双重加持的加密措施，保护隐藏的医疗设备维修工具软件等。其著作权标识明晰，可以推定权利人对上述作品享有著作权。因而符合上述特征。

2. 技术措施具有阻止对作品或其他受保护客体实施特定行为的功能。本案中，需要配合使用“加密狗”登录某安全系统才能查阅、使用受保护作品。因此，“加密狗”可以阻止他人未经许可运行、使用计算机软件及查阅加密文件等，符合上述要件。

3. 技术措施的保护目的应具有“正当性”。本案中，权利人在其医疗设备终端安装的“某安全系统+加密狗”相当于“门禁卡”系统，其设计目的在于保护软件功能及加密文件，不存在滥用技术措施危害社会公共利益的情形，其保护目的具有正当性。

4. 技术措施的效力应具有“有效性”，即应当以一般用户掌握的通常方法是否能够避开或者破解为标准。本案中，权利人对“加密狗”的管理采取了严密的监管和限制措施，制定了严格的权限开放范围和开放期限制度。因此该加密措施正常情况下足以有效阻断普通用户侵权可能性。

因此，“某安全系统+加密狗”符合技术保护措施之构成要件。行为人向他人销售、提供“加密狗”的行为属于“提供规避手段”的间接规避行为。

二、“提供规避手段”的间接规避行为是否具备可刑罚性？笔者认为需结合具体案情进行分析

1. 从前置法的立法规定看，《信息网络传播权保护条例》对“直接规避行为”和“提供规避手段”均作出禁止性规定，2020年修订的《中华人民共和国著作权法》吸收了《信息网络传播权保护条例》关于直接规避行为和间接规避行为的规定，基于法秩序的统一原则，《中华人民共和国刑法》中关于规避

技术措施的内涵应与前置法保持一致。

2. 分析本案被告人的行为方式和危害结果可以发现，其“提供规避手段”的间接规避行为与直接规避行为的行为性质在本质上是相同的，都是以侵犯著作权的手段对受保护作品实施特定行为，甚至本案中的间接规避行为由于其隐蔽性强难以被察觉，反而具有更大范围的传播性，从而产生更严重的社会危害性。在行为性质同质性和危害结果扩大化的情况下，本案中的间接规避行为亦应具有可刑罚性。

同时，从刑事犯罪构成要件来看，规避技术措施构成侵犯著作权罪，要求行为人一是具有主观故意，即明知规避技术措施行为会发生侵犯著作权的后果仍故意为之；二是以营利为目的，即规避技术措施行为是为了牟取经济利益；三是达到“违法所得数额较大”或者“有其他严重情节”的刑罚标准。本案中被告人的行为亦符合上述刑事犯罪构成要件。

因此，结合民事侵权判断与刑事犯罪构成要件判断，对本案被告人应以侵犯著作权罪入罪。

编写人：上海市普陀区人民法院　刘亚玲　张敏婕

52

“切机”行为侵犯著作权罪的认定

——苏某某侵犯著作权案

【案件基本信息】

1. 裁判书字号

广东省深圳市中级人民法院（2023）粤03刑终422号刑事裁定书

2. 案由：侵犯著作权罪

【基本案情】

深圳某公司系A、B型号POS机（一种非现金结算收款设备）生产商，对该两款POS机上安装的系统软件享有著作权。为保证支付安全和支付管理需要，深圳某公司会依照客户需求在出厂的POS机上设置相应的技术保护措施，并通过公钥来限制数据签名验证修改CID（中央信息区），以技术措施控制POS机只能安装特定支付机构的支付程序。被告人苏某某原系深圳某公司软件开发工程师，参与涉案POS机的软件开发及后期代码维护工作，于2021年4月离职。2021年3月至4月，苏某某利用职务之便登陆公司开发平台，对公司POS机固件源代码进行修改、编译生成切机程序。该切机程序通过修改代码的方式避开前述软件签名认证，破坏深圳某公司POS机的技术保护措施，使之可以任意指定支付机构。2021年5月，深圳某公司发现POS机出现“切机”问题，遂通过技术升级堵塞漏洞，苏某某的切机程序失效。2021年6月，已经离职的苏某某来到深圳某公司周边，利用在职期间深圳某公司分配给其的账号密码登陆深圳某公司的局域网开发平台，再次对公司POS机固件源代码进行修改、编译生成新的切机程序。经鉴定，两个切机程序均分为两部分代码，其中占主要部分、用于实现POS机功能的代码与深圳某公司享有著作权的代码相同；另一小部分代码使得程序能够未经授权获取POS机CID并修改CID参数，用于绕过POS机技术保护措施，该部分代码与深圳某公司享有著作权的代码不同。苏某某将两个切机程序出售给朱某并收取朱某60万元，将切机程序提供给刘某，约定刘某对外每切机一台，分给苏某某5万元，最终刘某通过切机软件获取14.4万元，分给苏某某12万元。

【案件焦点】

“切机”行为的犯罪认定。

【法院裁判要旨】

广东省深圳市南山区人民法院经审理认为：被告人苏某某未经深圳某公司许可，登录公司系统平台对该公司享有著作权的POS机固件源代码进行修改，故意破坏固件代码的技术防护机制，并下载、出售给朱某、刘某进行切机，以谋取不正当利益，其行为同时触犯非法获取计算机信息系统数据罪和侵犯著作权罪，根据从一重处罚原则，应以侵犯著作权罪定罪处罚。

广东省深圳市南山区人民法院依照《中华人民共和国刑法》（以下简称《刑法》）第二百一十七条、第六十七条第三款、第六十四条，《最高人民法院、最高人民检察院关于办理侵犯知识产权刑事案件具体应用法律若干问题的解释（三）》第十条之规定，判决如下：

一、被告人苏某某犯侵犯著作权罪，判处有期徒刑三年，并处罚金人民币 75 万元；

二、在案扣押的一台笔记本电脑（华硕）予以发还，扣押的赃款 30 万元、一台 POS 机、一个 U 盘、一部台式电脑主机、一部手机、一台笔记本电脑予以没收；

三、继续追缴违法所得 12 万元，依法没收，上缴国库。

被告人苏某某以其未破坏涉案软件的技术措施，也未非法获取计算机信息系统数据等为由提出上诉。

广东省深圳市中级人民法院经审理认为：苏某某的切机软件虽然破坏了涉案软件的技术措施，但该技术措施是为实现绑定支付程序而采取的措施，是作为实现其实用功能的主体内容的一部分，而非为了保护作品著作权而设置，不属于侵犯著作权罪中所指的技术措施。苏某某未经许可复制发行涉案软件作品，其行为构成侵犯著作权罪。苏某某离职后使用其不再有权使用的账号密码登陆深圳某公司服务器，违背了深圳某公司的账号密码授权意愿，属于非法侵入深圳某公司的计算机信息系统，其侵入计算机信息系统后下载修改编译后的固件代码，获取该计算机信息系统中处理的数据，其行为构成非法获取计算机信息系统数据罪。

广东省深圳市中级人民法院依照《中华人民共和国刑事诉讼法》第二百三十六条第一款第一项之规定，裁定如下：

驳回上诉，维持原判。

【法官后语】

随着技术发展和商业模式创新，实践中涌现出诸多新型犯罪形式，而数字经济环境下犯罪客体和犯罪行为的复杂情况对准确定罪量刑提出了司法挑战。本案针对“切机”这一新型技术行为，从知识产权犯罪和涉数据犯罪的构成要件出发，厘清了对“切机”行为破坏技术措施的认识误区，指出了其未经许可复制他人软件作品的行为本质。而针对以非法侵入他人信息系统的方式“切机”的，还就数据刑事犯罪与知识产权犯罪的竞合予以评析。围绕本案争议焦点，可从以下两个方面展开理解。

一、“切机”行为不构成规避技术措施型侵犯著作权罪的澄清

“切机”是指为了回收利用二手 POS 机，将设备的原系统软件更换为已破坏相关技术措施的新系统软件，从而重新任意指定 POS 机支付机构并实现设备原有其他功能的刷机行为。本案核心关键就在于如何理解侵犯著作权罪中的“技术措施”。软件技术措施泛指为实现某种软件功能或目的而从技术上采取的专门措施，但根据罪刑法定原则的要求，侵犯著作权罪中的技术措施系专指为保护著作权而设置的措施，即为防止、限制他人不经权利人许可而使用、传播作品的措施①。对此，可以从如下方面理解《中华人民共和国刑法》在侵犯著作权罪中对“技术措施”的限缩解释。首先，从文义解释来看。《中华人民共和国刑法》第二百一十七条第六项②规定了“规避技术措施型侵犯著作权罪”，该项法律规定从表述上明确限定了此处的技术措施系特指“保护著作权或者与著作权有关的权利的技术措施”。其次，从体系解释来看。侵犯知识产权罪是法定犯、行政犯，其构成要件的解释需结合行政法的有关规定展开。根据《中

① 全国人大常委会法制工作委员会刑法室编：《中华人民共和国刑法条文说明、立法理由及相关规定》，北京大学出版社 2009 年版，第 806 页。

② 《中华人民共和国刑法》第二百一十七条第六项规定，未经著作权人或者与著作权有关的权利人许可，故意避开或者破坏权利人为其作品、录音录像制品等采取的保护著作权或者与著作权有关的权利的技术措施的。

为使行文简洁，下文将该项中的“著作权或者与著作权有关的权利”统称为“著作权”，将“著作权人或者与著作权有关的权利人”统称为“著作权人”，将“作品、录音录像制品等”统称为“作品”。

华人民共和国著作权法》第四十九条第三款的规定，著作权法中规定的技术措施也是专指“用于防止、限制未经权利人许可浏览、欣赏作品、表演、录音录像制品或者通过信息网络向公众提供作品、表演、录音录像制品的有效技术、装置或者部件”，《中华人民共和国刑法》中的技术措施与《中华人民共和国著作权法》中的技术措施具有相同的本质属性。最后，从目的解释来看。“规避技术措施型侵犯著作权罪”是《中华人民共和国刑法修正案（十一）》为顺应作品保护的需求而新增的不法行为类型，将该行为犯罪化的目的在于提高犯罪成本、加强知识产权保护①。网络时代下数字作品的传播较传统传播有了本质变化，信息技术使之传播手段更便捷、范围更广、效率更高，很容易在极短时间内就形成超大规模的传播；而流量经济也鼓励将作品大量传播至不以营利为目的的终端用户以吸引流量，直接阻碍著作权人财产利益的实现。而著作权的传统法律救济为单一侵权行为的事后程序救济，不仅时间长、成本高，难以及时、有效遏制侵权；著作侵权、犯罪行为“以营利为目的”的构成要件也无法约束不以营利为目的的网络终端用户。故，仅靠传统法律救济几乎无法适应网络时代的著作权保护需求，鼓励并保护权利人通过技术手段自力采取预防手段防止作品著作权侵权成为必然趋势。而为了避免技术上的“丛林法则”，相应地，只有在规制著作权侵权、犯罪的法律中将避开或者破坏前述技术措施的行为纳入，才有可能使权利人的技术性自力救济得到保障。相反，对于与保护著作权无关的技术措施，则与本罪保护的法益和立法目的无关，通过侵权著作权罪予以保护缺乏合理依据。

因此，著作权人为保护著作权所设置的技术措施，与计算机软件实现自身实用功能的技术措施，在性质、功能上具有本质区别，需根据实际案情准确判断，避免将所有技术措施均认定为刑法上的技术措施。本案中，涉案计算机软件所安装的技术防护机制主要是为了绑定支付程序从而限制和指定支付机构，是其软件实用功能的组成部分，并非为了保护著作权，被告人破坏该技术措施

① 全国人大常委会法制工作委员会刑法室编：《中华人民共和国刑法条文说明、立法理由及相关规定》，北京大学出版社2021年版，第809页。

的行为不能认定为“规避技术措施型侵犯著作权罪”。但被告人的“切机”，复制了绝大部分的涉案软件代码，仅以规避为目的修改了与技术措施有关的极小部分代码，其“切机”后复制发行的软件与涉案作品实质上相似，“切机”行为的本质是未经许可复制、发行涉案软件，构成《中华人民共和国刑法》第二百一十七条第一项①规定的侵犯著作权罪。

二、“切机”行为多重社会危害性的评价

对于被告人苏某某第二次的“切机”行为，如前所述，除构成侵犯著作权罪外，其手段与第一次不同，系其在辞职后利用在职期间的账号密码登陆深圳某公司局域网开发平台，修改、编译生成新的切机程序后下载获得，该行为还构成非法获取计算机信息系统数据罪，具有多重社会危害性，定性上需进行全面、充分评价。

定罪方面。数据是指任何以电子或者其他方式对信息的记录②。非法获取计算机信息系统数据罪中的“数据”需同时具备形式要件与实质要件，形式上数据以电子方式存在于计算机信息系统上，实质上数据具有承载信息的记录功能。而在现代信息社会，该信息载体有可能同时还具有知识产权属性、财产属性等多重属性。本案中，存储在某科技公司服务器上的涉案系统软件，虽然属于软件作品，但其以电子方式记录开发程序等信息，同时具备了形式要件与实质要件，亦属于非法获取计算机信息系统数据罪中的“数据”。而根据《中华人民共和国刑法》第二百八十五条第二款的规定，本罪实行行为由“非法侵入”与“非法获取”两部分组成，对“非法”判断的要点在于行为人是否获得了授权或者具有其他法定理由。本案中，行为人离职后使用其不再有权使用的账号密码登陆深圳某公司服务器，违背了深圳某公司的账号密码授权意愿，超越了原账号密码的授权条件，属于“非法侵入”，其侵入后未经许可对 POS 机

① 《中华人民共和国刑法》第二百一十七条第一项规定：“以营利为目的，有下列侵犯著作权或者与著作权有关的权利的情形之一……（一）未经著作权人许可，复制发行、通过信息网络向公众传播其文字作品、音乐、美术、视听作品、计算机软件及法律、行政法规规定的其他作品的”

② 参见《中华人民共和国数据安全法》第三条第一款。

固件源代码进行修改并下载获取，属于“非法获取”，依法可成立本罪。

竞合方面。犯罪竞合解决的问题是一个行为违反数个法条时，应当如何适用刑法、科处刑罚的问题。其中，想象竞合是指一行为同时符合数个罪的构成要件，侵犯了数个法益且数个罪的法条之间没有重合关系。想象竞合系因同一行为具有多重社会危害性而触犯数个罪名。法条竞合是指一个行为触犯数个法条，数个法条规定的犯罪构成要件存在包含或交叉关系，只能适用其一。法条竞合系因同一行为同时触犯具有竞合关系的法条而触犯数个罪名。本案中，被告人苏某某的第二次“切机”行为，基于一个犯罪故意、实施一个犯罪行为，同时侵害了知识产权和计算机信息系统安全两种法益，结果触犯了侵犯著作权罪、非法获取计算机信息系统数据罪两个罪名，形成两罪的想象竞合。对于想象竞合，既要充分、全面评价，在判决书中有必要列明行为所触犯的数个罪名，发挥其明示机能；又由于只有一个行为，也要避免重复评价，按照“从一重处断”，即本案应当按照处罚较重的侵犯著作权罪定罪处罚。

编写人：广东省深圳市中级人民法院　张婷　陈思桐

53

盗印图书并在网络销售的行为性质认定

——卿某侵犯著作权案

【案件基本信息】

1. 裁判书字号

河北省沧州市中级人民法院（2024）冀09刑终15号刑事裁定书

2. 案由：侵犯著作权罪

【基本案情】

2021 年 1 月，被告人卿某冒用他人身份信息在某平台注册某某图书馆，办理了虚假的营业执照、出版物经营许可证。2022 年 7 月 2 日，某行政审批服务局作出撤销其出版物经营许可的决定。2022 年 4 月左右，卿某在某平台注册百乓某某，未办理营业执照、出版物经营许可证，在没有图书销售授权的情况下，非法复制他人享有著作权的《某重点中学高考总复习》（以下简称《高考复习》）系列图书等图书并在上述两店铺销售。经审计，卿某在上述两家店铺合计销售盗印、盗制《高考复习》系列图书 701 册，销售额为 18379.31 元；合计销售其他种类图书 3769 册，销售金额为 134763.69 元。

【案件焦点】

1. 未经著作权人授权，复制发行图书的行为如何定性；2. 无证在网店销售图书的行为如何定性。

【法院裁判要旨】

河北省肃宁县人民法院经审理认为：被告人卿某以营利为目的，未经著作权人许可，发行其文字作品，属其他特别严重情节，其行为构成侵犯著作权罪。公诉机关的指控成立，但指控侵犯销售的数额不准。综合全案，鉴定的《高考复习》系列图书 5 种样书属盗印、盗制的非法出版物，其余图书未经鉴定，且没有实物，不予认定为侵犯著作权的数额，本案侵犯著作权的数额为五本样书的销售数量即 701 册，金额为 18739.31 元。公诉机关指控卿某犯非法经营罪，但经审核，涉案两店铺实际销售其余书籍的数量为 3769 册，金额为 134763.69 元。被告人供述其个人违法所得约 4 万元，根据《最高人民检察院、公安部关于公安机关管辖的刑事案件立案追诉标准的规定（二）》之规定，本案未达到非法经营罪的立案追诉标准，公诉机关指控被告人卿某犯非法经营罪，指控不成立。被告人卿某主动投案，如实供述自己的罪行，系自首，依法可从轻处罚。被告人卿某主动赔偿著作权人经济损失并取得谅解，可酌予从轻处罚。

河北省肃宁县人民法院依照《中华人民共和国刑法》第二百一十七条、第六十七条第一款规定，判决如下：

被告人卿某犯侵犯著作权罪，判处有期徒刑六个月，并处罚金人民币 12000 元。

一审宣判后，河北省肃宁县人民检察院提出抗诉。

河北省沧州市中级人民法院经审理认为：经查，原判认定卿某的侵权图书数量、销售数额，系根据鉴定报告、审计报告认定，符合法律规定。关于未经鉴定且无实物部分的图书能否认定为犯罪数额问题，经查，本案侦查机关在对《高考复习》系列图书委托鉴定过程中仅提供了一审法院认定的 5 类样书，对其余系列图书未予以鉴定，在无法查明原审被告人销售的其他图书是否为盗印的情况下，原判不予认定，并无不当。另，原审认定的犯罪数额，应属“其他严重情节”，量刑符合法律规定。

原审被告人卿某以营利为目的，未经著作权人许可，发行其文字作品，属其他严重情节，其行为构成侵犯著作权罪。一审法院根据卿某犯罪的事实，犯罪的性质、情节和对于社会的危害程度所作出的判决，认定的事实清楚，证据确实、充分，定罪及适用法律正确，量刑适当，审判程序合法，应予维持。抗诉机关的抗诉意见不能成立，不予支持。

河北省沧州市中级人民法院依照《中华人民共和国刑事诉讼法》第二百三十六条第一款第一项规定，裁定：

驳回抗诉，维持原判。

【法官后语】

侵犯著作权犯罪中，制作和销售图书是两个行为，侵犯的客体不同，应分别评价。本案即涉及未经著作权人授权复制发行图书以及无证在网店销售图书的行为如何定性的问题。

一、侵犯著作权罪的构成要件分析

以营利为目的，实施《中华人民共和国刑法》第二百一十七条规定的侵犯著作权或者与著作权有关的权利的行为，违法所得达到数额较大或者有其他严重情节的，构成侵犯著作权罪。本罪的主观方面表现为故意，且以营利为目的。是否“以营利为目的”是区分罪与非罪的关键要素。“以营利为目的”是指行为人侵犯他人著作权的行为是为了获取非法利益，非教学科研、个人学习，而是作为商品进入流通。本罪侵犯的客体是国家的著作权管理制度以及他人的著作权和与著作权有关的权益。本罪客观方面表现为实施出版他人享有专有出版权的图书等侵犯著作权的行为，而且违法所得数额较大或者有其他严重情节的行为。本案中，被告人卿某在未得到著作权人授权的情况下，制作图书并在网络销售牟利，销售侵权复制品数量达到701册，金额为18739.31元，符合侵犯著作权罪的构成要件及立案标准，其行为构成侵犯著作权罪。

二、侵犯著作权罪的犯罪金额认定

实践中，以营利为目的，未经著作权人许可，复制发行其文字作品、音乐、电影、电视、录像作品、计算机软件及其他作品，或者出版他人享有专有出版权的图书，或者未经录音录像制作者许可，复制发行其制作的录音录像，或者制作、出售假冒他人署名的美术作品，涉嫌下列情形之一的，应予立案追诉：(1) 违法所得数额3万元以上的；(2) 非法经营数额5万元以上的；(3) 未经著作权人许可，复制发行其文字作品、音乐、电影、电视、录像作品、计算机软件及其他作品，复制品数量合计500张（份）以上的；(4) 未经录音录像制作者许可，复制发行其制作的录音录像制品，复制品数量合计500张（份）以上的；(5) 其他情节严重的情形。

侵犯著作权罪的犯罪金额认定，应为确定为非法出版物的图书。非法出版物的认定应以鉴定报告为依据。鉴定机构依法出具的鉴定报告，经法庭举证、质证、认证，能够成为定案依据。具体到本案，除在案的已鉴定的样书外，其余图书均已销售，无实物且未鉴定，是否为盗印无法查明，在案证据亦无法证实，不应认定，不应计算在侵犯著作权罪的犯罪金额内。侵权图书为盗印、盗制的图书，本案即为鉴定报告中认定的盗印、盗制的五类样书，犯罪金额为侵权图书销售数量乘以销售金额。

三、侵犯著作权罪与非法经营罪的区分认定

著作权作为知识产权的一部分，侵犯著作权罪系侵犯知识产权犯罪中一种，该罪侵犯的是著作权人的合法权益，而非法经营行为系扰乱市场经济秩序行为。

非法经营罪指的是违反国家规定，从事非法经营活动，扰乱市场秩序，情节严重的行为。我国对出版物批发、零售依法实行许可制度。从事出版物批发、零售活动的单位和个人凭出版物经营许可证开展批发、零售活动；未经许可，任何单位和个人不得从事出版物批发、零售活动。任何单位和个人不得委托非出版物批发、零售单位和个人销售出版物或者代理出版物销售业务。本案中，被告人违反国家规定，未经许可在网络上非法从事出版物的销售活动，扰乱市场秩序，情节严重，应当以非法经营罪追究其刑事责任。认定非法经营罪的个人非法经营图书的数量时，应注意扣除销售侵犯著作权图书以及其他非图书的商品的数量，符合《最高人民检察院、公安部关于公安机关管辖的刑事案件立案追诉标准的规定（二）》之规定的情形之一的，以非法经营罪追究其刑事责任。根据《最高人民检察院、公安部关于公安机关管辖的刑事案件立案追诉标准的规定（二）》第七十一条的规定，违反国家规定，进行非法经营活动，扰乱市场秩序，涉嫌下列情形之一的，应予立案追诉……非法从事出版物的出版、印刷、复制、发行业务，严重扰乱市场秩序，具有下列情形之一的：（1）个人非法经营数额在15万元以上的，单位非法经营数额在50万元以上的；（2）个人违法所得数额在5万元以上的，单位违法所得数额在15万元以上的；（3）个人非法经营报纸1.5万份或者期刊1.5万本或者图书5000册或者音像制品、电子出版物1500张（盒）以上的，单位非法经营报纸5万份或者期刊5万本或者图书1.5万册或者音像制品、电子出版物5000张（盒）以上的；（4）虽未达到上述数额标准，二年内因非法从事出版物的出版、印刷、复制、发行业务受过两次以上行政处罚，又非法从事出版物的出版、印刷、复制、发行业务的。本案中，两店铺实际销售其余图书的数量为3769册，金额为134763.69元。被告人供述其个人违法所得约4万元。本案中，被告人未受过行政处罚，从个人非法经营数额、违法所得、出版物数量上均未达到立案追诉标准。故，指控被告人犯非法经营罪不能成立。

综上，个人以营利为目的，未经授权制售图书的行为构成侵犯著作权罪，犯罪金额为鉴定报告中认定的侵权图书销售数量乘以销售金额。未经许可在网络上销售其他图书的行为构成非法经营罪，非法经营的数额为扣除非图书类商品的数额。

编写人：河北省肃宁县人民法院　侯应心

54

单纯不正当获取商业秘密行为给权利人造成损失的认定

——吕某某侵犯商业秘密案

【案件基本信息】

1. 裁判书字号

湖北省武汉市中级人民法院（2023）鄂01知刑终2号刑事裁定书

2. 案由：侵犯商业秘密罪

【基本案情】

某技术公司对超低衰减光纤制备、OVD（一种工艺）套管设备制造等技术进行研发，并对涉密的技术信息采取了一系列保护措施，包括在生产现场和研发实验区进行门禁权限管理，要求员工单独设置电子邮箱密码，保护内容不被泄露，禁止员工随意复制、扫描、打印、下载、拷贝技术秘密文件等。

2014年10月起，某技术公司聘任吕某某担任公司的技术顾问，主要提供技术方面的顾问服务，但不参与公司项目的经营、管理和技术的决策。2018年1月至2020年4月，吕某某推测出公司研发人员的电子邮箱账号密码后，多次在其家中异地登录他人邮箱并秘密下载邮件内资料，随后打印、拍摄上述资料并将邮件内容传输到个人笔记本电脑中存储。公安机关于2020年5月将吕某某抓获归案，在其笔记本电脑的恢复数据以及打印资料中查获涉及某技术公司“预处理工序”“0.16分贝/千米超低衰减光纤制备技术”“0.15分贝/千米超低衰减光纤制备技术”“OVD套管沉积芯棒设计图纸”“OVD套管烧结芯棒设计图纸”五项不为公众所知悉的技术信息。案发后，某技术公司紧急更换电子邮箱系统。

湖北省武汉市江岸区人民检察院以吕某某犯侵犯商业秘密罪向法院提起公诉，并提交受某技术公司委托而出具的两份评估报告，以证明上述技术秘密的虚拟许可使用费为2880万元，更换电子邮箱系统产生的补救费用经评估为276.39万元。湖北省武汉市江岸区人民法院对上述两份评估报告进行严格审查，扣除无票据对应以及与技术秘密所涉项目无关的研制成本，采用成本法将涉案五项商业秘密的合理许可使用费调整为1086.81万元，并扣除邮箱验证人力费用中证据不足的部分，将更换邮箱的补救费用调整为268.10万元。

【案件焦点】

以不正当手段获取权利人的商业秘密，尚未披露、使用或者允许他人使用的，给权利人造成的损失数额如何认定。

【法院裁判要旨】

湖北省武汉市江岸区人民法院经审理认为：吕某某以盗窃的不正当手段获取权利人的商业秘密，给权利人造成的损失数额包括涉案技术秘密的合理许可使用费及更换邮箱的补救费用共计1354.91万元，上述行为造成特别严重后果，构成侵犯商业秘密罪。公诉机关指控吕某某犯侵犯商业秘密罪的事实清楚，证据确实、充分，指控罪名成立。吕某某虽未披露、使用或者允许他人使用其不当获取的商业秘密，但其行为侵犯了权利人对商业秘密的专有权利，破坏了公平竞争的社会主义市场经济秩序，造成特别严重后果，应受刑罚处罚。吕某某以不正当手段获取涉案商业秘密并未获利，其在获取商业秘密后亦未披露、使用或者允许他人使用，对其可以酌情从轻处罚。据此，以侵犯商业秘密罪判处被告人吕某某有期徒刑三年，并处罚金人民币50万元。

一审宣判后，吕某某提出上诉。

湖北省武汉市中级人民法院同意一审法院裁判意见，裁定：

驳回上诉，维持原判。

【法官后语】

根据《最高人民法院、最高人民检察院关于办理侵犯知识产权刑事案件具体应用法律若干问题的解释（三）》的规定，以不正当手段获取权利人的商业秘密，尚未披露、使用或者允许他人使用的，给权利人造成的损失数额可以根据商业秘密的合理许可使用费确定。为减轻对商业运营、商业计划的损失或者重新恢复计算机信息系统安全、其他系统安全而支出的补救费用，应当计入损失。但判断许可使用费和补救费用是否“合理”仍是司法实践中的难点。商业秘密通常不会被许可给他人使用，通过评估方式确定虚拟许可使用费的情况较为常见，单纯不正当获取商业秘密行为的危害性相对弱于其他类型的犯罪行为，但评估得出的许可使用费较高，为保障罪责刑相适应，审查虚拟许可使用费的合理性尤为必要。而对于补救费用，则需要审查费用的产生是否合理且必要。

一、虚拟评估的许可使用费的合理性审查

第一，审查评估方法的合理性。确定知识产权资产价值的评估方法一般包括市场法、收益法和成本法。没有实际许可但有同类技术许可合同参照的，按照市场法评估较为合理。在没有同类技术许可合同参照的情况下，具体适用何种评估方法更合理与技术本身的特征相关。本案中，五项技术秘密尚未被许可使用，市场上亦缺乏类似技术公开交易的案例，难以适用市场法评估；涉案技术秘密所属的整体产线技术复杂，难以从中进行收益剥离，相较收益法采用成本法评估涉案技术秘密的许可费用更具合理性。第二，审查商业秘密和取价凭据的关联性。本案采用成本法进行评估的取价依据应是某技术公司在具体项目中的研发费用支出统计数据、明细账、发票等。经审查发现，部分秘密点的取价依据不属于技术秘密所涉项目，对此部分法院予以扣除。第三，审查取价凭据的原始凭证。本案中，鉴定人在评估过程中仅抽取部分取价依据进行核查后推断全部取价依据无误，法院重新审核全部取价依据的原始凭证和相关财务资料，扣除无票据对应的研制成本，采用成本法对涉案五项商业秘密的合理许可使用费进行调整。

二、补救费用的合理性审查

补救费用是指权利人为避免损失扩大而支出的费用，可以与其他损失合并计入总的损失数额。以补救费用计算损失时，需要审查该费用是否为避免损失所必要，补救措施应对损失的避免起到有效的作用，如果商业秘密因侵权行为已为公众所知悉或者灭失的，不具有补救的可能，不宜将相关补救措施的支出计入损失。还需要审查该费用本身是否合理，如果以较小的补救成本就可以避免损失，而权利人采取过激补救措施，付出过高的补救费用，对于超出合理性的费用不宜计入损失。本案中，某技术公司更换后的邮箱系统安全性能更高，能有效避免擅自异地登录他人邮箱行为的发生，该补救措施具有必要性，可以以更换电子邮箱的合理补救费用确定损失数额。更换电子邮箱过程中不仅会产生设备费用，还会产生验证、排查等人力费用，也应视为补救费用的一部分，但人力费用的计算应以工资成本为依据，对于没有证据对应的人力费用法院不予支持。

编写人：湖北省武汉市江岸区人民法院　杨敬文

55

符合一定特征的经营信息可以认定为商业秘密

——王某侵犯商业秘密案

【案件基本信息】

1. 裁判书字号

江苏省南通市中级人民法院（2022）苏06刑终234号刑事裁定书

2. 案由：侵犯商业秘密罪

【基本案情】

被告人王某在某体育器材公司工作期间，基于职务行为，掌握了为某体育器材公司所有的客户名单、交易习惯、客户需求、付款方式、供销渠道等不为公众所知悉的经营信息。2019 年 4 月 5 日，被告人王某告知某公司业务联系人李某，其将从某体育器材公司离职创业做同类产品。2019 年 4 月 9 日，被告人王某告知某 1 公司业务联系人赵某，其将从某体育器材公司离职并从事健身系列方面的业务。2019 年 4 月 19 日，被告人王某从某体育器材公司离职，离职前将保存在公司分配给其使用的办公电脑中的某体育器材公司与 5 家外商客户（其中包括某公司、某 2 公司、某 1 公司）交易的资料拷贝至其私人移动硬盘，资料内容包含对应外商客户与某体育器材公司的外贸订单、产品式样、产品价格、供应商采购合同、报关数据等。2019 年 5 月 27 日，某体育器材公司通知被告人王某于 5 月 31 日到公司领取竞业限制补偿费，并告知逾期未领取并不免除竞业限制义务。因王某未如期到公司领取，某体育器材公司于同年 6 月 1 日将 4 月、5 月的竞业限制补偿费转账至王某原在某体育器材公司的工资账户内，王某于同日尽数退回。

2019 年 4 月 16 日，运动科技公司法定代表人为邵某，实际由王某负责经营。运动科技公司的经营范围包括健身器材、运动用品的研发、设计、销售、进出口业务等。被告人王某从某体育器材公司离职后，违反与某体育器材公司签订的保密协议、竞业限制协议等，使用所掌握的某体育器材公司的客户信息等商业秘密，以运动科技公司的名义与某体育器材公司客户某公司、某 2 公司、某 1 公司开展健身用品、体育用品的外贸出口业务。从 2019 年 5 月 7 日起开始分别与某公司、某 2 公司、某 1 公司发生账款往来。2019 年 6 月至 2020 年 12 月，向某公司出口 18 次，出口金额 495394.23 美元；2019 年 7 月 27 日向某 2 公司出口 1 次，出口金额 3290 美元；2020 年 11 月 23 日向某 1 公司出口 1 次，出口金额 28787.83 美元。而从某体育器材公司所发生的外贸交易情况来看，经专项审计，2019 年 5 月至 2020 年 9 月，某体育器材公司出口至某 1 公司的销售利润同比 2016 年 7 月至 2019 年 4 月减少人民币 482222.59 元，出口至某 2 公司的销售利润减少人民币 139476.06 元，该时段内与某公司未发生新的出口贸易。

【案件焦点】

被告人在某体育器材公司工作期间掌握的客户信息是否属于商业秘密。

【法院裁判要旨】

江苏省南通市通州湾江海联动开发示范区人民法院经审理认为：被告人在某体育器材公司工作期间掌握的客户信息满足不为公众所知悉、具有较大的经济价值及采取了相应的保密措施等三个要件，属于我国反不正当竞争法规定的商业秘密。被告人王某违反约定和权利人有关保守商业秘密的要求，使用其所掌握的商业秘密，给商业秘密权利人造成重大损失，其行为触犯 1997 年《中华人民共和国刑法》第二百一十九条第一款第三项规定，犯罪事实清楚，证据确实、充分，应当以侵犯商业秘密罪追究其刑事责任。被告人王某犯罪以后如实供述自己的罪行，根据《中华人民共和国刑法》第六十七条第三款的规定，可以从轻处罚。公诉机关指控的犯罪事实清楚，证据确实、充分，罪名成立，量刑建议适当，本院予以支持。依照 1997 年《中华人民共和国刑法》第二百一十九条第一款第三项，《中华人民共和国刑法》第六十七条第三款，《中华人民共和国反不正当竞争法》第九条，《最高人民法院、最高人民检察院关于办理侵犯知识产权刑事案件具体应用法律若干问题的解释（三）》第四条、第五条、第十条、第十一条、第十二条之规定，作出如下判决：

被告人王某犯侵犯商业秘密罪，判处有期徒刑九个月，并处罚金人民币 30 万元。

一审宣判后，被告人王某提出上诉。

江苏省南通市中级人民法院经审理认为：一审法院判决认定上诉人王某犯侵犯商业秘密罪的事实清楚，证据确实、充分，定性准确，量刑适当，应予维持。据此，依照《中华人民共和国刑事诉讼法》第二百三十六条第一款第一项之规定，裁定：

驳回上诉，维持原判。

【法官后语】

随着市场竞争日益激烈，有关客户信息引起的纠纷逐渐增多，在外贸、咨询、培训、市场调研等行业尤为突出，所引发的案件逐年增多。此类案件多因员工跳槽引起，涉及原单位与前员工、新单位的客户选择自由及社会公共利益的合理平衡，审理难度较大。同时，客户信息往往是部分公知信息与特有信息的结合体，市场和客户的不断变化又导致其内容难以确定，加之侵犯商业秘密罪案件数量很少，司法实务中，客户信息是否构成商业秘密，成为审理中的焦点和难点。

客户信息构成商业秘密须满足三个要件。《中华人民共和国反不正当竞争法》第九条第四款规定，商业秘密是指不为公众所知悉、具有商业价值并经权利人采取相应保密措施的技术信息、经营信息等商业信息。《最高人民法院关于审理侵犯商业秘密民事案件适用法律若干问题的规定》第一条第三款规定，客户信息包括客户的名称、地址、联系方式以及交易习惯、意向、内容等信息。对于商业秘密的构成要件，通说认为客户信息构成商业秘密需要具备三个要件：秘密性、保密性、价值性。

首先，关于秘密性要件，即不为公众所知悉的条件。当事人常以被诉客户信息为公知信息或者属于行业惯例作为辩解。笔者认为，判定是否符合秘密性要件，可从客户信息有无足够的深度、权利人是否投入人财物、其他竞争者正当获取客户信息的难易程度来判断。案涉客户信息不仅包括公知领域中的客户名称，还包括客户在产品需求、产品价格、付款方式、交易习惯等方面的深度信息，体现于双方的联络及长期稳定的交易中，行业内其他经营者不经过努力，很难在公开领域直接获得，符合秘密性要件。虽然客户名称和联系方式可通过公开渠道查询，但互联网等公知领域中并不能获取属于商业秘密范畴内的产品需求、产品价格、付款方式、交易习惯等特殊信息，不能以客户名称、联系方式可以公开查询到就否定综合性客户信息的秘密性。

其次，关于价值性要件，即是否具有商业价值。当事人经常辩解客户信息本身并无价值，客户选择合作对象更多考虑对方的服务和业务能力。这就需要着重分析客户信息反映出的产品需求、交易习惯、产品价格等内容，是否有利于企业有针对性地与客户达成交易，是否已与客户形成长期相对稳定的交易，是否能够或者已经为公司带来竞争优势和经济利益，以此来综合评判。商业价值包括现实的或者潜在的商业价值。故，判断是否具备价值性要件时，不能以是否已形成经济利益为标准，存在潜在商业价值的也可认定。如已达成合作意向、签订备忘录或签订了合同，因侵权人的行为导致权利人未能继续履约，可以认定该客户信息具有商业价值。本案中，案涉客户信息是某体育器材公司在公共信息的基础上搜集、整理、挑选，并通过实地访问、谈判磋商、关系维护而逐渐形成，付出了创造性的劳动，也耗费了一定的人力、物力和财力。这些客户信息具有独特的商业价值，客观上也为某体育器材公司带来了经济利益。根据专项审计报告，王某在职期间，某2公司等共计为某体育器材公司带来219万余元利润，具有较大的经济价值。

最后，关于保密性要件，即权利人是否采取了相应保密措施。《最高人民法院关于审理侵犯商业秘密民事案件适用法律若干问题的规定》第六条规定了认定权利人采取了相应保密措施的七种情形。司法实践中，一般从三个方面进行考量：(1) 是否足以使竞争对手通过正当手段无法获取；(2) 是否足以使保密义务人清楚权利人具有保密的主观愿望，清楚自己的保密义务和保密对象；(3) 权利人采取的保密措施是否与客户信息的商业价值相适应。本案中，某体育器材公司对涉案客户信息采取了多形式的保密措施，如对客户进行编码并存放于保险柜，实行字母代号流转、客户信息分级管理、员工手册及保密协议中明确约定商业秘密的经营信息范围及离职时需删除相关信息等。结合王某从事的外贸员工作岗位及其工作经验，足以认定王某主观上对于涉案客户信息系某体育器材公司重要信息以及某体育器材公司针对该信息具有较强的保密意愿、并采取了必要和适当的保密措施均系明知，该事实也与王某供述相印证。

编写人：江苏省南通市中级人民法院　陆炜炜

南通通州湾江海联动开发示范区人民法院　陶书林

（八）扰乱市场秩序罪

56

录制夸大、失实保健品宣传视频，并指导经销商采用会销形式吸引老年人购买的行为构成虚假广告罪

——何某等虚假广告案

【案件基本信息】

1. 裁判书字号

山东省日照市岚山区人民法院（2023）鲁1103刑初240号刑事判决书

2. 案由：虚假广告罪

【基本案情】

2020年下半年，被告人何某找被告人吴某某商议合作成立公司销售保健品，二人确定以会销方式销售某胶囊。

2020年11月，何某注册成立某商贸有限公司并负责公司运营、招商销售，吴某某担任宣传视频讲师，何某分得公司利润的40%，吴某某分得60%。后何某又找来被告人唐某某从事产品招商销售，承诺拿出自己的部分利润给唐某某。吴某某另外还抽取公司销售某胶囊回款额的6%作为讲师提成。

2021年年初，吴某某录制了含有虚假、夸大某胶囊产品背景、功效等内容的宣传视频。被告人高某某根据吴某某录制的视频形成相对应的话术、培训资料、宣传资料。被告人高某某、杨某、秦某等督导组工作人员根据公司安排给

经销商发送宣传视频和话术、培训资料等，并具体指导经销商销售，最终由门店经销商给到店老年人播放宣传视频并配合宣传话术、试吃活动，吸引老年人购买。被告人何某等人进购某胶囊的价格为130元一套，加上赠品成本共计405元至455元，以700元至800元不等的价格向下级经销商销售近3万套，并确定门店销售价格为2800元一套。

被告人秦某共计指导销售某胶囊至少774套；被告人杨某共计指导销售某胶囊至少396套。被告人吴某某分得讲师提成1695637.86元、公司利润300万元，被告人何某分得公司利润125万元，被告人唐某某分得公司利润65万元。被告人高某某非法获利6万元，被告人秦某非法获利4万元，被告人杨某非法获利3万元。案发后，各被告人均已退缴违法所得，被告人吴某某取得部分老年人谅解。

【案件焦点】

录制夸大、失实保健品背景及功效的宣传视频，授意安排、培训指导下级经销商利用该视频，并采用会销形式吸引老年人购买保健品的行为如何定性。

【法院裁判要旨】

山东省日照市岚山区人民法院经审理认为：被告人何某、吴某某、唐某某、高某某、秦某、杨某违反国家规定，利用广告对销售商品作虚假宣传，情节严重，侵犯了广告市场管理秩序和不特定消费者的合法权益，应以虚假广告罪追究刑事责任。被告人何某、吴某某、唐某某、高某某构成自首，被告人秦某、杨某具有坦白情节，依法均可以从轻处罚。被告人高某某、秦某、杨某在共同犯罪中起次要作用，系从犯，依法应当对其从轻处罚。被告人唐某某、秦某、杨某认罪认罚，依法可以从宽处理。各被告人均已退缴违法所得，被告人吴某某取得部分老年人谅解，均可酌情从轻处罚。据此，山东省日照市岚山区人民法院依据《中华人民共和国刑法》第二百二十二条，第二十五条，第二十六条第一款，第二十七条，第六十七条第一款、第三款，第七十二条，第七十六条及《中华人民共和国刑事诉讼法》第十五条、第七十六条、第二百零一条之规定，作出如下判决：

一、被告人何某犯虚假广告罪，判处有期徒刑一年九个月，并处罚金人民币 40 万元；

二、被告人吴某某犯虚假广告罪，判处有期徒刑一年七个月，并处罚金人民币 80 万元；

三、被告人唐某某犯虚假广告罪，判处有期徒刑一年四个月，并处罚金人民币 15 万元；

四、被告人高某某犯虚假广告罪，判处有期徒刑一年二个月，缓刑一年二个月，并处罚金人民币 2 万元；

五、被告人秦某犯虚假广告罪，判处有期徒刑一年，缓刑一年，并处罚金人民币 1 万元；

六、被告人杨某犯虚假广告罪，判处有期徒刑一年，缓刑一年，并处罚金人民币 1 万元。

案件宣判后，判决已生效。

【法官后语】

《最高人民法院、最高人民检察院关于办理危害食品安全刑事案件适用法律若干问题的解释》第十九条规定，违反国家规定，利用广告对保健食品或者其他食品作虚假宣传，符合《中华人民共和国刑法》第二百二十二条规定的，以虚假广告罪定罪处罚；以非法占有为目的，利用销售保健食品或者其他食品诈骗财物，符合《中华人民共和国刑法》第二百六十六条规定的，以诈骗罪定罪处罚。本案处理的重点在于被告人罪名认定的问题，该行为系构成诈骗罪还是虚假广告罪。

个别不法商家为了营利不择手段，尤其是保健品销售领域问题较为突出。本案中，被告人何某等人通过制定营销模式、录制宣传视频，将不具有防病、治病功能的保健品吹嘘成能够治疗癌症、肿瘤、心脑血管疾病、帕金森、脑梗、疝气等疾病的产品销售给老年人。本案存在如下观点。

第一种观点认为构成诈骗罪。理由是：何某等被告人通过录制虚构产品功效的视频广告和特定话术，让老年人相信某商贸有限公司的保健品具有治疗疾病的功能，从而达到将保健品销售给特定群体的目的，被害人基于对被告人上述虚构事实的欺骗行为产生了错误认识，以为交付财物购买保健品能治疗疾病，符合诈骗罪的构成要件，应当定性为诈骗罪。

第二种观点认为构成虚假广告罪。理由是：何某等人为增加从其他公司进购保健品的销量，录制虚假、夸大产品背景、功效等内容的宣传广告视频，并授意安排、培训指导下级经销商通过免费体验艾灸仪器或赠送面条、鸡蛋方式吸引老年人进店，并在店内利用视频授课等方式吸引老年人购买产品，该行为系利用广告对商品作虚假宣传的行为，且达到情节严重标准，应认定构成虚假广告罪。

笔者同意第二种观点，理由如下：

虚假广告罪，是指广告主、广告经营者、广告发布者违反国家广告管理规定，利用广告对商品或服务作虚假宣传，情节严重的行为。诈骗罪是指行为人以非法占有为目的，以虚构事实、隐瞒真相的方法，骗取数额较大的公私财物的行为。司法实践中，部分办案人员认为，只要存在虚假宣传销售保健品或食品的行为，就应当按照《最高人民法院、最高人民检察院关于办理危害食品安全刑事案件适用法律若干问题的解释》第十九条的规定，以诈骗罪定罪处罚，笔者认为这种观点是偏颇的，偏离了该解释的立法本意，办案中要具体分析个案是符合虚假广告罪还是诈骗罪构成要件。具体到本案中，笔者主要从犯罪主观方面、犯罪客观方面、犯罪客体方面的不同进行综合分析，认定被告人构成虚假广告罪。

一是从犯罪客体看，本案侵犯了广告市场管理制度和不特定消费者的合法权益，也侵害了被害人财物所有权。诈骗罪侵犯的是公私财物所有权，虚假广告罪侵犯的是广告市场管理制度和不特定消费者的合法权益。本案中，销售门店利用免费体验艾灸仪器及免费领取鸡蛋、面条等方式吸引不特定老年消费者进店，被告人通过指导门店在老年人体检艾灸过程中通过播放夸大、失实保健品背景及功效的宣传视频以及授课方式吸引其购买产品，这种行为是建立在实质性市场经营、市场交易上的违规宣传行为，既影响了广告市场的健康发展，扰乱了正常的广告管理秩序，又侵害了消费者的合法权益，因本案各被告人利用虚假广告宣传销售产品定价较高、获利较大，也侵犯到了被害人财物所有权，故应结合其主观目的是非法占有还是非法获利、客观行为是虚构事实还是夸大宣传进行定罪处罚。

二是从犯罪主观方面看，不能认定本案被告人具有非法占有的目的。区分诈骗罪和虚假广告罪的一个重要要件是行为人主观方面是否具有非法占有的目的。诈骗罪的成立要求行为人主观上具有非法占有的目的，一方面表现为行为人妄图不履行任何义务或者不支付任何对价而占有他人财物，类似于“空手套白狼”，不存在实质性的市场经营、市场交易；另一方面表现为行为人还逃避返还骗取的财物，导致被害人的损失无法通过民事、行政途径得到救济。而虚假广告罪的成立要求行为人主观上具有非法获利的目的，而不具有非法占有的目的，其本质特征在于公司以刊登或散发虚伪不实内容的广告，使消费者信以为真，而从事价格与品质不相称的经济交易。因此，如果行为人主观上仅有非法营利的目的，不具有非法占有的目的，则不能以诈骗罪定罪处罚。

具体到本案，首先，涉案产品某胶囊并非被告人自己生产的“三无产品”，而是被告人基于该产品以破壁姬松茸粉、破壁灰树花粉、破壁灵芝孢子粉等为主要原料且具有保健品生产批号和保健功效这种主观认识，而从其他公司采购用以销售的产品，被告人并非意图不履行任何义务或支付任何对价；其次，被告人对该产品作出虚假宣传的目的是促成老年消费者购买产品、达成交易、获取经营利润；最后，被告人销售过程中允许退货，且未发现被告人阻拦退货或者设置高门槛退货条件、给被害人主张权利制造障碍的情形，因此不能认定本案被告人具有非法占有的目的。

三是从犯罪客观方面看，被告人实施的是夸大产品功效的虚假宣传行为而并非完全虚构事实的行为。区分诈骗罪和虚假广告罪的另一个重要要件是犯罪客观行为方面是否采用了隐瞒真相和虚构事实的欺骗方法。诈骗罪采用的是隐瞒真相和虚构事实的欺骗方法，虚构事实的本意是行为人捏造不存在的事实，从而使受害人产生错误认识、获取被害人的信任并使其处分财产，其虚构的范围不会局限于对产品本身的质量、性能的吹嘘，还包括虚构一切有助于实现其诈骗目的的事实，如通过虚假诊疗、伪造检测报告、夸大被害人的身体实际情况、刻意营造紧急情况等。虚假广告罪采取的是利用广告作夸大、虚假宣传，针对产品本身的效用虚构了部分事实，其行为的“吹嘘夸张”并非“无中生有”，并不能直接从消费者本人的信息或者其他外部条件驱使消费者进行消费。

具体到本案，首先，涉案某胶囊外包装上印有“蓝草帽”保健食品的标识及“保健品不能替代药品”提示语，还明确标注了本品是由破壁姬松茸粉、破壁灰树花粉、破壁灵芝孢子粉为主要原料的保健食品，具有增强免疫力的保健功能。某胶囊出厂成分检测含有粗多糖和三萜类成分，对多种老年疾病具有一定的功效与作用。被告人在制作的广告视频中宣称能够治疗癌症、肿瘤等疾病，更符合夸大功能、虚假宣传的虚假广告行为，鉴于部分虚构事实与客观事实有关联、交叉的关系，不能将其认定为完全虚构事实的行为。其次，老年人进店购买涉案产品的目的不排除是为了强身健体，并非为了治疗疾病，公安机关查找出的几十名被害人，明确陈述患有具体疾病或者为了治疗疾病而购买的人数较少；也不排除是因试服有效果而购买，在案一被害人就是试服改善睡眠后购买；并且本案案发不是因为被害人报案，且绝大多数购买者尚未调查，无相关证据证明被害人是否为根治疾病而购买，进而不能认定老年人是陷入错误认识而交付财物，因此不能认定被告人采用了隐瞒真相或虚构事实的欺骗方法进行诈骗。

综上，本案被告人为增加产品销量，制定营销模式、录制宣传视频，并授意安排、培训指导下级经销商针对不特定老年人群体，利用视频授课等方式对涉案保健品背景、功效等进行夸大失实的广告宣传，吸引老年人购买，该行为系利用广告对商品作虚假宣传的行为，且达到情节严重标准，应认定构成虚假广告罪。

编写人：山东省日照市岚山区人民法院　刘利红　胡硕文

山东省日照市中级人民法院　张晓燕

57

明知自己没有实际履行合同的能力而采取虚构事实、隐瞒真相的方法，骗取对方当事人财物，且数额巨大，认定构成合同诈骗罪

——廖某合同诈骗案

【案件基本信息】

1. 裁判书字号

广西壮族自治区贵港市中级人民法院（2023）桂08刑终156号刑事裁定书

2. 案由：合同诈骗罪

【基本案情】

2021年至2022年，时任高速公路公司路政支队贵港大队工作人员的被告人廖某，谎称是为高速公路公司购买烟酒等物品，并以需要等单位报账后再付款为借口，骗取了罗某和李某夫妇、罗某1、杨某和杨某1兄妹、余某、李某、叶某向被告人廖某提供的大量烟酒等物品。之后，廖某便以单位未报得账、董事长调走、新来的财务总监没签字等各种理由拒不支付上述被害人的货款，其所购买的烟酒等物品全部用于廖某个人宴请、送礼等。当罗某和李某夫妇发现被骗后便向公安机关报警。经查，被告人廖某骗取罗某和李某夫妇、罗某1、杨某和杨某1兄妹、余某、李某、叶某共计价值人民币798230元的烟酒等。

【案件焦点】

1. 被告人行为是否构成合同诈骗罪；2. 已进入执行阶段的货款79080元是否还属于诈骗数额。

【法院裁判要旨】

广西壮族自治区贵港市港北区人民法院经审理认为：被告人以非法占有为目的，在签订、履行合同过程中，骗取对方当事人财物，数额巨大，其行为构成合同诈骗罪。本案中，被告人廖某明知自己没有为单位采购烟酒的权力而以某高速公路有限公司的名义，向罗某、罗某 1、杨某 1、余某等人购买烟酒等物品，并用于其个人宴请或送礼等，又以单位未报得账、人事变动等理由拒不支付货款；其因多起民事纠纷被多人起诉，也均未履行；其收入不足以履行其所负债务；足以认定被告人廖某主观上有非法占有的目的。被告人廖某在履行买卖合同过程中，采取虚构事实、隐瞒真相的方法，骗取对方当事人财物，且数额巨大，其行为符合合同诈骗罪的犯罪构成要件。虽然被告人廖某诈骗罗某 1 经手的货款 79080 元已被法院作出民事判决，但并不影响对该起诈骗事实的认定。综上，广西壮族自治区贵港市港北区人民法院判决如下：

一、被告人廖某犯合同诈骗罪，判处有期徒刑七年三个月；

二、责令被告人廖某分别退赔上述损失。

一审宣判后，被告人廖某提出上诉。

广西壮族自治区贵港市中级人民法院经审理认为：上诉人廖某以非法占有为目的，在签订、履行合同过程中，冒用单位的名义骗取对方当事人财物，数额巨大，其行为构成合同诈骗罪。原判认定事实清楚，适用法律正确，量刑适当，审判程序合法，应予维持。廖某的上诉理由不成立，依法应予驳回。广西壮族自治区贵港市中级人民法院依照《中华人民共和国刑事诉讼法》第二百三十六条第一款第一项的规定，裁定：

驳回上诉，维持原判。

【法官后语】

本案中，有意见认为，被告人没有付款的行为是合同违约行为，应当属于一般的民事纠纷。另有意见认为，被告人以非法占有为目的，在签订、履行合同过程中，骗取对方当事人财物，数额巨大，其行为构成合同诈骗罪，属于刑事案件范围。诈骗，是指以非法占有为目的，用虚构事实或者隐瞒真相的方法，骗取较大的公私财物的行为。而合同诈骗，即是在签订、履行合同过程中，骗取对方当事人财物，数额巨大。在本案中，不同意见的出现涉及对诈骗罪构成要件中“以非法占有”的主观故意的不同理解与认识。刑法中，非法占有是指明知是他人的财产，而将其转归自己或者第三人“非法所有”并排除权利人所有的一种主观愿望。至于达到何种程度，在不同的犯罪行为中有所差异，需要视不同罪名而准确界定。有的罪名只实际要求占有财物；有的罪名不仅要求实际占有财物，还要求对财物进行使用或者进行事实上或者法律上的处分；有的罪名不仅要求财物占用、使用、处分，还要求造成所有物的灭失或者价值减少。

司法实践中，对于行为人通过诈骗的方法非法获取资金，造成数额较大资金不能归还，并具有下列情形之一的，可认定为具有非法占有的目的：(1) 明知没有归还能力而大量骗取资金的；(2) 非法获取资金后逃跑的；(3) 肆意挥霍骗取资金的；(4) 使用骗取的资金进行违法犯罪活动的；(5) 抽逃、转移资金、隐匿财产，以逃避返还资金的；(6) 隐匿、销毁账目，或者搞假破产、假倒闭，以逃避返还资金的；(7) 其他非法占有资金、拒不返还的行为。本案中，被告人廖某明知自己没有为单位采购烟酒的权力而以高速公路有限公司的名义，向罗某、罗某1、杨某1、余某等人购买烟酒等物品，并用于其个人宴请或送礼等，又以单位未报得账、人事变动等理由不支付货款；其因多起民事纠纷被多人起诉，也均未履行；其收入不足以履行其所负债务，属于明显没有履行能力；虽然被告人骗取的不是资金，但是仍属于数额巨大的财物，被告人行为符合认定非法占有目的的情形，并在履行买卖合同过程中，采取虚构事实、隐瞒真相的方法，骗取被害人的财物，数额巨大，其行为符合合同诈骗罪的构成要件，应以合同诈骗罪追究被告人廖某的刑事责任。综上，合议庭认定被害人存在非法占有的目的，行为符合公诉机关所诉合同诈骗罪的构成要件，因此认定该案件的性质为刑事案件。

对于起诉指控被告人廖某诈骗罗某和李某夫妇货款516150元的事实，不仅有被害人陈述，还有送货单、发票及微信聊天记录等证据予以证实。虽然被告人廖某诈骗罗某1经手的货款79080元已被法院作出民事判决，但并不影响对该起诈骗事实的认定，因此推断被告人廖某的其他诈骗行为属民事纠纷没有法律依据。

实践中，在具体认定金融诈骗犯罪的数额时，应当以行为人实际骗取的数额计算。本案中，首先，被告人以帮公司采购的名义，实际骗取了被害人烟酒等财物。作为本案核心的烟酒的所有权，不仅是被告人廖某的犯罪目的，也是其实际诈骗所得财物。其次，从被害人损失的角度来看，被告人廖某没有能力履行合同，补偿被害人的损失。因此从主客观的角度来考虑：主观上，被告人意在非法占有被害人的财产；客观上，被告人虚构帮公司采购的名义，在履行合同过程中，实际骗取的财物。以被告人尚未支付的数额作为本案的诈骗数额，更能反映案件的社会危害性。

编写人：广西壮族自治区贵港市港北区人民法院　廖达楼

58

非房地产销售人员以签订合同形式骗取“工抵房”定金该如何认定

——何某某合同诈骗案

【案件基本信息】

1. 裁判书字号

江苏省扬中市人民法院（2023）苏1182刑初143号刑事判决书

2. 案由：合同诈骗罪

【基本案情】

2021年11月30日至2022年10月21日，被告人何某某以非法占有为目的，谎称自己是某公司“工抵房（工程抵押房）”销售的负责人，可以低价销售“工抵房”，骗取成某及房产中介杨某、黄某等人的信任，通过上述人员对外宣传，通过签订房屋买卖合同、伪造印章等方式骗取87名被害人缴纳购房定金人民币3551000元。在合同签订后，被告人何某某以给付“好处费”能加快合同履行等为由，骗取31名被害人给予打点费用、香烟及购物卡等财物，共计价值人民币83393元。工程抵押房简称“工抵房”，是指在某些条件下，房地产开发商为了后续项目的建设或开发，而向银行或房地产的相关行业（如建筑商、材料商等）进行融资、贷款所抵押的该房地产项目中尚未出售的房屋的全部（或部分）的产权或使用权。

【案件焦点】

非房地产销售人员以签订合同形式骗取“工抵房”定金该如何认定。

【法院裁判要旨】

江苏省扬中市人民法院经审理认为：被告人何某某以非法占有为目的，以虚构的身份签订合同，骗取他人财物，数额特别巨大，其行为已构成合同诈骗罪。案发后，被告人何某某能如实供述自己的犯罪事实，系坦白，依法可以从轻处罚。被告人何某某认罪认罚，依法可以从宽处理。据此，判决如下：

被告人何某某犯合同诈骗罪，判处有期徒刑十二年，并处罚金人民币30万元；对违法所得予以追缴，发还被害人。

案件宣判后，判决已生效。

【法官后语】

司法实践中，合同诈骗罪的认定主要围绕合同进行，合同包括书面合同、口头合同及其他形式，应当体现一定的市场秩序，是导致被害人陷入错误认识而做出财产处分的主要原因，以及合同诈骗发生在合同的签订、履行过程中，行为人实施的是与合同内容有关的活动，骗取财物与合同约定相关等问题，已经基本达成共识。但认定合同诈骗罪，是否还基于扰乱市场经济秩序，要求行为人从事合同约定相关经济活动，以及对犯罪数额较小的合同诈骗与诈骗竞合时如何适用法律存在一定争议，就本案定性，存在不同的意见：

第一种意见认为，被告人何某某不从事合同约定相关经济活动，应当定性为普通诈骗。判断是否构成合同诈骗要从行为人的主观故意、签订合同的本质以及有无履约可能等综合认定。本案被告人何某某在签订合同前即具有非法占有目的，自己不从事房地产销售及相关经济活动，通过中介面向不特定人员实施诈骗，签订合同的本质仅仅是诈骗的手段，假用合同的形式骗取他人财物，不具有经济合同活动特征，不构成合同诈骗罪。其以非法占有为目的，虚构事实，骗取财物的行为，宜定性普通诈骗。

第二种意见认为，被告人何某某利用合同骗取对方当事人财物，应当定性为合同诈骗罪。被告人何某某冒用他人名义签订合同售卖“工抵房”，在签订、履行合同过程中，骗取对方财物，符合合同诈骗的犯罪特征。被告人何某某签订“工抵房”骗取他人财物的行为不仅侵犯了众多被害人正常购买房产的权益，而且对其他房地产销售公司正常销售房产造成影响，扰乱了市场经济秩序，其不从事房地产销售及相关行业不能阻却承担合同诈骗的责任。被告人何某某的行为虽然同时符合普通诈骗的犯罪构成，但应当优先适用特别条款合同诈骗定罪处罚。

笔者同意第二种意见，理由如下：

一、行为人是否从事合同约定相关经济活动不影响合同诈骗罪的认定

第一，从合同诈骗的设立及金融诈骗来看，均未对行为人从事职业作特别规定。原1996年《最高人民法院关于审理诈骗案件具体应用法律的若干问题的解释》（已失效）第二条规定，利用经济合同诈骗他人财物数额较大的，构成诈骗罪。1997年《中华人民共和国刑法》第二百二十四条规定，以非法占有为目的，在签订、履行合同过程中，骗取对方当事人财物的行为定性为合同诈骗，至此将合同诈骗从普通诈骗中分离出来，列为特别条款独立成罪。合同诈骗罪位于扰乱市场秩序罪章节，判断构罪的关键是合同诈骗行为是否扰乱了市场经济秩序，而不是行为人从事职业扰乱了市场经济秩序。从金融诈骗相关罪名来

看，同属普通诈骗的特别规定，以非法占有为目的，诈骗银行或者其他金融机构贷款、进行金融票据诈骗活动、进行信用证诈骗活动、进行信用卡诈骗活动的，应分别定性为贷款诈骗、票据诈骗、信用证诈骗、信用卡诈骗行为。罪名区分的关键在于诈骗手段和侵犯客体，亦非行为人从事的职业。从合同诈骗条款的表述来看，诈骗的手段是利用合同，侵犯的是合同相对方的利益，判断是否成立合同诈骗的核心问题应围绕合同展开，对犯罪主体是单位还是个人或者行为人从事职业等并无特别要求。

第二，从社会危害性来看，与行为人是否从事合同约定相关经济活动无关。行为人在签订、履行合同过程中，骗取对方当事人财物，既侵犯了被害人的权益，包括公私财物所有权，也侵犯了国家对合同的管理制度，同样侵犯了其他相对人可能与被害人签订合同的权益，扰乱了购方、售方、公共管理方共同组成的市场经济秩序，该合同诈骗行为带来的危害，与行为人是否从事合同约定相关活动无关，不会增加或减少上述社会危害性。以本案为例，被告人何某某通过中介宣传，骗取87名被害人签订了买卖合同或者协议缴纳“工抵房”定金，这对被害人作为购房者基于合同信赖通过正常途径购买房产造成影响，也对材料商等销售“工抵房”以及本市其他房地产销售公司销售房产均造成影响，导致消费者难以有序购买房产以及房地产销售公司丧失了潜在客户订单。客观上，案涉房地产销售公司在被告人何某某实施合同诈骗犯罪尚未被调查期间，听闻市场上有人销售“工抵房”而向市民发布公告，提醒不要相信低价“工抵房”，尤其是以供应商名义销售的“工抵房”，足以证明是被告人何某某实施的犯罪行为而非从事职业对本市房地产销售秩序产生重大影响。

第三，从定性争议来看，主观故意、签订合同的本质以及有无履约可能等是区分经济犯罪与经济纠纷的关键，而不是判断合同诈骗或是诈骗的标准。《最高人民法院关于充分发挥审判职能作用为企业家创新创业营造良好法治环境的通知》规定，对于在合同签订、履行过程中产生的民事争议，如无确实充分的证据表明符合犯罪构成的，不得作为刑事案件处理。合同诈骗犯罪与合同经济纠纷的本质区别，在于行为人是否具有非法占有目的。判断行为人是否具有非法占有目的，要结合案件客观事实综合判定，从事实、行为、手段、后果等方面，全面收集、审查对行为人有利和不利的证据。《中华人民共和国刑法》第二百二十四条列举了五种合同诈骗表现形式：(1) 以虚构的单位或者冒用他人名义签订合同的；(2) 以伪造、变造、作废的票据或者其他虚假的产权证明作担保的；(3) 没有实际履行能力，以先履行小额合同或者部分履行合同的方法，诱骗对方当事人继续签订和履行合同的；(4) 收受对方当事人给付的货物、货款、预付款或者担保财产后逃匿的；(5) 以其他方法骗取对方当事人财物的。上述合同诈骗的表现形式是在签订、履行合同过程中同步发生的，骗取对方当事人财物，且具有非法占有目的，即可定性合同诈骗。相反，如果主观上不具有非法占有为目的，签订合同是真实意思表示，具有履约的可能性，拿到款项后积极履约承担责任，则该行为属于民事法律调整范围，不应受到刑法规制。司法机关应当坚持刑法的谦抑性，准确判断非法占有目的，凡是通过民事法律途径足以规制的行为，就不能动用刑事手段进行调整。

本案中，被告人何某某既非房地产销售公司销售，也未受委托出售“工抵房”，其冒用他人名义通过中介、朋友对外宣传，利用销售“工抵房”信息差以及被害人对中介的信任、合同的信赖，骗取87名被害人签订合同支付巨额定金用于还债、挥霍，其行为远远超出了一般民事经济合同纠纷范畴，依法应当定性合同诈骗罪，其不从事房地产销售及相关行业的事实不影响本案性质的认定。

二、优先适用合同诈骗条款的法条竞合规则不因犯罪数额大小而发生改变

合同诈骗罪是在合同签订、履行过程中发生的诈骗犯罪，具有普通诈骗犯罪骗取财物的基本构成特征。有观点认为，利用合同骗取他人财物，没有达到司法解释所规定的合同诈骗罪数额较大的标准，不符合合同诈骗的客观条件，但达到普通诈骗罪数额较大标准的，应定性普通诈骗罪。笔者认为，刑法理论及司法实践中，均认为合同诈骗罪与诈骗罪之间是特别法与一般法的竞合关系，应优先适用合同诈骗罪，而非择一重罪。因此，合同诈骗罪的法律适用不牵涉

到轻重比较问题。首先，《中华人民共和国刑法》第二百六十六条规定，本法另有规定的，依照规定，犯罪数额未达合同诈骗罪的入罪标准并未改变合同诈骗行为的性质，仍应优先适用合同诈骗条款，如若属于犯罪情节显著轻微危害不大的，可同时根据《中华人民共和国刑法》第十三条的规定，不认为是犯罪，确有必要的可移送治安管理处罚，即特别法要一直保持优于一般法的适用规则，不因犯罪数额变化而产生法律适用与否的分歧。其次，如上所述，法条竞合一般不涉及罪与罪之间的轻重比较。退一步从犯罪数额标准划分角度来看，合同诈骗罪明显轻于诈骗罪。倘若“轻罪”合同诈骗罪属于犯罪情节显著轻微不构成犯罪，反而可以适用“重罪”诈骗罪定罪处罚，这有违一般逻辑以及刑法适用原则。

综上，合同诈骗不因数额大小而转化认定普通诈骗，达不到合同诈骗犯罪数额标准的，可以在刑法体系内援引犯罪情节轻微、显著轻微条款处理，结合刑行衔接机制，能够形成打击合同诈骗违法犯罪的梯次。

编写人：江苏省扬中市人民法院　王辉

59

利用网络贷款平台规则设定漏洞，刷单骗取高额贷款行为的定性

——尹某合同诈骗案

【案件基本信息】

1. 裁判书字号

北京市海淀区人民法院（2021）京0108刑初2611号刑事判决书

2. 案由：合同诈骗罪

【基本案情】

2020年4月至5月，被告人尹某在其经营的网络店铺A旗舰店、B旗舰店上采取刷单方式虚构交易获取高额贷款资格，并以其实际控制的A公司、C公司的名义获取小额贷款公司的贷款共计300余万元由某公司支付结算。后其刷单行为被某公司发现而终止对其经营的店铺发放贷款，被告人尹某未履行还款义务，并将所获贷款中的人民币10万元转赠他人。2021年3月31日，被告人尹某被公安机关抓获归案，涉案赃款未起获。

【案件焦点】

1. 尹某利用系统规则设置漏洞，刷单提升贷款额度，获取平台高额贷款，后不归还贷款的行为如何定性；2. 尹某的犯罪金额如何认定。

【法院裁判要旨】

北京市海淀区人民法院经审理认为：被告人尹某以非法占有为目的，在签订和履行合同过程中，诈骗合同相对方财物，数额较大，其行为已构成合同诈骗罪，应予惩处。关于机器能否成为被骗对象，以及尹某实施的刷单行为与贷款发放是否存在因果关系，其是否虚构了相关事实，以及尹某是否在主观上具有非法占有故意的争议，经查，在案证据显示，被告人尹某在实施本案相关行为前已经因民事纠纷而背负巨额债务，且被法院限制高消费，而本案的涉案贷款的发放系依据被告人尹某实控的店铺与某公司、小额贷款公司三方签署的合同，通过系统根据涉案店铺的在途订单额自动发放相应贷款，尹某利用上述漏洞通过刷单行为虚构其店铺在途订单额获得相应贷款并进行使用，实质上实施了骗取贷款的行为，尹某的刷单交易满足了网络交易平台的预设条件，但并不属于真实的交易，而是一种虚假的自我交易，相关方未能通过网络平台将其甄别，而是误以为属于真实有效的交易，因而依据合同由系统自动发放贷款，属于尹某通过其虚假的手段导致平台方陷入认识错误，获得了系统的预设同意，其实质上仍然是对平台管理者的欺骗，但由于现行法律中对小额贷款公司是否属于其他金融机构存在争议，不宜以骗取贷款罪追究其相应责任，故如尹某在履行合同的过程中将款项用于实际经营，或仅因经营不善而导致其无法实际履行还款义务时，不会再对其追究其他刑事责任。在本案初期，尹某是按合同约定，实际履行过还款义务的，故可以认定，被告人尹某对其签订合同、刷单获取贷款行为之间具有因果关系具有明确的认知，了解合同三方履行合同的方式及相关权利义务，但被告人尹某在此后的履行合同过程中，因其刷单行为被发现，合同相对方停止对其继续发放贷款后，导致其无法继续通过刷单行为借新还旧时，尹某在实际掌握前期获取的资金，有能力部分履行还款义务时，未按照合同约定履行还款义务，仍心存侥幸，将款项用于其经营的其他店铺进行小额进货，去支付大额广告费用。此前，尹某已经有法院判决确定的巨额债务，且有高额贷款应履行还款义务，在债台高筑的情况下，其仍将人民币 10 万元转赠他人进行挥霍，对于该笔钱款，应当认定其在签订和履行合同过程中，在主观上产生了非法占有的目的，并定罪处罚。至于其余其通过刷单手段骗取的款项，因其有实际的进货及投放广告等经营行为，根据现有证据无法确认其主观上具有非法占有的故意，对于相应指控，本院不予支持。据此，以合同诈骗罪，判处被告人尹某有期徒刑二年十个月，罚金人民币 28000 元；责令被告人尹某退赔人民币 10 万元，发还被害单位小额贷款公司。

案件宣判后，判决已生效。

【法官后语】

本案的争议焦点在于利用网络贷款平台系统规则设置的漏洞，通过刷单形式提升贷款额度，从而获取平台高额贷款行为定性以及犯罪金额如何认定。

一、尹某构成合同诈骗罪

关于本案的定性问题，存在不同的观点：一种观点认为，贷款平台依据在途应收订单额评估发放贷款额度，系平台及贷款方因自身不谨慎的设定而形成的预设规则漏洞，而平台的预设规则本身体现的就是平台公司的真实意志，系统严格执行预定规则就是在执行平台公司的意志，行为人并未采取破坏干扰系统规则的情况，也就不能说违背了平台公司的真实意思表示，况且贷款系统作为无意识物，无法做出财产处分的意思表示及其真伪性判断，也就存在利用机器错误认识致其处分财物的可能性，且贷款系平台主动发放，也不存在利用漏洞秘密窃取的情况，其行为不构成犯罪。另一种观点认为，平台及系统并无实际处置财物的能力，设定系统规则的是平台背后的人及其单位，而平台及其系统不过是实现其背后的人及单位的处分的意思表示的辅助工具，而系统的预设规则的设立，不过是为了最大限度地按照自然人及单位的真实意思表示，提高交易效率的同时，以规则确保合同目的的实现，降低商业风险，而对平台规则漏洞的利用，本质绕开了自然人及单位的真实意思表示，以虚假的形式达成预设规则的假象，违背自然人及单位订立此类合同的真实意思表示，误将实质不符合的预设规则的合同订立且履行，而预设规则的达成系被告人利用平台系统设定漏洞，虚构交易的刷单行为所引起，而行为人造假达成预设规则目的意在非法占有钱款，故而应当以合同诈骗罪定罪。

根据《中华人民共和国刑法》第二百二十四条第五项之规定，有以其他方法骗取对方当事人财物的，以非法占有为目的，在签订、履行合同过程中，骗取对方当事人财物，数额较大的构成合同诈骗罪。行为人有无非法占有目的，在订立合同和履行合同的过程中，采用欺骗手段，致使合同相对方陷入错误认识而处分财物，且达到数额较大标准，是判断是否构成合同诈骗罪的要件。

具体到本案，首先，可以确定的是双方签订了相关的借款合同，且贷款公司系从事经营活动的市场主体，通过收取利息获得利润，此点其贷款账户的申请及其使用以及贷款发放、还款等行为均可以佐证，且系在双方订立、履行合同的过程中。其次，被告人采取了欺骗的手段。其了解“订单贷”“极速收”产品的内容，尤其是评定规则系依据商家的外部客户订单金额为基数，按照对商家的历史信用、商户评级、经营状况等参数设置，知晓贷款的还款期限，并知道按时还款可以增加信用，提升销售额可以提升贷款金额。被告人虽辩称不了解上述相关内容，未主动申请系平台主动发放，贷款发放金额与店铺交易流水无直接因果关系等，但是通过其注册店铺及贷款账号的时间，还款的时间及次数，用自己控制的公司刷单提升在途营业额，虚假发货及利用优惠券支付少量实付款等均可以佐证其知晓贷款发放预设规则，而其所采取的上述欺骗手段目的就是达成系统预设的贷款发放规则。再次，判断其是否具有非法占有的目的，也是本案合同诈骗罪认定的关键。原则上其采取了上述客观的欺骗行为即可以认定其具有非法的占有目的，且通过其上述行为，可以判断此种非法占有目的产生于欺骗行为之前，这点可以从其所控制的公司及其在京东的店铺并无多少真实的营业额，而其存续的时间段与其申请贷款的时间段相互吻合，在其贷款申请后相关店铺也无实际的营业，且在其贷款之前其本人存在多起民事纠纷，且个人已无任何偿还能力，其在得到大额贷款后无积极履行偿还的行为等推定。最后，贷款公司发放贷款额度与其欺骗行为之间具有直接因果关系。贷款公司之所以依据上述因素及其基数设定贷款发放额度，旨在待店铺的销售额实际入到期合作的结算方的支付钱包后可以划扣偿还贷款为担保，结合其还款信用评定，从而降低贷款不能回收的风险，而被告人采取的虚假手段致使上述合同目的直接落空，如贷款公司知晓上述欺骗行为定然不会发放贷款，从而造成财产损失。综上，被告人在合同成立和履行过程中采取了欺骗行为，且在其实施欺骗行为之初，获取贷款前就已产生非法占有目的，而后续亦未积极履行合同以及为合同的履行而作努力，其行为构成合同诈骗罪。

二、尹某犯罪金额认定

合同诈骗罪的责任要素除要求是故意外，还要求被告人具有非法占有的目的。虽然被告人尹某采取欺骗手段获取了300余万元的贷款，但因小额贷款公司并非金融机构，无法认定骗取贷款罪，而如果认定合同诈骗罪的金额，尚需要考虑其非法占有目的，具体到本案中，被告人尹某虽然通过欺骗手段获取了贷款，且未按照贷款用途用于指定的店铺，擅自将相关款项挪作其在京东的其他店铺的进货和广告费的大额实际支出，其上述行为虽然不符合贷款约定用途，涉及以欺诈手段订立合同，即便合同不撤销，也存在合同违约行为，但是不能仅据此认定被告人无归还此部分贷款的意图，也无法评判后续其该类产品实销后是否确无履行此部分贷款偿还的能力，故依照有利于被告人的原则，法院对其明知自己已无偿还能力，仍然将贷款中的10万元无条件转赠让人用于挥霍，该10万元可以认定为其具有非法占有目的，认定为合同诈骗金额。

综上，在利用系统规则漏洞的案件审查时，不能仅以平台为机器，机器不能被骗为由推翻诈骗犯罪的构成。在侵害财产类的犯罪中，机器仅仅是犯罪行为所作用的对象或借助的实现骗取行为的手段，真正的被害对象仍为机器背后的人或单位，正如本案中，尹某利用的是贷款系统漏洞或者规则，但是真正受害的是贷款公司，利用机器所实施的骗取机器背后财产所有权人的行为仍然构成诈骗类犯罪。对该类犯罪的审查，应该回到犯罪构成的实质要件的审查分析认定上去，而非仅纠结于犯罪手段的采取和利用。而在审查合同诈骗罪时，既要着重审查是否存在经济合同，是否有欺骗手段，财产交付与欺骗手段之间的因果关系等，也要着重审查是否具有非法占有的目的，要综合其履行能力、有无履行行为、有无挥霍行为、是否按照规定用途使用等方面综合认定，按照主客观相统一的原则认定其犯罪金额。

编写人：北京市海淀区人民法院　尹鹏展　王成凤

60

使用虚假证明文件擅自过户不动产归自己占有后将不动产抵押借款的行为应如何定罪及处罚

——窦某某合同诈骗案

【案件基本信息】

1. 裁判书字号

北京市第三中级人民法院（2023）京03刑终39号刑事裁定书

2. 案由：合同诈骗罪

【基本案情】

2017年2月至12月，窦某某在明知其母亲不同意将名下房产过户给自己的情况下，通过中介伪造其母亲已去世的事实并将其母亲名下房产过户至自己名下，虚构其以合法方式取得上述房产且上述房产归自己所有的事实，以该房产为抵押与被害人倪某签订借款、抵押合同并办理抵押登记，骗取倪某钱款共计人民币 260 万元，后窦某某陆续归还人民币 56.1 万元，其余赃款损失，后窦某某逃匿。

【案件焦点】

使用虚假证明文件擅自过户不动产归自己占有后将不动产抵押借款的行为应如何定罪及处罚。

【法院裁判要旨】

北京市朝阳区人民法院经审理认为：被告人窦某某在签订、履行合同的过程中，骗取对方财物，数额特别巨大，其行为已构成合同诈骗罪。鉴于窦某某曾因故意犯罪被判处有期徒刑，刑罚执行完毕之后五年内再犯应当判处有期徒刑以上刑罚之罪，系累犯，应当从重处罚。责令窦某某退赔被害人经济损失。北京市朝阳区人民法院依照《中华人民共和国刑法》第二百二十四条第二项、第六十五条第一款、第四十五条、第四十七条、第五十二条、第五十三条、第五十六条第一款、第五十五条第一款、第六十一条、第六十四条之规定，判决：

一、窦某某犯合同诈骗罪，判处有期徒刑十一年，罚金人民币 11 万元，剥夺政治权利二年；

二、责令窦某某退赔人民币 2039000 元，发还被害人倪某。

一审宣判后，被告人提出上诉。

北京市第三中级人民法院经审理认为：一审法院根据窦某某犯罪的事实，犯罪的性质、情节和对于社会的危害程度所作的判决，定罪及适用法律正确，量刑适当，审判程序合法，应予维持，依照《中华人民共和国刑事诉讼法》第二百三十六条第一款第一项之规定，裁定：

驳回上诉，维持原判。

【法官后语】

本案的争议焦点在于使用虚假证明文件擅自过户不动产归自己占有后将不动产抵押借款的行为应如何定罪及处罚，对此，阐述如下。

一、窦某某伪造其母亲已去世的事实擅自过户房产给自己占有的行为应认定为盗窃罪

1. 窦某某的前述行为不构成诈骗罪。该行为如要认定诈骗罪，要求不动产登记部门对涉案房产具有处分权，由此，窦某某才能借由不动产登记部门受到欺骗并作出处分，来非法占有其母亲的房产。鉴于不动产登记是当事人基于处置不动产权益的私人行为，向不动产登记部门提出申请，由不动产登记部门进行形式审查后，对当事人意图实现不动产权益处置，通过公权力进行确认与宣告，这一过程不宜认为不动产登记部门对不动产具有处分权。另外，窦某某虚构的是其因母亲去世而继承房屋的事实，继承取得的物权登记属宣示登记，即登记本身不发生物权变动，物权发生变动的原因是一定的法律事实或事件，只是在法律有规定时，登记成为不动产处分要件，[①] 即在窦某某伪造母亲去世其继承房屋的行为完成时物权就已完成变动。因此，窦某某的相关行为不构成诈骗罪。

2. 在不动产权利人不知情的情况下，擅自将他人名下的不动产转移给自己占有的行为可认定为盗窃罪。从犯罪对象来看，盗窃罪是侵害财产的犯罪，而不动产的财产价值集中体现在不动产产权上。不动产产权具有占有、使用、收益、处分的权能，亦有相应的财产性利益。财产性利益因具有可管理性、可转移性和价值性，其范围能够合理限定，可以成为盗窃罪的对象，[②] 因而不动产产权因具有财产性利益，可以成为盗窃罪的对象。

从非法占有来看，占有指的是人对财物事实上的控制和支配，非法占有包括排除权利者，将他人之物当成自己的所有物一样按照其用途进行利用或

① 《中华人民共和国民法典》第二百二十九条至第二百三十二条规定的登记即为宣示登记。其中第二百三十条规定，因继承取得物权的，自继承开始时发生效力。第二百三十二条规定，处分依照本节规定享有的不动产物权，依照法律规定需要办理登记的，未经登记，不发生物权效力。

② 张明楷：《论盗窃财产性利益》，载《中外法学》2016年第6期。

者处分。[①] 司法实践对成立盗窃罪的占有一般适用"控制+失控"标准。将他人的不动产产权转移到自己名下，行为人已经在法律上对不动产产权形成了新的占有，并基于该占有可以实施对不动产的处分行为。同时，排除了原权利人对不动产产权法律上的占有，即便原权利人仍可能在物理上占有、使用不动产，但原权利人已不能无妨碍地处分不动产产权，该不动产也已面临被擅自增加负担、处置的现实、紧迫风险。原权利人能否通过自力救济恢复不动产产权，不影响行为人盗窃罪的成立。

从法律规定来看，该行为被评价为盗窃罪不存在法律障碍。刑法将盗窃罪的罪状表述为"盗窃公私财物"，且没有相应的限制性或排除性规定，认为《中华人民共和国刑法》规定的财物包括不动产，不违反罪刑法定原则。

从社会观念来看，社会观念对不动产作为盗窃对象的理解障碍主要在于不动产不可移动的物理属性，但不动产产权的财产性利益可被他人占有的观念，不超出一般社会观念。

从立法目的来看，从有利于保护公私财产所有权出发，不宜对财物作限制解释，[②] 否则可能导致立法间隙，无法实现对公民财产权利，而且是重大财产权利的保障。

关于盗窃的数额，一般为过户时房产的价值。一些情况下，行为人只实际部分处分了不动产产权的财产性利益，如处分了房产的部分担保份额，但在不动产产权被其占有的情况下，其已具备处置不动产全部财产性利益的可能，实际处置结果只取决于其主观意志。还需注意的是，如行为人通过伪造继承等手段过户的房产是已经被设置抵押权的房产，房产可供处置的财产性利益客观受限，此时，房产过户时尚可处分的财产性利益就是行为人的犯罪数额。

综上，窦某某擅自将其母名下的房产转移给自己占有的行为，可以认定为盗窃罪，盗窃数额为过户时房产的市场价值。

① 杨兴培：《龚某盗卖其父房产一案之我见——兼谈不动产可以成为盗窃罪之对象》，载《政治与法律》2012年第3期。

② 高铭暄、马克昌：《刑法学》，北京大学出版社、高等教育出版社2017年版，第556页。

3. 对家庭成员或近亲属间盗窃犯罪从宽处理的政策把握。司法解释对家庭成员或近亲属间盗窃犯罪从宽处理作出规定。[①] 在适用这一规定时要注意把握：一是因盗窃行为产生的家庭内部的矛盾对立已化解，只有这样维护和促进家庭和亲属关系和谐、稳定的政策目的才能实现；二是法律未对数额作出限制性规定，即便是犯罪数额巨大或特别巨大，如获得家庭成员或者近亲属谅解，亲属关系已修复，社会危害性不大时，也可不认为是犯罪；三是最终是否追究刑事责任应当综合判断，司法解释的规定并不是家庭成员或近亲属间盗窃行为的出罪条款，对于犯罪动机、手段、情节恶劣，主观恶性强，人身危害性大，社会影响恶劣的被告人，即便是家庭成员或近亲属已谅解，也应追究其刑事责任。

本案中，窦某某实施前述行为既没有采用危险性、破坏性手段，也没有用于赌博、吸毒、挥霍浪费等，手段、情节并不十分恶劣；其间，其母亲始终占有和使用房产，之后经过行政诉讼，房屋所有权转移登记已被撤销，除对倪某设置的抵押权外，窦母其他不动产产权已恢复，没有实际造成巨额财产损失；母亲已谅解窦某某，审判阶段表示愿意替窦某某的其他犯罪退赔；公诉机关就该节亦未予指控窦某某；故可不追究窦某某盗窃行为的刑事责任。

二、窦某某将通过盗窃等违法方式取得的房产用于抵押借款的行为成立合同诈骗罪

1. 窦某某客观上实施了欺骗行为。欺骗的核心在于让被害人陷入错误认识进而交付财物。为了欺骗而虚构或隐瞒的事实，通常是对权利人决策起基础性、关键性作用的事实，即这一事实如果存在瑕疵或争议，从一般社会观念来看，权利人极可能作出相反的处置决策。在担保中，债权人之所以要求设立担保，就是为了保障债权的实现，如果担保物存在争议或瑕疵，其债权就具备失去保障的现实风险，一般理性的债权人如果知道真相，极有可能拒绝借款。因而担保物不存在争议或瑕疵，就是这一关系中的基础性、关键性事实。有意见认为，

---

① 《最高人民法院、最高人民检察院关于办理盗窃刑事案件适用法律若干问题的解释》第八条规定，偷拿家庭成员或者近亲属的财物，获得谅解的，一般可不认为是犯罪；追究刑事责任的，应当酌情从宽。

窦某某以其在法律上有产权的房产抵押借款，倪某作为善意第三人可以主张权利，倪某的债权仍具有保障。这是一种可能的事后救济，并不能据此否认窦某某行为的欺骗性，因为即便是存在这一救济途径，也可能实质上影响到债权人的出借决定，通常理性、善良的债权人不是以实现担保权为目的来出借债权的，何况是有瑕疵或争议的担保。从现实经验来看，担保权实现的过程也通常周折而不确定。还有意见认为，窦某某对于倪某是隐瞒了真相，但其不具有披露真相的义务，笔者认为，诚实信用原则正是窦某某披露真相义务的来源。

2. 窦某某主观上具有非法占有的目的。关于如何判断行为人的非法占有目的，诸多规范性文件已作出指引，可作为综合判断的参考。结合到本案，窦某某不具备还款能力，其盗窃其母房产用于抵押借款的原因正是其无资金来源，且仅凭自身已无法实现借款；借款后未将钱款用于约定用途；当其还款不能时，其一方面让其母通过诉讼收回房产，另一方面自行逃匿，致使倪某债权无法实现；应认为窦某某具有非法占有目的。

3. 处分赃物的行为要成立不可罚的事后行为必须以不侵犯新的法益为前提。刑法理论认为，不可罚的事后行为不成立其他犯罪是因为事后行为没有侵犯新的法益，缺乏期待可能性。[①] 虽然学界对不可罚的事后行为是否能扩大、加深对原法益的侵害存在争鸣，但对该行为不能侵犯新的法益已经形成共识。[②]而同一法益至少包括法益主体的同一性，如果事后行为侵害了原被害人之外的第三人的利益，当然不属于同一法益。本案中，窦某某盗窃不动产时侵害的是其母亲的财产权益；用盗窃的不动产设立担保时，向倪某隐瞒了其实际上无权处分房产的真相，最终导致了倪某的损失，是对新法益的侵害，同时也不缺乏期待可能性，不属于不可罚的事后行为。

三、对窦某某实施的数个犯罪行为应该从一重处罚

牵连犯是指行为人虽实施了多个犯罪行为并触犯多个罪名，但出于一个犯罪目的，行为间具有手段和目的、原因和结果等牵连关系。传统刑法理论对牵

---

① 张明楷：《刑法学》，法律出版社 2007 年版，第 368~369 页。

② 贾学胜：《事后不可罚行为研究》，载《现代法学》2011 年第 5 期。

连犯处断采用的吸收原则，即按照全部行为中触犯的罪名中最重的罪论处。判断牵连犯除要坚持主客观相统一原则，即主观上是为了实现一个结果，客观上行为间存在内在因果关系外，还要避免同一危害行为同时被作为不同犯罪的构成要件而重复评价。还需要注意的是，牵连犯的多个行为是实质的数罪，处断的一罪，因而在重罪不构成或不视为犯罪时，还应对作为手段或原因的轻罪行为进行刑法评价。

本案中，窦某某盗窃不动产产权的目的就是对不动产设立抵押以便于骗取借款。窦某某盗窃行为使得其具有了外观合法的不动产产权，这是其能使倪某陷入错误认识交付财物的手段和原因。窦某某实施合同诈骗时，隐瞒的真相是其伪造母亲已去世擅自过户房产给自己占有的事实，该事实既是合同诈骗罪隐瞒真相的构成要件，又已经被盗窃罪所评价。综上，窦某某的盗窃罪和合同诈骗罪系牵连犯。

编写人：北京市第三中级人民法院　刘泽　杨隽男

61

传销资金是上架费还是其他费用

——李某甲等组织、领导传销活动案

【案件基本信息】

1. 裁判书字号

北京市平谷区人民法院（2023）京 0117 刑初 83 号刑事判决书

2. 案由：组织、领导传销活动罪

【基本案情】

2022 年 4 月，被告人李某甲成立某科技公司，其为该公司实际控制人，并以该公司名义在网络上开设某玉石交易平台，被告人李某乙在某玉石交易平台中承担管理、宣传等职责，二人以网上买卖玉石为名，引诱他人购买成本与售价严重背离的玉石成为平台会员，再以发展会员的人数为依据进行返利，诱使会员继续发展他人参加，通过收取玉石交易上架费的方式获取巨额经济利益。被告人王某某作为被告人李某甲和李某乙的下线，于2022年5月成立某公司，从某玉石交易平台分立，以该公司名义在网络上开设某1玉石交易平台，运作模式与博某某交易平台相同。被告人李某甲、李某乙所经营管理的某玉石交易平台陆续分立出锦某某等多个下线平台，并向下线平台所属的某1公司等多个公司收取技术服务费与上架费提成。被告人李某甲、李某乙、王某某是其各自玉石交易平台的组织者、领导者，所经营的平台内部参与传销活动的人员均超过30人，且层级均在3级以上。经鉴定，某科技公司收取上架费共计人民币7370931元，某公司收取上架费共计人民币1298140.01元，某1公司收取上架费共计人民币7006268.02元。某科技公司通过技术服务费的形式收取3家公司共计人民币433202元，被告人李某甲通过其个人账户收取某1公司上架费提成共计人民币771745元，被告人李某乙通过其个人账户收取某1公司上架费提成共计人民币400000元。被告人李某甲个人账户共计流入涉案款项人民币1495893元，被告人李某乙个人账户共计流入涉案款项人民币929439元，被告人王某某个人账户共计流入涉案款项人民币512892.85元。

【案件焦点】

本案传销资金是上架费还是其他费用。

【法院裁判要旨】

北京市平谷区人民法院经审理认为：被告人李某甲、李某乙、王某某以推销商品等经营活动为名，要求参加者以购买商品等方式获得加入资格，并按照一定顺序组成层级，再以发展人员的数量作为返利依据，引诱参加者继续发展他人参加，骗取财物，扰乱经济社会秩序，其行为均已构成组织、领导传销活动罪，且情节严重，应分别依法予以惩处。北京市平谷区人民检察院指控被告人李某甲、李某乙、王某某犯有组织、领导传销活动罪的事实清楚，证据确实、充分，罪名成立。鉴于被告人李某甲、李某乙、王某某具有自首情节，均自愿认罪认罚，且被告人李某乙、王某某在共同犯罪中系从犯，故可对被告人李某甲依法从轻处罚，对被告人李某乙、王某某依法减轻处罚。依照《中华人民共和国刑法》第二百二十四条之一、第五十二条、第五十三条、第二十五条第一款、第二十七条、第六十七条第一款、第四十五条、第四十七条、第六十一条、第六十四条及《最高人民法院〈关于处理自首和立功具体应用法律若干问题的解释〉》第一条、第三条，《中华人民共和国刑事诉讼法》第十五条之规定，判决：

一、被告人李某甲犯组织、领导传销活动罪，判处有期徒刑五年，并处罚金人民币 10 万元；

二、被告人李某乙犯组织、领导传销活动罪，判处有期徒刑三年，并处罚金人民币 6 万元；

三、被告人王某某犯组织、领导传销活动罪，判处有期徒刑一年，并处罚金人民币 2 万元；

四、在案扣押的物品，均由公安机关依法处理。

案件宣判后，判决已生效。

【法官后语】

本案是收取上架费类型的传销案件。本案中，对于什么是传销资金存在不同意见。有意见认为，应当认定为上架费，还有意见认为，应认定为交易资金。判决最后采纳认定为上架费的意见。

一、传销资金数额是认定加重情节的依据

根据《最高人民检察院、公安部关于公安机关管辖的刑事案件立案追诉标准的规定（二）》第七十条的规定，组织、领导的传销活动人员在 30 人以上且层级在三级以上的，对组织者、领导者应予立案追诉。《最高人民法院、最高人民检察院、公安部关于办理组织领导传销活动刑事案件适用法律若干问题的意见》（以下简称《意见》）第一条重申了上述追诉标准的规定。第四条第二项同时规定了组织、领导的传销活动罪加重情节即“情节严重”的认定标准，即（1）组织、领导的参与传销活动人员累计达120人以上；（2）直接或者间接收取参与传销活动人员缴纳的传销资金数额累计达250万元以上；（3）曾因组织、领导传销活动受过刑事处罚，或者一年以内因组织、领导传销活动受过行政处罚，又直接或者间接发展参与传销活动人员累计达60人以上；（4）造成参与传销活动人员精神失常等严重后果；（5）造成其他严重后果或者恶劣社会影响的。根据上述规定，传销资金数额不是组织、领导传销活动罪的定罪依据，而是本罪加重情节即“情节严重”的认定依据之一。当传销组织的组织者、领导者的行为已达到组织、领导传销活动罪的追诉标准，但不具有其他四种情形时，传销资金数额就成为判断组织、领导传销活动罪是否达到情节严重的关键事实，如何界定传销资金，就成为司法人员面临的直接关系到正确认定“情节严重”和合理量刑的重要问题。

二、传销资金是上架费，不是交易金额

传销资金是指什么资金，目前尚无立法、司法解释及司法解释性文件予以明确。组织、领导传销活动刑事案件中，组织、领导者可能以发展人员的数量作为计酬或返利的依据，也可能以参加者的业绩或者参加者发展一定层级以内的下线的业绩作为计算回报的依据，还可能以两者结合等方法计算回报。传销活动中可能出现会员费、入门费、业绩、交易资金、上架费、提成、分红等数额。在收取上架费的传销案件中，只有上架费能被认定为传销资金。主要理由如下：

1. 将上架费认定为传销资金更能实现罪刑相适应。刑法规定的组织、领导传销活动罪的传销行为与《禁止传销条例》规定的传销行为略有不同。根据《禁止传销条例》第二条、第七条的规定，传销是指组织者或者经营者发展人员，通过对被发展人员以其直接或者间接发展的人员数量或者销售业绩为依据计算和给付报酬，或者要求被发展人员以交纳一定费用为条件取得加入资格等方式牟取非法利益，扰乱经济秩序，影响社会稳定的行为。包括三种传销类型，即“拉人头”式传销、收取“入门费”式传销及“团队计酬”式传销。而《中华人民共和国刑法》规定的组织、领导传销活动罪的传销行为仅包括前两种类型，不包括最后一种类型，即以销售商品为目的、以销售业绩为计酬依据的“团队计酬”式传销。由此可见组织、领导传销活动罪的社会危害性主要是骗取财物和扰乱经济社会秩序。交易资金一般绝大部分不交纳给传销平台，而上架费是下线参加传销活动人员交纳给传销平台的资金，是处于金字塔顶端的组织者、领导者实际骗取的钱款，最能体现组织、领导传销活动罪的社会危害性，故将上架费认定为传销资金，最能实现罪刑相适应。

2. 将上架费认定为传销资金更符合《意见》的原意。《意见》主要考虑组织、领导传销活动罪行为人主要目的是骗取财物，其涉案资金数额大小是判断其社会危害性的重要标准之一，实践中参与传销活动人员缴纳的“入门费”资金数额相差悬殊，为与第一项数量标准——组织、领导的参与传销活动人员累计120人以上——保持大致平衡和社会危害性相当，故作出第四条第二项的规定。只有所有人缴纳的“入门费”资金数额标准相同，并大体为每人2万元时，才能计算出与第一项数量标准保持大致平衡和社会危害性相当的250万元。上架费最可能符合这个条件，同一传销组织的各参与人交易资金数额则可能存在较大差异。

3. 将上架费认定为传销资金更符合《意见》的字面含义。《意见》中的传销资金前面有修饰语“缴纳的”，这意味着只有缴纳给组织者、领导者的资金才是传销资金。上架费正是这种资金，而交易资金一般不交纳或不全部交纳给组织者、领导者或传销平台。

三、构成加重情节应当符合定罪要求的参与人数和层级

《意见》第四条规定，认定为情节严重的，应当是符合本意见第一条一款规定的传销组织的组织者、领导者。对这一规定，应当理解为构成组织、领导传销活动罪加重情节即情节严重，应当以行为人符合定罪要求为前提，即涉案行为应当达到定罪要求的组织、领导的传销活动人员在30人以上且层级有3级以上。第四条规定的五种情形，都应当同时达到这一要求。如果达不到这一要求，涉案行为就不构成组织、领导传销活动罪，本罪的基本构成与加重构成是递进关系，如果涉案行为不构成本罪，就更不能构成情节严重。实践中不排除

出现涉案行为符合第4条规定的五种情形之一，如传销资金数额累计250万元以上，但未达到人数在30人以上且层级在3级以上的标准。这种情况就不能以本罪定罪，更不能认定本罪情节严重。

本案中，审判机关查明了参与传销活动的人数、层级、涉案公司收取的上架费、流入个人账户涉案款，这里的涉案款包含部分交易资金。根据以上分析，只有上架费最适合认定为传销资金。故，一审判决认定上架费为传销资金进而认定本案情节严重的处理是正确的。

编写人：北京市第二中级人民法院　杨子良

北京市平谷区人民法院　孙国立

62

网络虚拟币传销犯罪的认定

——徐某某等组织、领导传销活动案

【案件基本信息】

1. 裁判书字号

江苏省南通经济技术开发区人民法院（2023）苏0691刑初63号刑事判决书

2. 案由：组织、领导传销活动罪

【基本案情】

2020年6月至7月，被告人徐某某伙同黄某、杨某、陈某等人策划并发起了名为“某世界”的项目。该项目通过会员推荐注册制度，在国内外广泛招募会员。平台会员以某币充值兑换平台内发行的E虚拟币，使用E币购买“充能舱”，方可获得E币收益。项目在无任何实际经营活动的情况下，以区块链技术应用和虚拟币升值前景为幌子，诱骗会员投资获取静态收益，并通过拉人头发展下线投资获取动态收益。

2020年12月14日，因内部矛盾，徐某某退出项目并提走平台内会员充值的部分某币，折合人民币约276万元。经鉴定，截至2020年12月14日0时，该平台共有会员账号43006个，1302层级，其中购买“充能舱”的会员账号2038个，23层级，会员充值E币419万余个，折合某币约184万个，折合人民币1203余万元。

徐某某离开后，黄某、杨某、陈某继续运营“某世界”平台，并将原公司注销后成立了新的科技公司。经鉴定，截至2022年11月7日0时，该平台共有会员账号73207个，1302层级，其中购买“充能舱”的会员账号11055个，64层级，会员充值E币4175余万个，折合某币1833余万个，折合人民币约1.15亿元。

【案件焦点】

被告人的行为如何定性。

【法院裁判要旨】

江苏省南通经济技术开发区人民法院经审理认为：被告人徐某某、黄某、杨某、陈某组织、领导以投资为名，要求参加者投资获得加入资格，并按照一定顺序组成层级，直接或者间接以发展人员的数量作为计酬依据，引诱参加者继续发展他人参加，骗取财物，扰乱经济社会秩序的传销活动，情节严重，其行为均已构成组织、领导传销活动罪。本案系共同犯罪，徐某某、黄某、杨某、陈某在共同犯罪中均起主要作用，均是主犯。徐某某、黄某、杨某到案后如实供述自己的罪行，系坦白，均可以从轻处罚。被告人徐某某对整个传销平台的开发、运营发挥着关键作用，其退出传销组织后的犯罪不计入被告人徐某某的犯罪数额，在其犯罪事实的基础上，可以酌情从轻处罚。部分被告人退出部分违法所得并预缴罚金，对上述被告人均可以酌情从轻处罚。四被告人均自愿认罪认罚，均可以从宽处理。

江苏省南通经济技术开发区人民法院依照，依照《中华人民共和国刑法》第二百二十四条之一，第二十五条第一款，第二十六条第一款、第四款，第六十七条第三款，第六十四条和《中华人民共和国刑事诉讼法》第十五条及《最高人民法院、最高人民检察院、公安部关于办理组织领导传销活动刑事案件适用法律若干问题的意见》第一条、第四条，作出如下判决：

一、被告人徐某某犯组织、领导传销活动罪，判处有期徒刑六年，并处罚金人民币 50 万元；

二、被告人黄某犯组织、领导传销活动罪，判处有期徒刑五年十个月，并处罚金人民币 55 万元；

三、被告人杨某犯组织、领导传销活动罪，判处有期徒刑五年六个月，并处罚金人民币 50 万元；

四、被告人陈某犯组织、领导传销活动罪，判处有期徒刑五年七个月，并处罚金人民币 50 万元；

五、继续追缴被告人徐某某违法所得，予以没收，上缴国库；

六、被告人杨某、陈某已退出的违法所得，均予以没收，上缴国库；

七、继续追缴被告人黄某违法所得及收益，对其使用部分违法所得购买的房产予以没收，上缴国库；

八、公安机关已扣押“某世界”平台涉案资金等，均由扣押机关予以没收，上缴国库。

案件宣判后，判决已生效。

【法官后语】

与传统传销相比，网络型传销更具新颖性、隐蔽性、欺骗性和迷惑性，对经济和社会秩序破坏严重。在本案中，徐某某等通过虚拟货币平台组织、领导传销活动，范围广、人数多、层级杂、金额大，扰乱金融市场秩序，认定为组织、领导传销活动罪有充分依据。

一、网络型组织、领导传销活动罪客观特征认定

虽网络型与传统型在组织和运行方式上有别，但本质不变。认定需遵循相

关法律及司法解释，主要特征包括：

1. 营利模式上，以推销等为名，要求参加者缴费或购买以获加入资格，例如，徐某某等人设立的平台，会员需用某币兑换虚拟币并购买“充能舱”来获取收益，实质是特定方式的加入资格获取。

2. 组织形式上，根据《最高人民法院、最高人民检察院、公安部关于办理组织领导传销活动刑事案件适用法律若干问题的意见》（以下简称《意见》）规定，按顺序组成层级，规定内部人员达30人以上且层级三级以上应追责，本案中虽会员账号逾万、层级六十余层，但因网络传销非实名及一人多账号情况，认定传销人员数量和层级需结合其他证据综合判断。

3 计酬方式上，直接或间接以发展人员数量作为计酬或返利依据，本案中会员通过拉人头发展下线投资获取收益，具有典型“人传人”特征。

4. 欺骗性上，因组织者、领导者及参加者的收入皆来源于新加入者的“入门费”，故传销组织得以存续的必要条件即为不断引诱、胁迫新成员加入，不断骗取财物，否则将致资金链断裂，组织难以为继。如徐某某等人对外宣称平台的虚假信息以诱骗投资人，符合“骗取财物”规定。

综上，徐某某等人行为符合组织、领导传销活动罪客观特征，应认定此罪。

二、涉案虚拟货币认定及处置

虚拟货币作为一种新型资产形式，因其法律属性的模糊性与技术特性的复杂性，涉案虚拟货币的认定及处置成为司法实践中亟待解决的问题。

（一）虚拟货币的认定标准

虚拟货币通常指非由法定货币发行机构发行，不具有法偿性和强制性等货币属性，以数字化形式存在，并通过特定加密技术确保交易安全与匿名性的货币替代物。在司法实践中，对虚拟货币的认定应综合考量其发行主体、流通范围、使用目的等多个方面。

本案中，涉及的E币被认定为伪数字货币，其主要特征为缺乏实际价值支撑与合法发行主体。相较于合法虚拟货币，伪数字货币往往存在更大的法律风险与投资隐患。至于用于购买E币的某币，其作为一种在特定虚拟社区中流通的虚拟货币，虽不受法律保护，不等同于法定货币，但某币仍具商品属性，并可于境外市场上流通，具有一定使用价值与交易价值。

（二）虚拟货币的价值评估及处置

《关于进一步防范和处置虚拟货币交易炒作风险的通知》中明确规定所有虚拟货币在我国不具合法货币属性，但亦未否定其商品属性与财产属性。虚拟货币的价值认定直接关系对被告人的定罪及量刑。

本案中，平台会员需以某币充值兑换平台内发行的E币，而某币作为一种基于区块链技术的数字货币，与美元保持稳定对应关系，具体而言，1某币等同于1美元。基于某币的上述市场价值，公诉机关依某币折算成美元再折算成人民币的方式来计算本案犯罪金额合法有据。涉案价值人民币2000余万元某币经公安机关扣押后，依法定程序进行拍卖处置，实际价值亦按照1某币等同于1美元进行兑换。

三、网络型传销罪“情节严重”认定

根据《意见》规定，组织、领导的参与传销活动人员累计人员达120人以上或资金累计达250万元以上可认定为“情节严重”。因网络传销证据收集难、人员非实名且有一人多账户情况，以传销资金数额认定可能更合适。本案中，据鉴定意见，涉案平台购买“充能舱”涉案金额折算成人民币均超250万元，且徐某某退出时带走及公安机关扣押的某币价值也超250万元，以传销资金数额认定为“情节严重”符合规定，会员数和层级可在量刑时参考。总之，对网络型组织、领导传销活动罪的准确认定和恰当处置，对维护市场经济和社会秩序至关重要。

编写人：江苏省南通经济技术开发区人民法院　蒋长永　陈鹏

63

不具备期货经纪业务从业资质但收取客户手续费营利的行为性质认定

——樊某等非法经营案

【案件基本信息】

1. 裁判书字号

重庆市第五中级人民法院（2022）渝05刑终728号刑事判决书

2. 案由：非法经营罪

【基本案情】

2018年至2019年，被告人樊某出资成立了4家公司（均不具备从事经营期货业务的资格），并与被告人高某某收购了另一无从事交易期货业务资质的公司。

被告人高某某要求宋某某等人在期货公司开设期货交易账户，并在该公司开通融航资管平台，该平台可通过下载期货交易APP与期货公司进行期货交易业务。后被告人高某某利用上述平台寻找代理商开发不特定多名客户使用上述APP炒期货的同时收取高额手续费。

被告人樊某与被告人高某某协商由高某某提供交易平台及向主账户提供保证金，由樊某开发期货交易客户，客户每完整交易一手收取1200元的手续费，其中高某某收取190元的手续费，剩下的返还给樊某。

被告人樊某实际开拓客户、经营期货业务的流程为：由员工冒充证券公司工作人员向社会不特定人员打电话，询问炒股意向后添加客户社交软件账号，组建群聊，虚构在讲师指导下炒期货赚钱等事实，诱使客户炒期货。员工指导客户下载上述软件，并告知客户期货交易当日必须强制平仓的交易规则及每完整交易一手需收取手续费1200元的事实，客户拟进行期货交易的入金款项均进入指定的私人账户。客户下载软件填写注册信息后，入金后并经高某某所涉公司审核后即可在软件上进行期货交易。

交易过程中，被告人高某某、樊某等允许客户以比正规期货交易较低的保证金进入期货交易市场并收取高额手续费，约定客户每日的期货交易不持仓过夜并于当日强制平仓，并商议通过特定的功能（客户当日平仓的指令在期货公司的服务器上会自动修改为反向开仓，次日有客户新开仓或平仓交易指令对主账户仓位进行平仓操作）赚取更多手续费用。经审计，自2019年12月至2020年5月，前述涉案公司吸收客户累计入金5000余万元，交易手续费1700万余元。通过非法经营期货交易业务，被告人樊某违法获利400万余元，被告人高某某违法获利288万余元，被告人张某违法获利30万余元等。

【案件焦点】

樊某等人的行为构成非法经营罪还是诈骗罪。

【法院裁判要旨】

重庆市巴南区人民法院经审理认为：被告人樊某、高某某、张某违反国家规定，未经国家有关主管部门批准非法经营期货业务，扰乱市场秩序，情节特别严重，其行为均已构成非法经营罪。对于公诉机关指控被告人樊某等涉嫌犯诈骗罪的问题，参与期货交易的客户对于交易模式的高风险性、收益的不确定性及正规期货交易规则应具有一定认知，客户在进行期货交易时知晓存在当日强制平仓及收取手续费等相应规则，即客户对期货交易存在实质控制权，而涉案公司在与客户进行交割、结算的过程中未隐瞒规则、修改数据、限制交易的行为，涉案公司诱导、建议客户利用平台的优势地位、建议客户交易及对冲平仓（锁仓）赚取手续费系各被告人通过非法经营牟取利益的行为，该行为不应认定构成诈骗罪。重庆市巴南区人民法院作出如下判决：

被告人樊某等犯非法经营罪，判处八年至三年不等有期徒刑，并处600万元至20万元不等罚金；被告人张某犯非法经营罪，判处有期徒刑三年六个月，并处罚金40万元；追缴被告人樊某、张某等人400万元至11万元不等违法所得，上缴国库。

宣判后，张某不服，提出上诉。

重庆市第五中级人民法院经审理认为：张某在二审期间提供重要线索，得以侦破其他案件，有立功表现，可以从轻处罚，但不属于重大立功表现，故对其不宜适用缓刑。重庆市第五中级人民法院作出如下判决：

维持重庆市巴南区人民法院（2021）渝0113刑初8号刑事判决第一至五项、第七至十三项，即被告人樊某等犯非法经营罪，判处八年至三年不等有期徒刑，并处600万元至20万元不等罚金；追缴被告人樊某、张某等人400万元至11万元不等违法所得，上缴国库；撤销重庆市巴南区人民法院（2021）渝0113刑初8号刑事判决第六项，即被告人张某犯非法经营罪，判处有期徒刑三年六个月，并处罚金40万元；上诉人张某犯非法经营罪，判处有期徒刑三年，并处罚金40万元。

【法官后语】

一、诈骗罪犯罪构成模式

诈骗罪的犯罪构成模式是主观上行为人出于故意且具有非法占有他人财物的目的，客观上实施了虚构事实或者隐瞒真相的欺骗行为，被害人因此而陷入错误认识，并基于错误认识而向行为人处分财物，即行为人取得财物，被害人遭到财产损失。对于后者而言，被害人由于受骗，不了解事实真相，表面上看是“自愿”交出财物，实质上是违背其本意将财物转移给他人占有。包括两个层面，首先被害人处分财物，是因行为人实施了欺骗行为，其次被害人因对行为人实施的行为及发生的事实真相有认识错误，误以为行为人实施的行为有利于其自身利益而处分财产。即被害人处分财产与行为人实施欺骗行为存在直接因果关系。本案樊某等人虽实施了冒充炒股讲师等发送虚假盈利截图，擅自修改客户交易指令等诱导客户进行期货交易，但客户对于期货交易存在实质控制权，即是否交易、交易几手均有自愿选择的权利。客户系在明知交易规则，且具有自觉交易自主权的基础上处分自己的财产，樊某等人上述欺骗行为并非参与期货交易的客户陷入错误认识从而处分其期货资金的根本原因。

二、诈骗罪欺骗程度的认定

从诈骗罪犯罪构成上看，似乎并无欺骗程度的要求，但“实际上，域外刑法理论与审判实践都要求欺诈行为必须达到一定程度。简言之，只有当欺骗行为足以导致受骗者陷入处分财产的错误认识，该欺骗行为才是诈骗罪中的欺骗行为，进而才可能成立诈骗罪。”① “被害人的错误认识，本质上是与法益有关的错误认识。在被害人错误认识属于与法益有关的错误，被害人基于该错误认识而作出财产性处分行为的场合，行为人成立诈骗罪。”② 被害人的错误认识与其从事的交易类型、所应具备的注意能力及负担的注意义务紧密相关。就部分需要专业知识或专业常识的领域而言，被害人的注意义务与注意能力更高，识别欺骗的能力也应高于一般民众，行为人对此类被害人实施诈骗构成犯罪要求的欺骗程度和认定标准相对更高一些，这在期货市场交易中体现越发明显。对于期货市场交易领域涉诈骗罪的欺骗程度的认知不仅应坚持诈骗罪认定的核心要件，即欺骗行为是否足以使被害人陷入错误认识从而处分财产，还应坚持结合期货市场交易领域的特殊情况具体认定。如果相对人依据基本的常识常理或者稍加判断即知道行为人实施的行为是欺骗行为，或者对行为人表述的相关事实的真实性产生怀疑，且有能力通过一定的方式可以查知真实情况，可以识破骗局，从而不处分自己的财产，但却不采取相应的查证措施，选择相信行为人的表述并根据行为人的表述处分财产进而造成财产的损失，该行为不应认定为诈骗犯罪意义上的欺骗，行为人不应认定成立诈骗罪。本案中，多数通过樊某等人公司平台购买期货的客户对期货相关领域知识均有一定储备或认知，尤其是对我国金融类期货开户条件、购买要求、正规期货交易规则等均应具有一定的认知。客户明知自身资金不足以进行金融类期货交易，才在樊某等人公司平台进行期货交易，故樊某等人的行为不成立诈骗罪。

---

① 张明楷：《外国刑法纲要》，清华大学出版社2007年版，第580页。

② 马卫军：《论诈骗罪中的被害人错误认识》，载《当代法学》2016年6期。

三、诈骗罪财产损失之探析

诈骗犯罪是结果犯，行为人实施诈骗行为造成被害人损失。衡量财产损失的基本标准是财产总量的减少。另外，从商品的交换价值与使用价值的角度看，人们使用商品的目的在于满足自身需求，财产的使用价值即得到体现。若财产的使用满足人们目的的追求，即使该财产减少或消失，也不应认定为财产价值损失。故，诈骗犯罪财产损失认定，还应兼顾考量财产使用价值是否实现，即财产处分人使用财产的主观目的是否实现，若已实现，则也可以认为阻却财产损失的成立。本案中，通过樊某等人公司平台购买期货的客户的主观目的是在自身条件不满足的情况下，借助于他人从事期货交易进而获利。樊某等人为客户提供交易机会，并与之约定交易规则，客户在明知期货交易规则的情况下，仍参与樊某等人设置交易活动，且部分时段获取了利益。故，从财产的使用价值维度看，通过樊某等人公司平台购买期货的客户财产客观总量虽然减少了，但其实现了自己设定的从事期货交易的主观目的。在此意义上，不宜认定其财产产生了损失。

编写人：重庆市巴南区人民法院　苏志辉　王勤勤

64

代还信用卡到期欠款后，使用POS机（销售点终端机）以虚构交易方式套出款项归还垫资款的行为认定

——王某等非法经营案

【案件基本信息】

1. 裁判书字号

江苏省沭阳县人民法院（2023）苏1322刑初444号刑事判决书

2. 案由：非法经营罪

【基本案情】

2020 年 1 月至 2023 年 2 月，被告人王某分别在某小区北门东侧体育彩票店、某 1 小区南门东侧某门市放置 POS 机，主要业务是以虚构交易的方式，通过向持卡人的信用卡先还款再使用 POS 机刷卡将所还款项套出的方式，先后替多名信用卡持卡人进行“养卡”，偶尔也利用 POS 机直接套现后向信用卡持卡人支付现金，按照交易金额的 1%~1.5%比例收取手续费。经统计，涉案 POS 机非法经营数额共计人民币 3 亿余元，从中牟利人民币 120 万元，被告人王某个人非法获利人民币 61.58 万元。

被告人尤某、丁某、胡某均在某小区北门体育彩票店工作，被告人丁某、胡某均领取固定报酬，被告人尤某前期领取固定报酬，2022 年 6 月左右开始参与门店利润分成。被告人李某在某 1 小区南门某门市工作，领取固定报酬。被告人共计提供 26 张银行卡通过 POS 机进行非法资金结算支付活动。其中，被告人尤某自 2020 年 3 月至 2023 年 2 月，提供 5 张银行卡进行非法资金支付结算，结算资金共计人民币 4228 万余元，个人非法获利 20 万余元；被告人丁某自 2020 年 3 月至 2023 年 2 月提供 7 张银行卡进行非法资金支付结算，结算资金共计人民币 1.21 亿余元，个人非法获利人民币 13.47 万元；被告人胡某自 2020 年 9 月至 2022 年 5 月提供 6 张银行卡进行非法资金支付结算，结算资金共计人民币 5520 万余元，个人非法获利人民币 10 万元；被告人李某自 2020 年 7 月至 2022 年 7 月共提供 8 张银行卡进行非法资金支付结算，该银行卡结算资金共计人民币 8525 万余元，个人非法获利人民币 14.95 万元。

在侦查过程中，公安机关从被告人王某、丁某处扣押供作案使用的 POS 机 13 台，并扣押手机 8 部、电脑主机 3 台、信用卡 918 张。在审理过程中，被告人王某等 5 名被告人退出全部违法所得。

【案件焦点】

1. 被告人王某等人的行为是否属于非法从事资金支付结算；2. 被告人王某等人的行为是否属于信用卡套现。

【法院裁判要旨】

江苏省沭阳县人民法院经审理认为：被告人王某、尤某、丁某、胡某、李某未经国家有关主管部门批准，非法从事资金支付结算业务，非法经营数额均在 2500 万元以上，情节特别严重，其行为均已构成非法经营罪。公诉机关指控被告人王某、尤某、丁某、胡某、李某犯非法经营罪的事实清楚，证据确实、充分，指控罪名成立，予以支持。被告人王某、尤某、丁某、胡某、李某共同实施故意犯罪，系共同犯罪。被告人王某在共同犯罪中起主要作用，系主犯，依法按照其所参与或组织、指挥的全部犯罪处罚；被告人尤某、丁某、胡某、李某在共同犯罪中起次要作用，系从犯，依法予以减轻处罚；因被告人尤某后期参与门店利润分成，而非领取固定工资，在量刑时与作为员工的其他被告人有所区别。被告人王某、尤某、丁某、胡某归案后能如实供述自己的罪行，依法予以从轻处罚；被告人李某犯罪以后主动投案并如实供述自己的罪行，系自首，依法予以从轻处罚。被告人王某、尤某、丁某、胡某、李某自愿认罪认罚，依法予以从宽处理。被告人王某、尤某、丁某、胡某、李某均主动退出违法所得，酌情予以从轻处罚。被告人尤某、丁某、胡某、李某均系初犯，认罪悔罪态度较好，适用缓刑对所居住的社区无重大不良影响，故依法均宣告缓刑。综上，公诉机关对被告人王某提出的量刑建议及对其他被告人建议适用缓刑的量刑适当，均予以采纳。对各辩护人提出的被告人具有的从轻、减轻处罚情节的辩护意见，予以采纳。

依照《中华人民共和国刑法》第二百二十五条第三项，第二十五条第一款，第二十六条第一款、第四款，第二十七条，第六十七条第一款、第三款，第七十二条第一款、第三款，第七十三条第二款、第三款，第六十四条及《最高人民法院、最高人民检察院关于办理非法从事资金支付结算业务、非法买卖外汇刑事案件适用法律若干问题的解释》第一条第一项、第四条、第六条，《中华人民共和国刑事诉讼法》第十五条之规定，判决如下：

一、被告人王某犯非法经营罪，判处有期徒刑五年六个月，并处罚金人民币 62 万元；

二、被告人尤某犯非法经营罪，判处有期徒刑二年，缓刑二年六个月，并处罚金人民币 20 万元；

三、被告人丁某犯非法经营罪，判处有期徒刑一年十个月，缓刑二年，并处罚金人民币 14 万元；

四、被告人胡某犯非法经营罪，判处有期徒刑一年三个月，缓刑一年六个月，并处罚金人民币 10 万元；

五、被告人李某犯非法经营罪，判处有期徒刑一年六个月，缓刑一年十个月，并处罚金人民币 15 万元；

六、被告人王某、尤某、丁某、胡某、李某分别退至本院账户的违法所得人民币 61.58 万元、20 万元、13.47 万元、10 万元、14.95 万元，均予以没收，上缴国库。

案件宣判后，判决已生效。

【法官后语】

信用卡代还款（俗称“养卡”），是指在信用卡持卡人透支信用额度后无力还款的情况下，行为人先垫资替持卡人归还信用卡欠款，后再使用 POS 机以虚构交易的方式将持卡人信用卡内额度刷出归还垫资款，信用卡持卡人的透支金额未发生较大变化，仅延长了当月账单还款期限，行为人从中收取一定的手续费。因社会经济大环境影响，社会上近几年涌现出一批专业从事信用卡代刷代还业务的人员，对于该类行为是否构成非法经营罪，在定罪量刑时适用《最高人民法院、最高人民检察院关于办理妨害信用卡管理刑事案件具体应用法律若干问题的解释》还是《最高人民法院、最高人民检察院关于办理非法从事资金支付结算业务、非法买卖外汇刑事案件适用法律若干问题的解释》规定的定罪量刑标准，在司法实践中存在一定争议。本案在审理过程中，主要存在以下两种观点。

第一种意见认为，根据《最高人民法院、最高人民检察院关于办理妨害信用卡管理刑事案件具体应用法律若干问题的解释》第十二条的规定，使用 POS 机以虚构交易方式向信用卡持卡人直接支付现金，情节严重的，以非法经营罪定罪处罚。行为人仅利用 POS 机为他人信用卡代还款（俗称“养卡”），并非向持卡人直接支付现金，不构成非法经营罪。

第二种意见认为，行为人未经批准使用 POS 机为他人“养卡”，存在货币给付及资金清算行为，属于非法从事资金支付结算业务，扰乱了金融管理秩序，情节严重，构成非法经营罪。但对于“养卡”行为是否属于信用卡套现行为又存在分歧。其中一种意见认为，“养卡”在性质上等同于套现，应根据《最高人民法院、最高人民检察院关于办理妨害信用卡管理刑事案件具体应用法律若干问题的解释》第十二条的规定处理；另一种意见认为，使用 POS 机“养卡”与套现均属于非法从事资金支付结算业务，但不同于套现，应适用《最高人民法院、最高人民检察院关于办理非法从事资金支付结算业务、非法买卖外汇刑事案件适用法律若干问题的解释》第一条、第三条、第四条的规定处理。

笔者认为，行为人未经批准使用 POS 机为他人“养卡”的行为属于《中华人民共和国刑法》第二百二十五条第三项规定的“非法从事资金支付结算业务”，情节严重的，构成非法经营罪，但该行为不属于利用 POS 机套现，不应适用《最高人民法院、最高人民检察院关于办理妨害信用卡管理刑事案件具体应用法律若干问题的解释》第十二条的规定，而应适用《最高人民法院、最高人民检察院关于办理非法从事资金支付结算业务、非法买卖外汇刑事案件适用法律若干问题的解释》的规定定罪量刑。

一、利用 POS 机“养卡”属于“非法从事资金支付结算业务”

2009 年《中华人民共和国刑法修正案（七）》第五条对《中华人民共和国刑法》第二百二十五条第三项进行修订，增加了“或者非法从事资金支付结算业务”的规定。“非法从事资金支付结算业务”主要是针对非法为他人办理大额资金转移、非法套现等资金支付结算业务情节严重的行为所作的规定。这里的“非法从事资金支付结算业务”，主要是指不具有法定的从事资金支付结算业务的资格，非法为他人办理资金支付结算业务和外币兑换的行为，如为他人非法提供境内资金转移、分散提取现金服务等。根据《支付结算办法》及《防范和处置非法集资条例》的规定，支付结算是指单位、个人在社会经济活动中使用票据、信用卡和汇兑、托收承付、委托收款等结算方式进行货币给付及其资金清算的行为。银行是支付结算和资金清算的中介机构。未经中国人民银行依法批准，任何单位和个人不得作为中介机构经营支付结算业务或者擅自从事金融业务活动。《最高人民法院、最高人民检察院关于办理非法从事资金支付结算业务、非法买卖外汇刑事案件适用法律若干问题的解释》第一条第一项规定“使用受理终端或者网络支付接口等方法，以虚构交易、虚开价格、交易退款等非法方式向指定付款方支付货币资金的”属于《中华人民共和国刑法》第二百二十五条第三项规定的“非法从事资金支付结算业务”。本案中，被告人无支付结算资质，为赚取手续费，利用信用卡持卡人无力归还到期欠款将导致失信等不良影响的现状，采取先垫资为信用卡持卡人归还欠款，后使用POS机以虚构交易方式将信用卡额度套出后归还垫付款项的行为，该行为过程中发生货币资金的支付及清算，符合使用受理终端以虚构交易方式向指定付款方支付货币资金的情形，属于“非法从事资金支付结算业务”。

二、使用POS机“养卡”行为不等于信用卡套现

信用卡套现是指利用POS机以虚构交易等方式，将信用卡内的授信额度转化为现金套取出来，行为人向持卡人直接支付现金。信用卡“养卡”行为从行为特征、不同司法解释的出台背景、社会危害性、罪责刑相适应等角度来看，均不等于信用卡套现。

1. 从行为特征上看，信用卡套现是行为人直接向持卡人支付现金，而“养卡”行为中，未向持卡人支付现金，仅是采用虚构交易方式套取资金归还行为人为持卡人垫付的款项。二者在信用卡原有额度、欠款数额、资金流转方式、刷卡操作顺序等方面均存在实质差异。

2. 根据《最高人民法院、最高人民检察院关于办理妨害信用卡管理刑事案件具体应用法律若干问题的解释》第十二条第一款的规定，违反国家规定，使用POS机等方法，以虚构交易、虚开价格、现金退货等方式向信用卡持卡人直接支付现金，情节严重的，应当依据《中华人民共和国刑法》第二百二十五条的规定，以非法经营罪定罪处罚。该条出台的主要原因是随着特约商户领域的不断拓宽和普及，我国信用卡套现案件急剧增长，该类型行为具有极大的危害性，不仅增加了金融秩序的不稳定因素，还给发卡银行带来巨大的信贷风险，

主要是针对信用卡套现行为作出的特别规定，不涉及“养卡”行为。

3. 从社会危害性看，信用卡套现行为将金融机构资金置于高度风险之中，给发卡银行带来信贷风险。“养卡”行为中，持卡人的信用卡本身已经透支且无力归还，行为人的代还代刷行为，没有给银行造成信贷风险，行为人为持卡人归还本期账单，通过虚构交易方式产生新账单的行为，变相延长了还款期限，缓解了持卡人资金压力，对于确保银行顺利收款起到一定的帮助作用，其社会危害性明显小于信用卡套现。

4. 从罪责刑相适应角度看，“养卡”行为不应适用《最高人民法院、最高人民检察院关于办理妨害信用卡管理刑事案件具体应用法律若干问题的解释》规定的定罪处罚。根据《最高人民法院、最高人民检察院关于办理妨害信用卡管理刑事案件具体应用法律若干问题的解释》的规定，使用POS机套现，数额在100万元以上，或者造成金融机构资金20万元以上逾期未还的，或者造成金融机构经济损失10万元以上的，构成非法经营“情节严重”；达到上述标准5倍以上的，构成非法经营“情节特别严重”。《最高人民法院、最高人民检察院关于办理非法从事资金支付结算业务、非法买卖外汇刑事案件适用法律若干问题的解释》规定，非法经营数额在500万元以上的，或者违法所得数额在10万元以上的，应当认定为“情节严重”；达到上述标准5倍以上的，构成非法经营“情节特别严重”。根据上述规定可以明显看出，对于信用卡套现行为的打击力度更大，入罪及上档标准均明显少于其他非法资金支付结算行为，对于信用卡套现行为的理解应做严格现缩，不应扩大其外延。因信用卡套现与“养卡”行为的社会危害性明显不同，从罪责刑相适应角度出发，对于“养卡”行为也应分别适用不同的定罪量刑标准，

综上，本案被告人王某等人违反国家规定，使用POS机从事信用卡代还款业务，非法经营数额达3亿余元，情节特别严重，根据《最高人民法院、最高人民检察院关于办理非法从事资金支付结算业务、非法买卖外汇刑事案件适用法律若干问题的解释》的规定，构成非法经营罪，依法定罪量刑。

编写人：江苏省沭阳县人民法院　周妮　邵嘉　刘玲玲

65

非法经营电子烟类案件中的电子烟认定及案件的定性

——余某1等非法经营案

【案件基本信息】

1. 裁判书字号

江苏省南京市鼓楼区人民法院（2023）苏0106刑初404号刑事判决书

2. 案由：非法经营罪

【基本案情】

1. 2022年10月起，被告人余某1在未取得烟草专卖许可证的情况下，从被告人黄某1等上家处购进电子烟制品，再加价销售给被告人方某1、方某2，销售金额共计人民币126502元。其间，余某1雇佣、安排被告人余某2对接、监督“上家”生产、打包发货等工作。

另外，2023年2月余某1与客户商定代加工一批电子烟制品并销售，民警在余某1的仓库中查扣成品电子烟524只（价值13886元）。民警在上述仓库同时查扣烟杆、烟芯、烟嘴、内置充电线、烟油、包装盒、金属电子杆等生产配件若干；在余某1的住所及办公地点查扣草本烟杆、草本烟芯、空烟弹、烟油等。上述电子烟半成品及配件价值47519.35元。2023年2月21日，公安机关另在余某1的住处及办公地点查扣电子烟制品426只（价值7668元）。

2. 被告人黄某1在未取得烟草专卖许可证的情况下，生产电子烟销售给余某1等人。被告人黄某2在明知黄某1在未取得烟草专卖许可证的情况下，生产电子烟并对外销售，仍向其提供电子烟配件。2022年10月13日至2023年2月16日，黄某1、黄某2生产、销售电子烟共计203971元。

3. 2022年10月起，被告人方某1在未取得烟草专卖许可证的情况下，从余某1等商家处购进电子烟制品，再加价销售给客户。截至2023年2月22日，方某1销售电子烟制品金额共计232575元、63190元。

4. 2022年10月起，被告人方某2在未取得烟草专卖许可证的情况下，从余某1等商家处购进电子烟制品，再加价销售给客户。截至2023年2月22日，方某2销售电子烟制品金额共计59530元。

2023年2月21日，被告人余某1、黄某2、黄某1、方某1、方某2被公安机关抓获归案。次日，被告人余某2经民警电话通知后主动投案。上述被告人到案后均如实供述了上述主要事实。案发后，被告人余某1、黄某2、黄某1、方某1、方某2分别退出违法所得16000元、6000元、8000元、30000元、10000元。

【案件焦点】

1. 如何认定涉案产品属于“电子烟”；2. 司法解释虽未直接规定将电子烟纳入非法经营罪的对象范围，2022年10月后行为人非法经营电子烟的能否构成非法经营罪。

【法院裁判要旨】

江苏省南京市鼓楼区人民法院经审理认为：被告人余某1、余某2、黄某2、黄某1、方某1、方某2违反国家规定，未经许可经营电子烟制品，扰乱市场秩序，情节严重，其行为均构成非法经营罪，其中被告人余某1系与余某2共同犯罪，被告人黄某2系与黄某1共同犯罪。被告人余某2在共同犯罪中起次要、辅助作用，系从犯，应从轻处罚。被告人余某2主动投案，与被告人余某1、黄某2、黄某1、方某1、方某2到案后均能如实供述自己的犯罪事实，分别构成自首、坦白，并自愿认罪认罚，依法均可从轻、从宽处理。被告人余某1、黄某2、黄某1、方某1、方某2退出违法所得，可酌情从轻处罚。据此，依据《中华人民共和国刑法》第二百二十五条第一项，第二十五条第一款，第二十七条，第六十七条第一款、第三款，第七十二条第一款、第三款，第七十三条第二款、第三款，第五十二条，第五十三条，第六十四条及《中华人民共和国刑事诉讼法》第十五条之规定，判决如下：

一、被告人余某1犯非法经营罪，判处有期徒刑二年十个月，缓刑三年，并处罚金人民币6万元，被告人余某2犯非法经营罪，判处有期徒刑一年三个月，缓刑二年，并处罚金人民币2万元，被告人黄某2犯非法经营罪，判处有期徒刑二年，缓刑二年，并处罚金人民币3万元，被告人黄某1犯非法经营罪，判处有期徒刑三年，缓刑三年，并处罚金人民币4万元，被告人方某1犯非法经营罪，判处有期徒刑三年，缓刑四年，并处罚金人民币15万元，被告人方某2犯非法经营罪，判处有期徒刑七个月，缓刑一年，并处罚金人民币5万元；

二、在案的电子烟成品、半成品、配件及用于生产电子烟及配件的工具予以没收；违法所得予以没收，上缴国库。

案件宣判后，判决已生效。

【法官后语】

本案的第一个争议焦点是被告人余某1等人经营的物品是否属于电子烟。根据《电子烟管理办法》第三条的规定，电子烟包括烟弹、烟具以及烟弹与烟具组合销售的产品等。该办法同时规定，设立电子烟生产企业（含产品生产、代加工、品牌持有企业等）、雾化物生产企业和电子烟用烟碱生产企业等，需经国务院烟草专卖行政主管部门批准，取得烟草专卖生产企业许可证，并经市场监管管理部门核准登记。上述规定简要规定了电子烟的含义，同时明确将电子烟的生产纳入行政审批范围。《电子烟》（GB 41700-2022）明确，电子烟是“用于产生气溶胶供人抽吸等的电子传送系统”；电子烟烟液为“液体形态的雾化物”“雾化物应含有烟碱”；电子烟释放物为“抽吸电子烟产生的气溶胶”。依据上述标准，电子烟应为含有烟碱的产生气溶胶的电子传送系统。其中并不包括加热不燃烧型的固态电子烟。实践中，加热卷烟为外观与卷烟相似，内部包裹丝、末、粒状等物品且通过加热释放出含烟碱（尼古丁）等烟气的产品，该回复实际将固态电子烟纳入了加热卷烟的概念范畴，认为其不再属于电子烟。

依据上述相关规定，判定涉案产品是否为电子烟，主要应考虑以下几点：

一是产品应含有电子传送系统；二是产品的释放物为“气溶胶”；三是产品中含有烟碱。本案中，针对涉案产品的电子烟进行的鉴定即从上述几个方面进行了明确认定，进而明确涉案产品属于电子烟。关于电子烟是否应对含有烟碱进行鉴定实践中存有争议，但之所以将电子烟纳入行政审批的范围进行管制，是因为电子烟本质上属于烟草，具有烟草的特征，吸食容易成瘾，同时对身体具有一定程度的危害，《电子烟》（GB 41700-2022）的国家标准也明确规定了烟液中应含有烟碱，故认为在鉴定时应对产品是否含有烟碱进行鉴定。否则即使产品的外观与电子烟类似，但气溶胶成分是其他物品，其中并不包含烟碱成分，则本质上不属于烟草专卖品，不应认定为电子烟，亦不应纳入非法经营罪的对象范围予以规制。至于行为人生产假冒、伪劣的“电子烟”或其他成分的“电子烟”，可以依据具体事实考虑是否构成生产、销售伪劣产品罪，侵犯知识产权犯罪，毒品类犯罪等，依照处罚较重的规定定罪处罚。

本案的第二个争议焦点是司法解释并未将电子烟纳入非法经营罪的规制对象，新规定实施后行为人非法经营电子烟的行为是否构成非法经营罪？依据《最高人民法院、最高人民检察院关于办理非法生产、销售烟草专卖品等刑事案件具体应用法律若干问题的解释》第九条的规定“本解释所称烟草专卖品，是指卷烟、雪茄烟、烟丝、复烤烟叶、烟叶、卷烟纸、滤嘴棒、烟用丝束、烟草专用机械”。上述解释采用列举的方式明确规定了烟草专卖品的范围，其内容与《中华人民共和国烟草专卖法》第二条关于“烟草专卖品”的规定完全相同，其中均未提到电子烟。此后随着形势的发展，电子烟日趋增多，《中华人民共和国烟草专卖法实施条例》明确将电子烟等新型烟草制品纳入了条例的规定范围，并要求参照条例“卷烟”的有关规定执行。上述条例系由国务院令颁布实施，属于国家规定，此后对电子烟的监管也明确上升到了国家规定层面，参照“卷烟”的有关规定执行。依据《中华人民共和国刑法》对于非法经营罪的规定，行为人的行为违反了“国家规定”，才可能构成非法经营罪。故，在条例实施后，行为人未经许可经营电子烟，则可能构成非法经营罪。至于司法解释中并未提到电子烟的问题，因司法解释是在《中华人民共和国刑法》分则未作明确规定的前提下，根据前置法律规定进行的意思判断，不能依据司法解释随意扩大或缩小前置法律所规定的专营专卖物品的范围。另外，从刑法所保护的法益来看，非法经营罪所保护的法益是为了保证限制买卖物品和进出口物品市场、国家实行的经营许可制度，属于刑法中的行政犯，其犯罪构成要件的符合性部分要素的判断应依据刑法以外的其他前置法律法规进行，此时国家规定已然发生变化，《烟草专卖法实施条例》明确将电子烟纳入条例规定范围，参照“卷烟”的有关规定执行，则应依据现行的国家规定进行解释，行为人非法经营电子烟的行为在情节严重的情况下将构成非法经营罪。

编写人：江苏省南京市鼓楼区人民法院　李丽媛

66

未经批准从事境外期货业务的认定①

——孙某某等非法经营案

【案件基本信息】

1. 裁判书字号

新疆维吾尔自治区乌鲁木齐市中级人民法院（2023）新01刑终12号刑事裁定书

2. 案由：非法经营罪

【基本案情】

2016年4月16日，被告人孙某某在上海注册成立某咨询公司，并实际控制该公司，聘用被告人邱某作为销售主管，未经国家主管机关批准，以某公司

① 入库案例，参见人民法院案例库2023-03-1-169-006。

名义，通过发展代理商的方式开发客户，在未经国家有关部门批准的某平台从事非法黄金期货业务。

2017年1月至2020年5月，孙某某、邱某发展被告人韩某为某平台代理商。被告人韩某伙同被告人陈某，在某广场某座、某大厦等地发展客户在某平台进行境外黄金合约买卖，约定客户可以在交易平台上买涨、买跌，客户存入保证金兑换成美金可以加杠杆放大数倍进行交易，从中收取高额佣金，非法经营数额共计38209580.62元。

【案件焦点】

1. 四被告人的行为是否属于非法经营期货；2. 本案非法经营数额的认定。

【法院裁判要旨】

新疆维吾尔自治区乌鲁木齐市天山区人民法院经审理认为：被告人孙某某、韩某、邱某、陈某违反国家规定，未经有关主管部门批准非法经营期货业务，情节特别严重，应当以非法经营罪追究刑事责任。

一、关于四被告人的行为是否属于非法经营期货的问题

1. 某咨询公司交易平台经营的黄金交易本质上并非转移商品所有权，而是通过转移债权期望在价格波动中赚取差额利润，利用价格杠杆予以投机，因此，该交易平台以经营现货交易为名，经营期货交易为实。

2.《期货交易管理条例》规定从事期货交易应当遵循公开、公平、公正和诚实信用的原则。期货交易应当在期货交易所、国务院批准或者国务院期货监督管理机构批准的其他期货交易场所。该规定不仅为限定交易场所，实现市场管理的需要而设置，同时为规范期货交易本身，保护公众投资者利益，维护市场正常经营而设立。被告人经营期货交易的行为，违反了前述规定，本案某平台严重扰乱了市场秩序，潜在地威胁到了客户的投资环境和资金安全。

3.《中华人民共和国外汇管理条例》《期货交易管理条例》等均规定，禁止任何机构和个人未经批准擅自组织境外期货、外汇保证金交易，如果违反规定，构成犯罪的，依法追究刑事责任。孙某某等人所设立的交易平台明显缺乏

合法的期货市场所应具备的公开、公平等性质及流通功能，违反了国务院的相关行政规定，故应以非法经营罪追究被告人的刑事责任。综上，对被告人孙某某及其辩护人提出主观上不明知其行为系触犯我国法律的辩解和辩护意见，不予采纳。

二、关于本案非法经营数额的认定问题

经查，本案投资人通过韩某的要求向某平台入金，韩某在经营某平台期间，不排除还经营其他平台的业务，对投资人向支付公司、电子公司等第三方平台的转账金额是否进入某公司平台无直接证据证实，故对投资人向第三方平台入金的金额不计入本案非法经营的数额。对投资人向某平台指定账户入金和投资人转款给韩某，韩某又向某平台入金的款项可以认定为本案非法经营的数额，数额为38209580.62元。

新疆维吾尔自治区乌鲁木齐市天山区人民法院依照《中华人民共和国刑法》第二百二十五条第三项，第二十五条第一款，第二十六条第一款，第二十七条，第五十二条，第五十三条，第六十四条，第六十七条第一款、第三款及《中华人民共和国刑事诉讼法》第十五之规定，作出如下判决：

一、被告人孙某某犯非法经营罪，判处有期徒刑七年，并处罚金人民币100万元；

二、被告人韩某犯非法经营罪，判处有期徒刑四年，并处罚金人民币80万元；

三、被告人邱某犯非法经营罪，判处有期徒刑二年三个月，并处罚金人民币50万元；

四、被告人陈某犯非法经营罪，判处有期徒刑二年三个月，并处罚金人民币50万元；

五、被告人的非法所得予以没收。

孙某某、韩某不服，提起上诉。

新疆维吾尔自治区乌鲁木齐市中级人民法院经审理认为：上诉人孙某某、上诉人韩某、原审被告人邱某、原审被告人陈某违反国家规定，未经有关主管部门批准非法经营期货业务，情节特别严重，应当以非法经营罪追究刑事责任。孙某某到案后，在侦查阶段虽如实供述其犯罪事实，但在审判阶段无正当理由推翻在公安机关供述的犯罪事实，不能认定为坦白，也不能认定其有认罪、悔罪情节。辩护人所称孙某某检举他人犯罪的问题并未查证属实，依法不能认定为立功。原判对其量刑并无不当，本院予以维持。韩某经公安机关电话传唤后主动到案，到案后能如实供述犯罪事实，并自愿认罪认罚，原判综合其犯罪情节和悔罪表现，已对其减轻处罚，量刑并无不当。

新疆维吾尔自治区乌鲁木齐市中级人民法院依照《中华人民共和国刑事诉讼法》第二百三十六条第一款第一项之规定，作出如下裁定：

驳回上诉，维持原判。

【法官后语】

1. 认定某行为是否属非法经营，首先需要认定经营的性质。《中华人民共和国刑法》第二百二十五条规定的非法经营罪中“经营”一词通常指市场主体以营利为目的，从事某项能够为自己带来利益的活动，“违反国家规定”是《中华人民共和国刑法》第二百二十五条成立的特定前提条件。某咨询公司、孙某某等均未取得从事期货经营资格，而是借用境外黄金期货交易平台，招揽客户炒作黄金期货，收取交易手续费，其行为是以营利为目的的经营行为。

2. 能否认定为非法经营罪，关键还是看这些行为是否为“期货”或“变相期货”。《期货交易管理条例》第八十九条将变相期货界定为，任何机构或者市场，未经国务院期货监督管理机构批准．采用集中交易方式进行标准化合约交易，同时采用以下交易机制或者具备以下交易机制特征之一的，为变相期货交易：(1) 为参与集中交易的所有买方和卖方提供履约担保的；(2) 实行当日无负债结算制度和保证金制度，同时保证金收取比例低于合约（或者合同）标的额20%的。从上述规定来看，《期货交易管理条例》对变相期货的认定标准主要有两个方面：一是看其是否获经国务院期货监督管理机构批准；二是看其在交易及组织交易过程中是否采用了期货交易惯常采用的交易方式，如集中交易、标准化合约交易、履约担保、保证金交易、当日无负债结算等。某平台经营的黄金交易本质上并非转移商品所有权，而是通过转移债权期望在价格波动中赚取差额利润，利用价格杠杆予以投机。因此，该交易平台以经营现货交易为名，经营期货交易为实。

3. 证券、期货或者保险业务，均属于金融业务。经营主体的经营资格、经营能力以及经营行为等，直接关系到广大社会公众的利益和整个市场经济的有序发展，任何期货交易及其相关活动，均需要经过国务院或国务院职能部门的批准。非法经营期货是指没有取得从事期货业务主体资格的单位或者个人非法经营证券、期货或者保险业务，未经国家主管部门批准而擅自经营期货业务。期货交易应当在期货交易所、国务院批准或者国务院期货监督管理机构批准的其他期货交易场所。该规定不仅为限定交易场所，实现市场管理的需要而设置，同时为规范期货交易本身，保护公众投资者利益，维护市场正常经营而设立。

4.《期货交易管理条例》规定从事期货交易应当遵循公开、公平、公正和诚实信用的原则。任何期货交易及其相关活动，均需要经过国务院或国务院职能部门的批准。禁止任何机构和个人未经批准擅自组织境外期货、外汇保证金交易，如果违反规定，构成犯罪的，依法追究刑事责任。《国务院关于坚决制止期货市场盲目发展的通知》等规定明确了未取得许可证的机构和单位一律不得从事期货经纪业务。《期货交易管理条例》明确了对期货业务经营的严格规定与资格许可制度以及追究刑事责任的规定。被告人孙某某引入境外期货交易平台，在境内发展代理商、招揽客户反映出金融犯罪手段的新型化和智能化，潜在地威胁到了客户的投资环境和资金安全，严重扰乱了市场秩序。

期货交易场所由国务院批准或者国务院期货监督管理机构批准，任何单位或者个人不得设立期货交易场所或者以任何形式组织期货交易及其相关活动。境外期货交易场所向境内单位或者个人提供直接接入该交易场所交易系统进行交易服务的，应当向国务院期货监督管理机构申请注册，接受国务院期货监督管理机构的监督管理。境内单位或者个人违反规定从事境外期货交易，扰乱市场秩序，情节严重，侵犯了国家限制买卖物品和经营许可证的市场管理制度，构成非法经营罪。

编写人：新疆维吾尔自治区乌鲁木齐市天山区人民法院　王振国

67

鉴定机构故意违规采集检材，出具虚假鉴定意见，情节严重的行为如何定性

——生物科技公司、张某某等提供虚假证明文件案

【案件基本信息】

1. 裁判书字号

广东省广州市中级人民法院（2023）粤 01 刑终 54 号刑事裁定书

2. 案由：提供虚假证明文件罪

【基本案情】

被告单位生物科技公司，诉讼代表人成某某，系生物科技公司法定代表人。

被告人张某某，原系某司法鉴定中心（以下简称鉴定中心，现已撤销登记）实际控制人。2020 年 12 月 15 日被逮捕。

（其余 7 名被告人基本情况略）

2016 年 10 月 20 日，被告人张某某、杨某某、刘某某等人合股成立鉴定中心。经张某某、杨某某、刘某某等股东决定，鉴定中心以生物科技公司的名义将亲子鉴定的检材采集业务委托给社会其他机构、个人，并允许通过邮寄、快递等方式送检。2016 年至 2020 年，鉴定中心根据合作方采集和邮寄的鉴定检材共计作出 32 份虚假的亲子鉴定。其间，业务员钟某委托的代理人曾某（另案

处理）使用他人的血液样本作为检材进行邮寄，鉴定中心据此出具虚假亲子鉴定19份，其中1份涉及被拐儿童。业务员陈某委托的代理人刘某1（另案处理）使用他人的血液样本作为检材进行邮寄，由鉴定中心出具虚假亲子鉴定1份，被用于办理虚假《出生医学证明》及户籍；刘某1在为化名“雷某”的记者以上述同样方式办理虚假亲子鉴定后被媒体曝光，引发社会关注。

【案件焦点】

鉴定机构故意违规采集检材，出具虚假鉴定意见，情节严重的行为如何定性。

【法院裁判要旨】

广东省广州市白云区人民法院经审理认为：鉴定中心系经依法批准设立的司法鉴定机构，生物科技公司系鉴定中心为规避相关禁止性规定而成立，二者业务、人事及财务方面高度混同，均符合提供虚假证明文件罪的主体要件要求。被告单位生物科技公司故意提供虚假证明文件，情节严重；被告人张某某、杨某某、刘某某、王某是直接负责的主管人员，被告人廖某、姚某、李某、陈某是其他直接责任人员，其行为均已构成提供虚假证明文件罪。在共同犯罪中，张某某、杨某某、刘某某、王某起主要作用，是主犯，均应当按照其所参与的全部犯罪处罚。廖某、姚某、李某、陈某起次要作用，是从犯，均应当从轻处罚。张某某、杨某某、王某、姚某、李某、陈某归案后如实供述自己的罪行，均可以从轻处罚。据此，依照《中华人民共和国刑法》第二百二十九条第一款，第二百三十一条，第三十七条之一，第二十五条，第二十六条第一款、第四款，第二十七条，第六十七条第三款，第六十四条之规定，广东省广州市白云区人民法院判决：

被告单位生物科技公司犯提供虚假证明文件罪，判处罚金人民币1000万元；被告人张某某犯提供虚假证明文件罪，判处有期徒刑五年，并处罚金人民币100万元；其余被告人分别判处有期徒刑四年六个月至二年一个月不等，并处罚金3万元至50万元不等；禁止所有被告人自刑罚执行完毕之日或者假释之日起五年内从事与司法鉴定相关的职业。

一审宣判后，被告单位生物科技公司、被告人张某某等人不服，向广东省广州市中级人民法院提出上诉。

广东省广州市中级人民法院经审理认为：原判认定的事实清楚，定罪和适用法律准确，审判程序合法，量刑适当，裁定：

驳回上诉，维持原判。

【法官后语】

鉴定机构故意违规采集检材，出具虚假鉴定意见，情节严重的行为如何定性，存在以下两种意见。

一种意见认为，不构成提供虚假证明文件罪。其理由是：(1) 鉴定机构不符合提供虚假证明文件罪的主体要求。该罪的犯罪主体只能是“承担资产评估、验资、验证、会计、审计、法律服务、保荐、安全评价、环境影响评价、环境监测等职责的中介组织的人员”，鉴定机构不在此中介组织范围内。从立法沿革上看，提供虚假证明文件罪的犯罪主体亦仅限于违反公司法的组织及个人。(2) 鉴定机构所侵犯的法益与提供虚假证明文件罪的客体不同。虚假证明文件罪侵犯的法益是社会主义市场经济秩序。鉴定机构提供虚假的亲子鉴定报告，侵犯的是国家对司法鉴定行业的管理秩序，刑法并无对应的行为及罪名。(3) 鉴定机构不具有犯罪的主观故意。鉴定机构不愿意、也不希望危害结果发生，而是过于自信地认为能通过自身的相关行为把漏洞堵住，进而避免出具虚假的亲子鉴定意见。(4) “情节严重”的标准不明。鉴定机构并未收取超过指导价的费用，无违法所得，未造成直接经济损失，且“其他情节严重的情形”未有具状，不应被滥用，本案未达立案追诉标准。

另一种意见认为，构成提供虚假证明文件罪。其理由是：(1) 鉴定机构出具的鉴定意见，具有法律效力，属于承担法律服务职责的中介组织。(2) 鉴定机构对血样采集外包的风险存在认知，知悉该行为违反司法鉴定的禁止性规定，且未主动作出有效的防范措施，其行为的主观心态属于放任的故意。(3) 鉴定机构出具的虚假鉴定意见，造成严重的后果和恶劣社会影响，应认定为“情节严重”。因此，鉴定机构故意违规采集检材，出具虚假鉴定意见，情节严重的，构成提供虚假证明文件罪。

笔者同意第二种意见，具体理由如下。

一、鉴定机构属于提供虚假证明文件罪的犯罪主体

提供虚假证明文件罪最早见于原《全国人大常委会关于惩治违反公司法的犯罪的决定》（已失效）第六条之规定，该规定被1997年《中华人民共和国刑法》吸纳成为独立罪名。从立法沿革可以看出，本罪前身是惩治违反公司法的相关犯罪行为，主要规范的是公司的成立、经营、解散过程中遇到的特定资产评估、对公司出资人的查验以及对公司财务进行审计等行为。但立法沿革并不代表本罪的适用范围受限，如何理解“承担法律服务职责的中介组织”是认定主体是否适格的关键。“法律服务”是指相关机构或者个人以其法律知识和技能为实现正当权益而提供的专业服务，其核心要义是引起法律关系的产生、变更或消灭，从而达到相对应的法律效果。鉴定机构受委托，通过专业的技术手段进行基因检验，出具具有亲权关系的鉴定意见。委托人以此鉴定意见申领出生医学证明、登记户籍，最终确认个体的家庭、社会关系等。该系列行为引发血缘关系的确立或者消除，具有法律效力，并产生排他性的法律效果，当然属于提供“法律服务”的行为。因此，鉴定机构应认定为“承担法律服务职责的中介组织”。

二、鉴定机构故意违规采集检材，继而出具虚假鉴定意见，具有犯罪故意

《司法鉴定程序通则》规定，现场提取鉴定材料应当由不少于二名司法鉴定机构的工作人员进行，其中至少一名应为该鉴定事项的司法鉴定人。《司法部办公厅关于规范司法鉴定机构开展亲子鉴定业务有关工作的通知》规定，严禁司法鉴定机构通过邮寄、快递、当事人自行送检的方式获取亲子鉴定的鉴定材料，严禁委托其他鉴定机构或其他单位、个人代为提取鉴定材料（以下简称“两个严禁”）。鉴定机构作为高度专业的行业机构，理应明知违反“两个严禁”无法保证检材的真实性，继而导致鉴定意见与事实不符，引发亲权关系认定混乱的严重后果。同时，鉴定机构对于违规采集检材的案件，仅收取正常费用的十分之一，以价换量，从而扩展业务，占领亲子鉴定市场，为自身发展获得更多经济优势，

足以体现鉴定机构违规操作的违法动机。综上，鉴定中心系典型的明知实行行为会引发危害后果而不予防止行为，其行为的主观心态属于放任的间接故意。

三、本案情节恶劣，已造成严重后果，应当认定为情节严重

“情节严重”是对犯罪行为的属性进行判断，应结合具状的条文，从刑法因果关系的角度把握该类行为产生的社会危害性和所侵犯的法益，并据此进行综合认定。根据《最高人民检察院、公安部关于公安机关管辖的刑事案件立案追诉标准的规定（二）》第七十三条第五项规定，具有其他情节严重的情形的应予追诉。虽现行法律尚未对“其他情节严重的情形”进行解释，但本案应当予以认定，理由有二：（1）亲子鉴定的目的是确认个体的社会关系，亲子鉴定造假导致的是亲权关系的虚假、混乱，进而破坏正常的社会关系。鉴定中心违反规定外包检材采集，导致检材采集、运输环节不受控制，继而出具32份虚假的亲子鉴定意见，被用于办理出生医学证明、户籍等，严重破坏社会秩序。（2）被告单位、被告人通过外包采集检材的行为抢占亲子鉴定的市场，扩大业务量，获得巨大非法利益，严重扰乱鉴定行业的市场秩序。

编写人：广东省高级人民法院　谭双堰
广东省广州市白云区人民法院　丘志新

68

注册会计师配合财务造假行为主观故意的认定

——朱某、刘某提供虚假证明文件案

【案件基本信息】

1. 裁判书字号

北京市高级人民法院（2024）京刑终 132 号刑事裁定书

2. 案由：提供虚假证明文件罪

【基本案情】

A 公司于 2019 年年初筹备发行可转换公司债券，因其子公司 B 公司与 C 公司签署的某影视剧播映权转让合同未达到 2018 年收入的条件，可能会影响可转债的发行。为满足债券发行业绩要求，2019 年 3 月，B 公司与 D 公司就该影视剧项目签署虚假投资份额转让合同，并将合同签署日期倒签至 2018 年 12 月，以将该项目收益确认为 A 公司 2018 年度的业务收入。

2018 年 12 月至 2019 年 3 月，被告人朱某、刘某受 E 会计师事务所委派，为 A 公司发布 2018 年年度报告提供审计服务。被告人朱某、刘某在明知 A 公司意图虚增 2018 年度业务收入的情况下，配合完成上述合同造假行为，并以 E 会计师事务所的名义出具 A 公司审计报告，致使 A 公司发布的 2018 年年度报告中虚增营业收入人民币 35800 余万元，虚增利润人民币 14500 余万元，两项虚构数额均占实际数额 30%以上。A 公司支付 E 会计师事务所上述审计服务费共计 70 万元，朱某获利 42000 元、刘某获利 60850 元。

被告人朱某、刘某于 2024 年 1 月 30 日经公安机关电话通知到案。法院审理期间，被告人朱某家属代为退缴违法所得及预交罚金共计 5.1 万元，刘某家属代为退缴违法所得 1.5 万元。

【案件焦点】

如何认定被告人朱某、刘某具有提供虚假证明文件的故意。

【法院裁判要旨】

北京市第三中级人民法院经审理认为：在案证据能够证明被告人朱某、刘某帮助 A 公司掩饰合同造假的事实，亦能证明二被告人对财务造假行为是明知的。被告人朱某、刘某作为承担审计职责的中介组织人员，故意提供虚假证明文件，情节严重，其二人行为已构成提供虚假证明文件罪，依法均应予惩处。鉴于被告人朱某退缴全部违法所得，对其酌予从轻处罚。鉴于被告人刘某如实供述主要犯罪事实，自愿认罪认罚，退缴部分违法所得，在羁押期间有悔罪表现，对其从轻处罚。据此，以提供虚假证明文件罪分别判处被告人朱某有期徒刑一年五个月，并处罚金人民币11万元；判处被告人刘某有期徒刑十一个月，并处罚金人民币10万元。

一审宣判后，被告人朱某提出上诉。

北京市高级人民法院经审理认为：一审法院根据上诉人朱某、原审被告刘某犯罪的事实、性质、情节及对于社会的危害程度所作的刑事判决，认定事实和适用法律正确，量刑适当，审判程序合法，应予维持。故，裁定：

驳回上诉，维持原判。

【法官后语】

本案的争议焦点在于被告人朱某、刘某是否具有提供虚假证明文件的故意。

根据《中华人民共和国刑法》第二百二十九条第一款的规定，承担资产评估、验资、验证、会计、审计、法律服务等职责的中介组织的人员故意提供虚假证明文件，情节严重的，才构成提供虚假证明文件罪。因此，主观上是否明知，是认定本罪的关键。

注册会计师配合委托方进行财务造假，出具虚假审计报告的，应当综合考虑审计人员的专业能力、违反职业规范的情况、审计过程的异常现象、注册会计师与委托方合作紧密程度等，结合全案证据准确认定是否具有提供虚假证明案件的主观故意。与委托方具有长期合作关系且深度参与审计工作的注册会计师，在明知审计过程中存在诸多异常现象、审计所依据的材料为伪造的情况下，仍然配合委托方消除审计底稿中存在的矛盾、出具虚假审计报告的，应认定为具有提供虚假证明文件的故意。

本案中，首先，从与委托方的合作关系来看，被告人朱某、刘某所在的E会计师事务所负责A公司十余年年报审计工作，被告人朱某作为E会计师事务所的合伙人及A公司2018年年报审计工作负责人，双方存在长期稳定的合作关系。从在案证据来看，朱某、刘某及团队工作人员与A公司相关人员存在网络沟通群聊、召开审计协调会、频繁沟通联络，合作紧密。

其次，审计过程存在异常现象。一是A公司提供的合同无法确认收入，提出重新签订合同。被告人朱某、刘某在审计协调会上向A公司一方提出与C公司签订影视剧项目播映权转让合同无法确认2018年收入，A公司提出重新签一份新合同代替旧合同，朱某提出新合同内容应为投资份额转让合同，二被告人此时已经怀疑新合同的真实性。二是A公司提供乙方空白的份额转让合同模板交给被告人审核。在审计协调会后，A公司提供一份乙方空白的份额转让合同模板交给被告人朱某审核，朱某认可该模板符合2018年收入确认条件。在之后一段时间的审计群聊中，二被告人多次催促A公司提交审计所需新合同，并不知晓新合同相对方的情况，也不能开展后续询证、访谈等审计程序。直至2019年3月4日A公司向二被告人提交乙方为D公司的份额转让合同，二被告人才在群聊中用“D公司”替代“新公司”描述该乙方。被告人刘某亦供述二被告人明确知晓与D公司签署的合同系倒签至2018年12月。

最后，二被告人实施了帮助A公司掩饰合同造假的行为。为避免在审计底稿中留下矛盾，朱某要求A公司将此前发给C公司的询证函取回，并签署终止协议。其间，二被告人反复催促A公司一方提交上述材料。最终，二被告人并未将C公司相关合同及询证函放入审计底稿。上述情况足以证明二被告人帮助A公司掩饰合同造假的事实，亦能证明二被告人对财务造假行为是明知的。

结合本案中被告人朱某、刘某系具备审计专业能力的人员且与A公司有长期合作关系，在审计过程中存在撤回询证函、倒签合同等明显异常现象，审计报告延期出具且审计底稿未全程留痕的情况等多方面因素，足以认定二被告人具有提供虚假证明文件的主观故意。

编写人：北京市第三中级人民法院　方玉　李冕　朱旭茹

ISBN 978-7-5216-5061-7

9 787521 650617 >

图书在版编目（CIP）数据

中国法院2025年度案例. 刑事案例. 二 / 国家法官学院，最高人民法院司法案例研究院编. -- 北京 : 中国法治出版社，2025. 4. -- ISBN 978-7-5216-5061-7

Ⅰ. D920.5

中国国家版本馆CIP数据核字第2025AV7991号

策划编辑：李小草　韩璐玮　白天园
责任编辑：白天园　　封面设计：李　宁

中国法院2025年度案例. 刑事案例. 二

ZHONGGUO FAYUAN 2025 NIANDU ANLI. XINGSHI ANLI. ER

编者/国家法官学院，最高人民法院司法案例研究院
经销/新华书店
印刷/三河市紫恒印装有限公司
开本/730毫米×1030毫米　16开　　印张/20.5　字数/250千
版次/2025年4月第1版　　2025年4月第1次印刷

中国法治出版社出版
书号ISBN 978-7-5216-5061-7　　定价：79.00元

北京市西城区西便门西里甲16号西便门办公区
邮政编码：100053　　传真：010-63141600
网址：http：//www.zgfzs.com　　**编辑部电话：010-63141792**
市场营销部电话：010-63141612　　**印务部电话：010-63141606**

（如有印装质量问题，请与本社印务部联系。）

中国法院年度案例集成丛书(全 15 册)

国家法官学院　最高人民法院司法案例研究院　编

汇集十年精华　展现裁判思维　促进适法统一

实务性：为新型疑难法律适用问题提供解决方案的司法实务参考用书

工具性：可以查阅人民法院类型化裁判规则的小全书

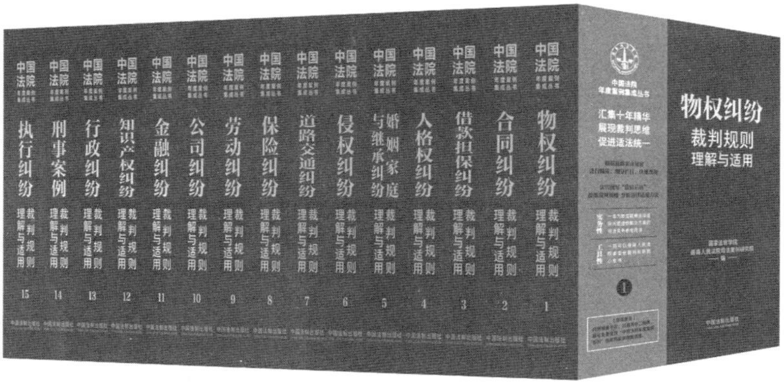

1. 物权纠纷裁判规则理解与适用
2. 合同纠纷裁判规则理解与适用
3. 借款担保纠纷裁判规则理解与适用
4. 人格权纠纷裁判规则理解与适用
5. 婚姻家庭与继承纠纷裁判规则理解与适用
6. 侵权纠纷裁判规则理解与适用
7. 道路交通纠纷裁判规则理解与适用
8. 保险纠纷裁判规则理解与适用
9. 劳动纠纷裁判规则理解与适用
10. 公司纠纷裁判规则理解与适用
11. 金融纠纷裁判规则理解与适用
12. 知识产权纠纷裁判规则理解与适用
13. 行政纠纷裁判规则理解与适用
14. 刑事案例裁判规则理解与适用
15. 执行纠纷裁判规则理解与适用